# 重庆文理学院年鉴

## （2020）

主　编　蔡华锋
副主编　潘澜月　马　雁

西南交通大学出版社
·成 都·

**图书在版编目（CIP）数据**

重庆文理学院年鉴. 2020 /蔡华锋主编. —成都：西南交通大学出版社，2020.11

ISBN 978-7-5643-7810-3

Ⅰ. ①重… Ⅱ. ①蔡… Ⅲ. ①重庆文理学院 – 2020 – 年鉴 Ⅳ. ①G649.287.19-54

中国版本图书馆 CIP 数据核字（2020）第 212586 号

Chongqing Wenli Xueyuan Nianjian（2020）

**重庆文理学院年鉴（2020）**

主编　蔡华锋

| | |
|---|---|
| 责任编辑 | 居碧娟 |
| 助理编辑 | 李芷柔 |
| 封面设计 | 曹天擎 |
| 出版发行 | 西南交通大学出版社<br>（四川省成都市金牛区二环路北一段 111 号<br>西南交通大学创新大厦 21 楼） |
| 发行部电话 | 028-87600564　028-87600533 |
| 邮政编码 | 610031 |
| 网址 | http://www.xnjdcbs.com |
| 印刷 | 成都蜀通印务有限责任公司 |
| 成品尺寸 | 175 mm × 250 mm |
| 印张 | 17.5 |
| 字数 | 266 千 |
| 版次 | 2020 年 11 月第 1 版 |
| 印次 | 2020 年 11 月第 1 次 |
| 书号 | ISBN 978-7-5643-7810-3 |
| 定价 | 128.00 元 |

# 编辑说明

2019年是中华人民共和国成立70周年，重庆文理学院深入学习贯彻习近平新时代中国特色社会主义思想，坚决执行中央和市委各项决策部署，深入落实全面从严治党主体责任，扎实开展“不忘初心、牢记使命”主题教育，秉承“进德修业、博文达理”的校训，坚持“应用为本、管理创新、开放办学、特色发展”的办学思路，大力实施“顶天立地”发展战略，全面推动应用型深度转型发展，学校综合实力和核心竞争力显著增强，在建设高水平应用型大学进程中迈出了坚实步伐。

《重庆文理学院年鉴（2020）》汇集了2019年学校事业发展及重大活动基本情况，重点反映重庆文理学院在人才培养、科学研究、社会服务、文化传承与创新等方面的重要活动和所取得的经验、成果等，供全校各个部门、广大校友、有关单位了解和研究学校现状与发展情况时参考使用，同时也是重庆文理学院发展概况的历史记载。

《重庆文理学院年鉴（2020）》是资料性文献，根据学校办学特色、高等学校的职能，同时借鉴兄弟院校年鉴编纂的成功经验，在传承学校历年年鉴编撰风格基础上，做了适当调整和创新。全书设置学校概况、特载与专文、党群工作、教学工作、学科与科研、学生教育、机构与人员、发展与管理、保障与服务、二级学院、大事记、附录等栏目。选材时间为2019年1月1日至2019年12月31日，部分内容依据实际情况略有回溯。年鉴收录的统计数据，由学校相关职能部门审定、提供。

我们力图全面、系统记载学校2019年在教学、科研、管理等方面的工作和成绩，客观真实反映学校在人才培养、科学研究、社会服务、文化传承与创新等方面的发展状况，但限于我们的能力和水平，虽竭尽全力，但难免有缺失和疏漏，敬请各位读者批评指正。我们将不断探索、改进、创新，进一步提高年鉴的编纂质量和编纂水平，把年鉴的编辑与出版工作做得更好。在此，对年鉴编纂提供支持和帮助的单位一并表示感谢。

# 目录

# 学校概况

# XUEXIAO GAIKUANG

# 重庆文理学院简介

重庆文理学院是重庆市人民政府主办的全日制普通本科高等学校，其前身重庆师范高等专科学校和渝州教育学院分别创办于 1976 年和 1972 年；2001 年 5 月，两校合并组建为渝西学院；2005 年 4 月，更名为重庆文理学院。

学校坐落在重庆市永川区，有红河、星湖两个校区，校园占地面积 117.8 万平方米，校舍建筑面积 71 万平方米，馆藏图书 289 万册（含电子图书），教学科研仪器设备总值 3.5 亿元。学校现有正高级职称人员 180 余人、副高级职称人员 400 余人；具有博士学位教师 380 余人，兼职博士生导师、硕士生导师 90 余人；外籍教师（专家）20 余人，外聘专家 300 余人；来自全国 20 多个省（区、市）的全日制本科在校生近 2 万人；来自俄罗斯、意大利、马来西亚等国留学生 100 余人；与市内外 30 余所高校合作开展研究生教育，联合培养研究生累计 400 余名。

学校现有国家“万人计划”科技创新领军人才 1 人，“万人计划”科技创业领军人才 1 人，“百千万人才工程”国家级人选 1 人，国家有突出贡献的中青年专家 1 人，享受国务院政府特殊津贴专家 1 人，科技部中青年科技创新领军人才 1 人，科技部科技创新创业人才 1 人，教育部新世纪优秀人才支持计划人选 1 人，教育部优秀青年教师资助计划人选 1 人，教育部教学指导委员会委员 1 人，全国优秀教师和优秀教育工作者 5 人；重庆市首席专家工作室领衔专家、重庆市“百人计划”人选、重庆市科技创新领军人才、重庆市科技创业领军人才、重庆市百千万工程领军人才、重庆英才·创新创业领军人才、重庆市青年拔尖人才、重庆市学术技术带头人及后备人选、重庆市高校“巴渝学者”特聘教授、讲座教授、青年学者、重庆市技能大师工作室技能专家等省（市）级人才 42 人；建有重庆市创新团队 5 个、重庆市创新创业团队 6 个、重庆市博士后科研工作站 2 个。

学校现设有 19 个二级学院，开设了 66 个全日制普通本科专业，专业涵盖文学、理学、工学、管理学、艺术学、教育学、农学、法学、经济学、历史学等十大学科门类，拥有国家级特色专业建设点 1 个，国家级农林卓越计划项目 1 个，国家级精品课程 1 门，国家级精品在线开放课程 1 门，国家级大学生校外实践教育基地 1 个，市级特色学科专业群 2 个，国家“双万计划”省级一流本科专业建设点 10 个，市级一流专业建设项目 14 个，市级特色专业 10 个，市级大数据智能类特色专业 1 个，市级教学团队 8 个，市级精品类课程共 29 门。机器人工程、数据科学与大数据技术、材料科学与工程、园林等 10 个专业进入一本招生序列。学校有 4 个市级重点学科，2 个市级重点培育学科。在艾瑞深中国校友会网发布的《2017 中国大学评价研究报告》中，学校园林和会展经济与管理专业位居重庆市大学本科专业排行榜榜首，全国排名分列第 5 和第 7，其中，园林专业跃升至“中国高水平专业”层次。电子信息科学与技术、体育教育、电气工程及其自动化、环境科学 4 个专业跃居重庆市大学本科专业排行榜前三，专业层次达到了“中国知名、区域一流专业”。2017 年，学校获批重庆市工程师创新能力培养训练基地。

学校围绕“建设应用型学科，开展应用型研究，培养应用型人才，创建高水平应用型大学”的办学定位，进行了一系列以应用型人才培养体系构建为核心的教育教学改革，取得了一批标志性成果。“中华民族非物质文化遗产教育传承体系在当代高校的构建与实践”获得第六届国家级教学成果一等奖，“高校三标一体教育质量模型的探索与实践”获得国家级教学成果二等奖，“新时期我国学校德育工作的新走向”获教育部高校德育创新发展研究成果二等奖，“师范新升本院校的转型发展与应用型人才培养体系建设”“实用技能型卓越园林人才培养的探索与实践”获得重庆市教学成果一等奖，卓越教师“三位一体”人才培养模式入选“全国教师队伍建设优秀工作案例”，受到教育部点名表扬。累计获得国家级教学成果奖 3 项，省级教学成果奖 29 项，市级深化教育综合改革成果奖 4 项，教育部产学合作协同育人项目 325 项，市级及以上质量工程项目 50 余项、高等教育教学改革研究项目 207 项。

学校与重庆高新区、九龙坡区、永川区、荣昌区、璧山区、大足区等全面建立了产学研战略联盟，与阿里云、百度、华为、腾讯、HTC、固高、东软国际等知名企业携手合作，着力共建华为网络与信息学院、固高机器人工程学院、达瓦虚拟现实学院等一批产业学院，共建20余个校企合作实验班。学校与重庆京东方有限责任公司、深圳莱宝科技有限公司、武汉华中数控股份有限公司等300余家行业企业签订合作协议，共建集教学、科研、生产一体化的实践教学基地。

学校培养的毕业生基础扎实、技能过硬、实践能力和适应能力强，得到社会和用人单位的肯定和欢迎。2012—2013年度，学校被教育部评为“全国毕业生就业典型经验高校50强”；2014年，获批重庆市大学生创业示范基地，成为首批重庆市大学生创业示范基地；2016年，学校荣获首批“全国创新创业典型经验高校50强”称号；2018年，学校百川兴邦众创空间成功获批国家备案众创空间，环重庆文理学院创新生态圈为重庆市首批6所环高校创新生态圈之一。

学校紧密结合重庆市产业发展需求，聚焦新材料、大数据、人工智能、智能制造、化工制药、现代农业、生态环境等领域，重点打造新材料技术研究院、创新靶向药物国际研究院、特色植物研究院、机器人及智能装备研究院等。目前，学校拥有“微纳米光电材料与器件国际科技合作基地”和“创新靶向药物国家地方联合工程研究中心”等2个国家级科研平台；拥有特色植物产业重庆市“2011协同创新中心”、环境材料与修复技术重庆市重点实验室、重庆市工业机器人集成应用工程技术研究中心等23个市级科研平台。近5年，学校科研项目持续增长，累计获得国家级项目79项，累计获得市级及以上科研成果奖45项，获得授权专利700余项。同时，发表的核心期刊以上学术论文数量大幅增加，被SCI收录900余篇，李洪雷博士、徐志刚博士在国际顶级学术刊物*Nature*，*Cell*发表重要研究成果，刘嘉教授发表在*Critical Reviews in Food Science and Nutrition*的研究论文进入农业科学领域全球ESI1%行列。学校利用地恩科技公司、国家级众创空间及国家科技特派员创业基地等科技成果转化平台，积极促进科技成果转化和推广，具有自主知识产权的PDE5抗抑制剂国际一类新药获得国家药品监督管理局和美国FDA临床批文，并以3000万元成功转化；纳米银线系列专利、脱毒生姜连作技术、猕猴桃良种脱毒工厂育苗技术等一批新技术成果正在进行转化和推广应用。主办有国内外公开发行的学术期刊《重庆高教研究》和《重庆文理学院学报（社会科学版）》，其中，《重庆高教研究》入选 CSSCI 扩展版来源期刊目录（2019—2020）、WAJCI 世界学术期刊学术影响力指数统计源期刊、JST 日本科学技术振兴机构数据库来源期刊、SCD 科学引文数据库来源期刊。

学校坚持开放办学，与美国、俄罗斯、意大利、马来西亚等国 10 多所高校签订了合作协议，先后开展了师生交流、合作办学、合作科研、来华留学等项目。目前，重点与美国北卡罗来纳大学威尔明顿分校举办中外合作办学项目，与俄罗斯托木斯克理工大学开展“2+2”本科生联合培养项目，与意大利佩鲁贾大学开展师生交流和硕士联合培养项目，与马来西亚泰莱大学、思特雅大学等高校合作举办本升硕项目。

学校全面贯彻落实国家创新驱动发展战略，2015 年，“重庆文理新药创新团队”凭借具有自主知识产权的“抗 ED 和肺动脉高压一类新药开发”项目代表重庆夺得了第四届中国创新创业大赛生物医药行业总决赛第一名。2016 年，大尺寸柔性触控项目荣获首届全国智能制造（中国制造 2025）创新创业大赛总决赛（创新赛）第一名；柔性触控团队、3D 喷墨印刷电子团队分别获得第五届中国创新创业大赛电子信息行业全国总决赛、先进制造行业全国总决赛第三名；新型环保材料创新团队获得 2015 年度全国大学生“小平科技创新团队”称号。2017 年，柔性触摸显示项目荣获首届中国意大利创新创业大赛第二名。学校全方位改革、多角度创新、超常规发展的模式被新华社、《中国青年报》等媒体誉为“文理现象”,《中国教育报》头版头条专题报道了我校转型发展成绩。

学校先后获得首批教育部依法治校示范校、全国教育网络示范单位、国家级语言文字规范化示范校、全国校园文化先进单位、全国第一批节约型公共机构示范单位、重庆市“五一劳动奖状”、重庆市园林式单位等荣誉称号。近 9 年来，学校领导班子 7 次在重庆市管领导班子年度考核中名列前茅并获得先进集体称号。

历经 40 余年的不懈追求和跨越发展，年轻而蓬勃发展的重庆文理学院正秉承“进德修业、博文达理”的校训，坚持“应用为本、管理创新、开放办学、特色发展”的办学思路，大力实施“顶天立地”发展战略，全面推动应用型深度转型发展，努力将学校建设成为高水平应用型大学。

# 重庆文理学院 2019 年工作综述

2019 年是中华人民共和国成立 70 周年，是决胜全面建成小康社会，实现第一个百年奋斗目标的关键之年。学校党政领导班子深入贯彻落实习近平新时代中国特色社会主义思想，团结并依靠广大师生员工，围绕学校第三次党代会确立的战略目标，深入开展“不忘初心、牢记使命”主题教育和升硕攻坚等各项工作，取得了显著的成绩。

1．党建工作

按照中央和市委统一部署，学校参加第二批主题教育，按照“守初心、担使命，找差距、抓落实”总要求，从 9 月开始，学校开展了历时一个学期的“不忘初心、牢记使命”主题教育。班子成员深学细悟守初心，深入调研转作风，深刻剖析找问题，身体力行抓整改，检视问题 174 个，其中需统筹解决的 78 个问题，已整改完成 61 个。广大党员干部进一步增强“四个意识”、坚定“四个自信”、做到“两个维护”，学校风清气正的政治生态更加牢固。市委常委、市纪委书记、市监委主任和市委巡回指导十六组对学校主题教育成效给予充分肯定。

2019 年，学校党委坚决贯彻落实党中央、市委和市委教育工委关于全面从严治党的新部署、新要求。持续推动学校党委《关于进一步推进全面从严治党的实施意见》《关于落实从严治党责任 加强二级单位监管工作的实施意见》等文件精神的落地生根。定期研究部署全面从严治党工作，层层压实管党治党责任。制定并落实《关于加强党的政治建设 营造良好政治生态的实施意见》《学习贯彻习近平总书记视察重庆重要讲话精神的实施意见》等文件，将习近平总书记的殷殷嘱托在学校落地落实。修订完善学校党政决策性会议议事规则，不断坚持和完善党委领导下的校长负责制。

党委定期召开全委会、常委会和党建工作联席会，研究谋划部署学校党建工作。进一步完善党员领导干部联系基层党组织制度，干部选任工作的规范化显著增强。完成新一轮机构改革和第六次中层干部、科岗人员选任和全校党总支、支部换届选举工作，全面实现二级学院党政班子成员“双向进入、交叉任职”、教师党支部书记“双带头人”和专职组织员配备。

扎实有效开展宣传思想工作，落实意识形态工作主体责任，切实推进思想政治建设，全面加强教职工政治理论“全员化”学习。先后在四川外国语大学、市人力社保局国家级专家服务基地等地组织涂铭旌院士“弘扬爱国奋斗精神，建功立业新时代”先进事迹报告会9场，引起社会和师生的强烈反响。在央视网、《光明日报》《重庆日报》、新华网等主流媒体上策划发稿30余篇，极大地增强了学校的美誉度和影响力。

大力加强作风建设监督检查。坚持每个重要节点作风提醒，全年推送短信提醒1360条。全覆盖开展“以案四说”警示教育，用好反面典型活教材，用“身边案”警醒“身边人”。开展重点问题专项整治，先后开展教育扶贫领域问题、违反中央八项规定精神突出问题、领导干部利用名贵特产类特殊资源谋取私利问题等3个专项整治。

统战工作信息《重庆文理学院专题研究部署党外干部工作》被中共中央统一战线工作部采用。党外人士撰写的6篇建言被重庆市委统战部《党外人士建言》采用。按照“政治建团、思想立团、固本兴团、改革强团、从严治团”的原则和思路，持续推进共青团、学生会组织、学生社团改革，2019年学生获各类省部级以上奖项939项，其中国家级奖项385项。学校被评为重庆市统战工作先进集体、获2019年厂（校）务公开民主管理“示范单位”。

2．申硕工作

制定2020年硕士学位点申报方案并不断优化完善，集中全校优势资源推动相关学位点高质量建设，打造“拳头优势”。校领导亲自带队深入周边区县，积极争取地方政府对学校申硕工作的帮助支持，争取横向项目与办学经费；通过登门拜访、邀请来校等方式向专家教授问计寻智，广泛征求申硕攻坚良策；主动向市教委等上级机关汇报学校申硕工作推进情况，全力争取主管部门的关注、支持。通过微信推送学校近5年取得的代表性成绩，向市级有关职能部门寄送申硕简报，编制学校申硕宣传画册和宣传手册，凝聚正能量、强化正导向，形成了良好的宣传氛围。

学校申硕核心指标完成情况良好，基本条件及指标已经达标。其中博士占比和生均经费已经超预期达标，相关学位点科研获奖和骨干教师在研项目数量得到大幅度提升。其中博士学位教师占比超过指标 6.3%，横向项目及成果转让经费突破亿元大关，生均经费收入增幅达 43%。

各学位点特色优势凸显。学校拟首批申报的几个学位点有“万人计划”国家级人才 2 人、学术技术带头人等省级人才 20 余人，学校拥有“创新靶向药物国家地方共建工程研究中心”等国家级科研平台 2 个、“微纳米材料工程与技术重庆市高校重点实验室”等省级科研平台 23 个，主持国家级项目近 60 项、工程技术类项目 600 余项，获重庆市科技进步一等奖 3 项、省级及行业协会科研奖 25 项；获成果转化资金近 4 000 万元。

3．学科建设

以学科为引领，以申硕为根本目标，强化学科建设与学位点建设的有机融合，结合学科评估指标和申硕条件指标制定学科建设任务，将部分申硕核心条件设为学科建设考核指标，形成“学科学位点一体化建设”和“学科专业一体化建设”的良好局面。

依据学校财政政策，科学制定学科经费预算，在深入调研各学科经费使用效能基础上，创新性采用集中统筹、分段划拨的方式，有力提高学科经费使用效率，为提升学校整体办学效益做出贡献。2019 年学校新增投入学科建设经费 160 余万元。

依据《重庆市教育委员会办公室关于开展重点学科和一流学科建设中期检查的通知》，邀请 30 位校外知名专家组成 6 个专家组对学校 6 个市级重点（培育）学科开展中期检查，取得“5 优 1 良好”的优异成绩，并按时向市教委上报检查结果。仔细梳理、研究第四轮校级重点学科中期检查结果，发布《关于发布第四轮校级重点学科中期检查结果的通知》明确学科建设的亮点、优势、短板和不足，并以此为基础发布《关于发布第四轮校级重点学科中期调整结果的通知》，加强团队汇聚、优化学科方向凝练，为学科可持续建设注入新的活力，进而有力支撑学校学位点建设。

强化学科建设与产业对接。建成“五位一体”的成果转化与孵化平台，促进学校代表性科研成果——5 型磷酸二酯酶（PDE5）抑制剂（DDCI-01）成功转化，治疗甲状腺癌、乳腺癌的 RET 和 VEGFR2 双靶标抑制剂进入临床前安全评价；纳米银线系列专利通过许可方式授权团队成员成立重庆柔纳科技有限公司并落户重庆高新区，“大尺寸柔性电子触控”获第十二届中国国际高新技术成果交易会优秀产品奖；特色植物研究院相关成果在重庆及周边 9 省市 42 区县广泛应用，累计推广种植面积达 733 平方千米，产值超过 10 亿元。学校成果转化金额逐年上升，2019 年成果转化收益超过 3 000 万元。

4．教学工作

落实教育部关于实施一流本科专业“双万计划”的精神，园林、高分子材料与工程等 14 项立项重庆市一流专业建设项目，体育教育等 10 个专业入选省级一流本科专业建设点，数量在全市同类型高校排名第一；会展经济与管理等 3 个市级特色专业和林学与生态环境 1 个市级特色学科专业群全部高质量通过验收，学校获市教委点名表扬。

学校提前布局设置引领未来技术和产业发展的机器人工程、数据科学与大数据技术、智能电网信息工程、智能制造工程、环境科学与工程等一批新工科专业，新申报人工智能和药学 2 个本科专业。学校现有国家级特色专业建设点 1 个、国家级卓越农林计划项目 1 个、市级特色专业 11 个、市级综合改革试点专业 2 个、市级学科专业群 2 个。

学校党政高度重视专业认证工作，印发《重庆文理学院关于成立专业认证工作领导小组的通知》和《重庆文理学院师范类专业认证实施方案》等文件，全面加强统筹协调，形成了整体设计、有效衔接、分工明确、分批实施的师范类专业认证工作实施方案，教育部师范类专业认证专家组进校对汉语言文学（师范）专业进行了第二级认证现场考查，专家反馈效果好、评价高。

“纪录片创作”课程入选国家精品在线开放课程（市属本科高校仅 2 门），实现了学校在该类国家级项目的历史性突破。“会展专业导论”“信息技术基础”“程序设计基础”等 8 门精品在线开放课程获得市级认定，1 项市级虚拟仿真实验教学项目获得认定。教学范式转变更系统，在重庆市首届课堂教学创新大赛中，学校获一等奖数量并列重庆市本科高校第一位，学校教师教学发展指数在全国新建本科院校排名第 11 位。

以学生为本，严格教学管理，制（修）订《学生学籍管理规定》《学士学位授予工作实施细则》《重庆文理学院教师课堂教学规范》等一系列教学管理文件。实践教学体系更完善，学科竞赛成绩喜人，获得国家级奖项 146 项，省部级以上奖项 445 项，获得第六届中国“互联网+”创新创业大赛 5 金 7 银。第 21 届推普工作被教育部语言文字应用管理司的资料汇编收录。

5．科研工作

贯彻执行《关于扩大高校和科研院所科研相关自主权的若干意见》《关于抓好赋予科研管理更大自主权有关文件贯彻落实工作的通知》文件要求，完成《重庆文理学院科研和学科类经费使用报销办法》《重庆文理学院专职科研人员管理办法（试行）》《重庆文理学院横向科研项目管理办法》等多项科研管理文件的修订，推动科研放管服改革不断深化。出台《重庆文理学院科研项目资助管理办法》、重构校级科研项目培育资助体系、实施“塔尖计划”和“塔基计划”，切实有效地推进科研经费使用和管理方式改革创新。

2019 年，科研总投入 1.914 亿元。其中，学校自身投入科研经费 7600 余万元，到账纵向科研经费 2 570 万元，横向项目经费 7 272 万元，外来项目经费较 2018 年增长了 44.7%。全年 R&D 经费支出约 1.1675 亿元。

2019 年学校获批立项国家自科基金 13 项，其中面上项目 2 项，青年项目 11 项，项目直接经费 337 万元。获国家社科基金项目 6 项，经费 120 万元，居重庆市属高校第 8 位，创历史最好成绩。获教育部人文社会科学研究一般项目 11 项，其中规划项目 2 项，青年项目 3 项，西部项目 4 项，专项项目 2 项，名列全国高校百强。

首次获重庆市杰出青年基金项目 1 项，立项经费 50 万元；获技术创新与应用发展专项重点项目 4 项，立项经费 350 万元。2019 年累计立项重庆市科技局科技计划项目 64 项，项目总经费 775 万元，立项项目数相比 2018 年增长 93.9%，经费数相比 2018 年增长 154%。立项重庆市教委项目 79 项，较 2018 年项目立项数增长 27.4%，其中重大项目 2 项，重点项目 5 项，总经费 318 万元。获重庆市社科规划项目以及其他省部级项目共 19 项。立项永川区公益类项目 11 项，经费 28.5 万元。

组织材料成型、环境修复、医疗大数据、特色植物等科研团队赴重庆北碚、璧山等10余个区县，深入企业生产一线调研，促进企业需求与学校科技资源充分对接，深入推进产学研合作。签订各类科技服务项目合同930个，合同金额1.22亿元，其中创新券516个，合同金额2 128.29万元，较2018年创新券增长95.9%；横向科研项目合同414项，合同金额1.01亿元（到账经费7 272万元）。

2019年，学校发表SCI/SSCI论文292篇，EI/EI会议论文30篇，核心期刊175篇。发明专利已授权55项，实用新型114项。徐志刚、陈中祝以并列第二作者参与撰写的学术论文在国际顶尖期刊*Cell*发表，实现学校在*Cell*期刊论文零的突破。

2019年，学校获重庆市、黑龙江省以及云南省等省级科学技术奖10项。首次获重庆市自然科学奖二等奖和重庆市科技进步奖一等奖，实现重庆市科技奖一等奖零的突破，一等奖获奖数量名列全市高校第三。获中国表面工程协会、中国机械工业联合会等一级行业协会科研成果奖10项。

2019年，学校实现23项专利技术成果的转化落地，实现转化收益约3240万元，较2018年增长约10倍。其中“抗ED和肺动脉一类新药”技术成果以3000万元金额成功转让；注射成型技术、纳米绿色涂料等科技成果，实现自行量产销售，年转化收益230余万元。

加强与军工企事业单位产学研用协同创新，积极融入国家军民融合发展战略。对标《武器装备科研生产单位三级保密资格标准》，建立健全国防科技项目保密工作体制机制，顺利通过武器装备科研生产单位三级保密资格认定，成为重庆市第四所获得军工保密资质的高校。

6．创新创业

“基于多组分反应的新药研制”入选首批重庆市高校创新研究群体，健康医疗大数据智能平台技术与服务创新创业团队和猕猴桃产业技术创新创业团队入选重庆英才·创新创业领军人才（科技领域）。科技特派员总数达到40余人，服务10余个区县。

2月，“创新靶向药物国家地方共建工程研究中心”获国家发改委批复立项建设，“微纳米材料工程与技术重庆市高校重点实验室”入选重庆市高校高水平科研创新平台培育计划。学校有市级以上平台 25 个（含国家级平台 2 个），理工类二级单位均建有市级以上科研平台。

“微纳米光电材料与器件协同创新中心”综合绩效评估获“优秀”，获市财政 1 000 万的持续资助。“环境材料与修复技术重庆市重点实验室”“激酶类创新药物重庆市重点实验室”“经济植物生物技术重庆市重点实验室”参加重庆市科技局评估获“优秀”，“重庆高校新型储能器件及应用工程研究中心”“重庆市高校情绪与心理健康重点实验室”通过验收。

开展大学生创业基地整体改造工程，新增孵化场地面积 500 平方米。与协信集团签订《大学生创业孵化基地签约》共建协议，重点培育科技创新类、电子商务类、文化创意类和节能环保等市级鼓励类行业的大学生创业企业。2019 年协信创业园入驻大学生企业 7 个。

以环重庆文理学院创新生态圈建设为契机，全面改造升级打造“文理创谷”，形成创新生态圈“一核”“一街”。整合相关科技创新资源，打造“大学生创新创业基地—孵化器—加速器”，集“文化创意、科技研发、成果转化、创业孵化”功能为一体的创新创业综合体。2019 年，“文理创谷”的大学生微型企业孵化基地总产值 4 315 万元，带动就业 541 人，纳税户数为 45 家，获 2019 年度市级创业孵化基地（园区）绩效评估优秀称号。

在第五届中国“互联网+”大学生创新创业大赛重庆赛区选拔赛中，学校参赛项目渔生保、金属粉末注射成型、多功能教学五轴联动数控铣床、机关大狮——中国智慧工艺 · 木制拼装玩具模型、永川竹艺等 5 个项目入围第四届中国“互联网+”大学生创新创业大赛重庆选拔赛金奖，学校获优秀组织单位、“青年红色筑梦之旅”先进集体称号，在重庆市第七届大学生创新创业大赛获第二名。

### 7．人才队伍建设

设立人才专项经费，分设人才引进费、高层次人才培育费、巴渝海外引智计划经费、师资队伍培训费等。2019 年，人才专项经费投入 2 100 余万元，比 2018 年增加 100 余万元。

完成学校第六次中层干部、科岗人员调整和第四次设岗聘用工作，科学合理配置人才资源。积极争取上级支持，用活现有岗位资源，周转编制全部投放专业技术岗位，通过扩编增量缓解专业技术职务评聘难的矛盾；在保证三类人员可持续发展的前提下，调低工勤岗位比例，提高专业技术岗位比例，优化管理岗位内部结构比例，促进岗位资源发挥最大效能。

2019 年，学校引进北京师范大学、南开大学、哈尔滨工业大学等知名高校和具有海外留学（日本神户大学、英国爱丁堡大学、西班牙加泰罗尼亚理工大学、俄罗斯圣彼得堡国立音乐学院等）经历的博士 46 人，全职外聘博士 40 人；选派教师赴海外、市外访学进修 40 余人。

学校现有专任教师 1 224 人，其中具有博士学位人员 383 人，具有博士学位人员占专任教师 31.3%。2019 年，学校新增重庆市学术技术带头人 3 人、学术技术带头人后备人选 10 人、重庆市产业技术带头人后备人选 1 人，重庆英才计划创新领军人才 2 人，巴渝学者特聘教授 1 人、客座教授 4 人、青年学者 10 人。引进大久保诚介教授、美国农业部首席科学家麦克教授等国内外知名专家、学者 10 余人来校工作。

2019 年新增市级人才称号人选 31 人次，学校新药团队成员徐志刚、陈中祝、徐嘉和美国维克森林大学林慧观教授团队合作在 *Cell* 上发表重要研究成果；陈中祝博士和徐志刚博士当选为国际期刊 *Molecular Diversity* 编委；全年晋升正高职称 11 人，晋升副高职称 26 人。新增重庆英才计划创新领军人才 2 人；新增重庆英才计划创新创业示范团队 3 个，创新靶向药物国家地方联合工程研究中心（国家级）1 个，重庆市工程师创新能力培养训练基地 1 个，重庆市高校高水平科研创新平台——微纳米材料工程与技术重点实验室 1 个，市级技能大师工作室 1 个。

8．学生教育

坚持“守正创新”，在大学生思想政治教育“4471”工程的基础上，树立教育与服务有机结合、追求师生同成长、共进步、以高效的工作落实促学生全面发展的理念，进一步推进大学生思想政治工作理念的更新。多措并举加强辅导员队伍建设，逐步凝练辅导员主题沙龙建设项目，支持不同学院辅导员借助沙龙平台交流各自工作特色亮点，推动辅导员“三化”发展。推动校级辅导员名师工作室建设，提高辅导员工作幸福感。辅导员职称职级晋升制度设计更加人性化，发展通道更顺畅。

将实践育人工作纳入学校人才培养方案，系统设计实践育人体系。组织学生积极参与暑期“三下乡”“带薪实习”等社会实践活动，学校从报名的 1 000 余名学生中遴选出近 200 名学生参加 2019 年的暑期带薪实习社会实践活动，实习单位涉及 24 个区县的政府部门和企业。

组织开展“5 · 25”大学生心理健康节、重庆市第十届大学生心理成长论坛微课大赛永川片区赛、“12 · 12”心育运动会等活动，扎实推进心理育人工程。在重庆市第十届大学生成长论坛中，“青春健康与心理成长”微课大赛获学会一等奖 1 项、二等奖 3 项，三级心理之家等微作品获学会一等奖 2 项，二等奖 5 项，三等奖 5 项，在 2019 年重庆市大学生心理成长微课大赛中以第二名的成绩荣获一等奖。

认定困难学生 7 363 人，占在校生的 37.5%，其中特别困难 2641 人，占在校生的 13.45%，建立了以生源地助学贷款为主，以“奖、勤、助、补、减”和“绿色通道”为辅的家庭经济困难学生资助体系。发放国家奖助学金 2 059.45 万元；为 1 352 人次发放全科教师生活补助 405.6 万元；发放临时困难补助 1 957 人次 58.09 万元；发放校设岗位勤工助学工资 2 334 人次 64.97 万元；为全校学生购买校方责任险 9.8 万元；为 3 368 名学生办理生源地信用助学贷款，贷款金额 2 429 万余元；节假日为特困学生 1 841 人次发放月饼、粽子等慰问品 4.23 万元。

9．合作与交流

学校与美国加州州立理工大学波莫纳分校、马来西亚斯特雅大学和精英大学、英国哈德斯菲尔德大学和伯明翰城市大学等 10 多所大学达成合作意向或签订协议，并与托木斯克理工大学、永川区共建重庆托木斯克工业技术研究院。开展酒店管理、艺术设计与音乐学等专业的硕士培养项目，已有近 10 名本科生前往马来西亚攻读硕士学位。与泰国宣素那他皇家大学和泰国国家发展管理学院签订合作协议，拟开展硕士联合培养项目。

学校第一个经教育部批准的与美国北卡罗来纳大学威尔明顿分校合作办

学项目正式运行，招收 80 名学生。与俄罗斯托木斯克理工大学联合培养本科生项目进展顺利，已送 16 名学生赴俄继续本科学习。与库班国立体育运动与旅游大学开展了学生交流和硕士项目，在伊万诺沃化工大学和伊万诺沃国际教育中心开展了汉语语言文化教学等项目。与意大利佩鲁贾大学合作开展互派交换生项目，2019 年，学校选派 8 名中国学生赴意交换学习一个学期， 其中有两名广播电视编导学生继续攻读研究生。意大利佩鲁贾大学 4 名学生来学校进行一学期的汉语进修。继续与东南亚和中亚等国家的教育机构合作，招收来华留学生 20 余人；保持与白俄罗斯、乌克兰等国家的合作，聘用艺术类专业教师 3 人来校任教。

深度利用国家级、市级和校级三条渠道的公派留学项目，18 名教师获得 3 个月及以上留学期限的公派留学资格。有 15 名教师自费到马来西亚、俄罗斯等国家留学攻读博士学位。2019 年，聘有长期外籍教师 9 名，全职在聘外籍博士 50 多人。首次申报教育部“春晖计划”项目 13 项。通过各类海外引智项目，来学校短期交流和工作的海外（境外）高水平专家或博士达到 80 多人次。

2019 年，新招收 18 名来华留学生，留学生总人数 96 人。分别来自泰国、哈萨克斯坦、老挝、俄罗斯、肯尼亚、印度尼西亚、塔吉克斯坦、土库曼斯坦、乌兹别克斯坦、蒙古、马来西亚、意大利等 12 个国家。

10．精准扶贫

3 月，学校召开 2019 年脱贫攻坚工作推进会，调整学校教育扶贫工作领导小组，实行党委书记、校长双组长制。开展为贫困地区培训骨干教师、派出大学生顶岗支教、为重庆籍建档立卡贫困户学生资助资金等扶贫助困活动，全年 38 次，其中，校领导参与 22 人次。选派代武春、张东、李兴春、邓德学 4 名干部分别担任永川区贫困村松溉镇打鱼河村、吉安镇石松村、宝峰镇龙凤桥村、来苏镇关门山村第一书记，选派李云担任巫溪县天元乡工作队干部。

搭建帮扶平台，强化脱贫成效，与重庆深度贫困乡镇和永川市级贫困村继续加强农副产品资源对接，利用“食堂扶贫”助推天元乡和永川 4 个贫困村农民脱贫增收，利用“电商扶贫”“消费扶贫”等形式开展贫困乡（村）农副产品线上线下展销活动，利用“工会扶贫”向全体教职工发放“扶贫大礼包”1 400

份，全年消费扶贫金额超过30万元。学校结对帮扶的20户天元乡香源村贫困户全部脱贫，香源村实现整村脱贫销号。

为贫困乡镇和贫困村搭建扶贫爱心专柜，为云阳县泥溪小学捐赠冬装校服262套，为彭水县农村中小学捐赠中国教育报100份，免费为100余名贫困残疾人传授手工技能。

11．保障与服务

启动后勤全面质量监管，构建融后勤工作内容、工作规范、工作标准、工作考核为一体的全面质量监管体系。年底在全校师生员工中开展的后勤服务满意度测评显示，满意度超过国家一级物业公司服务标准6.58个百分点。学校获“重庆市高校能源管理先进集体”“重庆市高校绿化管理先进集体”“重庆市高校学生公寓先进集体”“重庆市高校伙食工作先进集体”。

强化安全管理，开展交通整治50余次，重点治理校内机动摩托车、电瓶车无牌无证驾驶、电动车载人、车辆超速行驶、乱停乱放等违章行为，为师生创建了良好的交通秩序。

通过基础数据管理平台的应用、智慧校园总体架构的优化、多种数据集成工具的启用、流程设计的全局化再造，从技术架构上基本解决了校内信息孤岛难于消除、数据生产难于一体化、数据标准难于统一等问题，基本形成了信息化建设统一管理、全校一盘棋的机制。首创快速数据服务开发体系，实现了API接口的无代码快速生成，实现了用户数据服务的快速开发和上线，API查询接口和数据服务应用发布最快可在1小时内完成。

以永川区新区体育馆项目为代表的一系列基建项目有序推进。2019年度共计完成人和居给水加压系统建设、红河B区SPF级动物房和食堂电梯井道建设维修改造项目等60余项，校园基本条件得到进一步改善。

编制《重庆文理学院学科分析（2009—2018）报告——基于Web of Science》《学科快报》等信息源，为学校科学决策提供可参考信息服务。启动口述档案采集工作，开展学校“卓越教师教育实验班”学员走进档案馆活动。完成2018年学籍、合同数字化工作，实现全文查询和识别，查询利用便捷。

# 学校领导

| 序号 | 职务 | 姓名 | 备注 |
| --- | --- | --- | --- |
| 1 | 党委书记 | 孙泽平 | |
| 2 | 党委副书记、校长 | 黄伟九 | |
| 3 | 党委副书记 | 兰　刚 | 2019年5月起任 |
| 4 | 副校长 | 兰　刚 | 2019年6月免任 |
| 5 | 党委常委、副校长 | 谭　宏 | |
| 6 | 党委常委、副校长 | 漆新贵 | |
| 7 | 党委常委、副校长 | 万书辉 | 2019年12月免任 |
| 8 | 副校长 | 王明华 | |
| 9 | 党委常委、副校长 | 金　盛 | |
| 10 | 党委常委、纪委书记、市监委驻重庆文理学院监察专员 | 罗　茂 | 2019年8月起任党委常委、纪委书记；2019年9月起任市监委驻重庆文理学院监察专员 |
| 11 | 党委常委、副校长 | 李天福 | 2019年9月起任 |

# 特载与专文

TEZAI YU ZHUANWEN

# 在重庆文理学院“不忘初心、牢记使命”主题教育总结大会上的讲话（摘要）

党委书记　孙泽平

（2020 年 1 月 10 日）

同志们：

在全党开展“不忘初心、牢记使命”主题教育，是党的十九大作出的重大决策。按照中央和市委统一部署，我校参加了第二批主题教育。自去年 9 月 11 日召开动员部署会以来，学校主题教育扎扎实实开展了整整 4 个月，目前已基本结束。在市委的坚强领导、市委巡回指导十六组的精心指导下，学校主题教育有序推进，取得了实实在在的成效。

第一，扛稳责任，超前谋划强保障。

早在年初，学校就把主题教育列入党政工作重点，并作为首要工作。在开展第一批主题教育时，学校就根据市委要求，联动参与，提前做好准备。及时学习传达中央、市委主题教育工作会议精神，及时跟进学习习近平总书记最新重要讲话、文章和指示批示精神，邀请市委宣讲团专家来校作专题报告。暑假前夕，专门编印发放了学习资料，作为党员干部的“暑假作业”，提前为主题教育预热。9 月份第二批主题教育启动时，学校组建了专门机构，明确了责任分工。学校早谋划、早发动，保证了主题教育顺利开展。

第二，聚焦主题，深学细悟守初心。

一是统筹安排学习研讨。学校领导班子成员开展了“7+2”“12+1+2”相结合的集中学习研讨，即 7 天集体学习、2 天集中自学，12 次集中研讨交流、1 次革命传统教育、2 次全覆盖警示教育。此外，还邀请市内外著名专家学者来校作了“习近平新时代中国特色社会主义思想”“牢记使命、感恩奋进，以实干实绩把习近平总书记殷殷嘱托全面落实在重庆大地上”等 9 场专题报告。二是坚持领学带学制度。班子成员带头研讨发言，带头上党课作报告。每次集中学习均安排 1 至 2 名领导提前“备课”，领学相关内容。全体校领导除参加党委中心组集中学习外，还积极参加处级干部的分组研讨交流，带头发言，讲体会、谈收获，理思路、找方法。三是大力学习宣传身边典型。学校成立了涂铭旌院士“弘扬爱国奋斗精神，建功立业新时代”先进事迹报告团，先后在市人社局、市教委、四川外国语大学、重庆第二师范学院等单位宣讲 10 余场，《重庆日报》“主题教育大家谈”予以专题报道，获得广泛好评。四是扎实开展“以案四说”警示教育。利用教育系统发生的典型案例，有针对性地开展警示教育活动，深化了警示教育效果。

第三，勇担使命，调查研究转作风。

学校党委按照中央“四个围绕”要求，聚焦贯彻落实习近平总书记视察重庆重要讲话精神 10 项重点工作任务，结合学校实际，统筹考虑主题教育的目标任务和制约学校改革发展的瓶颈问题，确定了《关于学校思政课教师和辅导员队伍建设的调研》《学校在申硕攻坚阶段存在的主要困难及应对策略》等 11 个调研课题，由领导班子成员分别牵头，有分有合、一体化推进调查研究。班子成员率队走访了 39 个二级单位，召开现场办公会 12 次、各类座谈会 20 余场；发现问题 121 个，现场解决具体问题 52 个，提出对策措施 95 条。

第四，对标对表，检视问题抓差距。

一是自觉对标对表，自己查问题。领导班子及成员按照习近平总书记关于“四个对照”“四个找一找”要求，发扬刀刃向内的自我革命精神，把自己摆进去，把职责摆进去，把工作摆进去，全面开展问题自检自查，共检视问题表现 174 个、原因根源 48 个、改进措施 66 个。二是广泛听取意见，群众提问题。通过座谈交流、调研访谈、设立意见箱、发放征求意见表等方式，全面系统收集意见建议、群众诉求问题。共收集领导班子意见建议 55 个，班子成员意见建议 42 个。三是深刻剖析反思，相互找问题。领导班子成员之间，班子成员与分管部门负责同志、与所在党支部党员代表之间深入开展谈心谈话，相互听取意见建议。高质量召开对照党章党规找差距专题会议和专题民主生活会，严肃开展批评和自我批评，在“红脸”“出汗”中触动了思想，增进了团结，促进了工作。

第五，有的放矢，整改落实下真功。

学校党委始终奔着问题去、盯着问题改，即知即改、立行立改。除把中央部署的8个专项整治、上级反馈的8个问题列为专项整改任务予以落实外，还把“自己找、群众提、集体议”的问题一并纳入整改。一是从最突出的问题着眼。例如，针对少数申硕学科指标不优不强等问题，进一步完善了申硕工作每周分析研判机制，进一步明确细化了领导班子、职能部门、各申硕学科的攻坚任务，推出了加强高层次人才队伍建设、提升科学研究水平、增加经费投入等20余条具体举措，申硕4项核心指标和基本条件更优更强。又如，为有效解决思政课教师、辅导员队伍配备和建设问题，推出了建设教育部“文化育人”精品项目、培育思政“金课”、专职思政课教师与专业课教师结对子等10余条具体举措，持续推进习近平新时代中国特色社会主义思想进课堂进教材进头脑。此外，学校改进了目标指标考核方式，切实减轻了基层负担。二是从最具体的工作抓起。例如，针对校园交通安全隐患问题，及时开展交通安全专项检查，集中整治车辆违规停放、超速行驶等行为，加强校门管理“技防”“物防”，配备反恐防爆器材，加装人行道闸系统和电瓶车、摩托车道闸系统。三是从师生最关心的事情入手。例如，针对部分师生反映遇到绵雨天气，“人和居”教工住宅小区道路湿滑，行人容易摔倒受伤的问题，及时在每栋住宅楼之间修建了防滑“爱心小道”，保证了教职工雨天出行安全。此外，学校教师休息室提档升级等民生工程也正在落实中。

第六，上下联动，严督实导抓基层。

在抓好领导班子和处级以上领导干部主题教育的同时，学校党委坚持以上率下、上下联动、协同推进，让基层单位、普通党员跟着动起来。校领导、职能部门、督导组三个层面，通过召开党员代表座谈会、工作推进会，深入基层实地走访、列席“三会一课”、现场查看工作资料等多种方式推动基层工作落实，督促指导各单位不折不扣完成规定动作，立足实际开展形式多样的学习教育活动。去年底，各党支部全覆盖召开了专题组织生活会，开展了民主评议党员工作。

作为第二批主题教育单位，虽然集中开展只有4个月，但工作成效已经初步显现：学校各级党组织和广大党员、干部思想政治受到洗礼和锤炼，增强了守初心、担使命的思想自觉和行动自觉，强化了宗旨意识和为民情怀，干事创业、担当作为的精气神得到提振。领导班子及成员在主题教育中认真检视、深入反思问题，精准找准症结，寻求解决措施。学校改革发展的路线图、任务书、时间表更加清晰，广大师生在学校“即知即改、立行立改”中看到了新变化、新气象，获得感、幸福感、安全感明显得到提升。学校风清气正的政治生态更加巩固，万众一心谋发展的氛围更加浓厚。

同志们，这次主题教育是在充分吸收我校历次党内集中教育成功经验基础上开展的。通过主题教育，我们对新时代学校如何开展党内集中教育取得了新的认识，积累了新的经验：

一是必须聚焦主题、紧扣主线。只有围绕主题、主线深学细悟、检视问题、寻策问道、真改实改，才能真正做到学做结合、知行合一，确保党内集中教育不跑偏、不走样。

二是必须以上率下、上下联动。这次主题教育，学校领导班子和领导干部以身作则、从我做起，先学先改、即查即改，以“关键少数”带动了“绝大多数”，有力地推动了主题教育一贯到底、落实落地。学校、职能部门、各基层单位上下联动、合力攻坚，较好地克服了“温差”“落差”等问题。

三是必须统筹推进、贯穿贯通。这次主题教育，学校始终坚持“学习教育、调查研究、检视问题、整改落实”四项重点举措贯穿全过程，有机融合、一体推进，做到了以学促研、以研促查、以查促改。

四是必须问题导向、实践导向。这次主题教育，学校始终坚持问题导向和实践导向，对查找出来的问题实行台账式管理、项目化推进，明确责任主体、进度时限和工作措施，逐条逐项推进落实，做到了问题不解决不松劲、解决不彻底不放手、师生不认可不罢休。实践证明，党内集中教育必须找准靶子、点中穴位，才能抓得实、做得深、走得远。

五是必须切合实际、务求实效。要充分结合学校改革发展实际，充分考虑教学科研管理服务等不同类型单位的职能职责，找准开展集中教育的着力点，有针对性地提出相应要求，科学合理统筹安排。只有切合实际、力戒虚功，才能增强主题教育效果。

在取得一定成绩的同时，我们也清醒地看到存在的问题，比如：领导干部理论学习还存在不深、不透、不系统的问题，运用党的创新理论推动工作的能力还不足；制约学校改革发展的一些深层次矛盾和问题还没有从根本上破解；在主题教育成果转化运用上还有短板，对学校转型发展和申硕攻坚的决心和力度还需要加强，等等。下一步，学校党委将加大力度、加快进度，切实加以解决。

同志们，总书记讲，凡是过往，皆为序章。主题教育虽然进入收官总结阶段，但这绝不是终点，而是新的起点。前天，全国主题教育总结大会在北京召开；昨天，全市主题教育总结大会召开。中央、市委对巩固拓展主题教育成果、持续推动全面从严治党又作出了新部署，提出了新要求。习近平总书记出席全国主题教育总结大会并发表重要讲话。他强调，我们党要始终得到人民拥护和支持，书写中华民族千秋伟业，必须始终牢记初心和使命，坚决清除一切弱化党的先进性、损害党的纯洁性的因素，坚决割除一切滋生在党的肌体上的毒瘤，坚决防范一切违背初心和使命、动摇党的根基的危险。全党要以这次主题教育为新的起点，不断深化党的自我革命，持续推动全党不忘初心、牢记使命。

习近平总书记的重要讲话立意高远、思想深邃、内涵丰富，具有很强的政治性、思想性、理论性、指导性。下面，我代表学校党委，就深入学习贯彻习近平总书记重要讲话精神和中央、市委部署要求，讲五点意见：

第一，始终坚持以习近平新时代中国特色社会主义思想统一思想、统一意志、统一行动。注重思想建党、理论强党，是我们党的鲜明特色和光荣传统。总书记指出，只有坚持思想建党、理论强党，不忘初心才能更加自觉，担当使命才能更加坚定。我们要把深入学习贯彻习近平新时代中国特色社会主义思想作为思想武装的首要任务，推动学习贯彻习近平新时代中国特色社会主义思想不断往深里走、往实里走、往心里走，强化党员干部任何工作都从习近平新时代中国特色社会主义思想中找方向、找路径、找方法的政治自觉，增强“四个意识”，坚定“四个自信”，做到“两个维护”，兑现市委提出的“三个确保”政治承诺。

第二，做好主题教育下半篇文章，建立健全“不忘初心、牢记使命”的长效机制。主题教育有时限，但“学习教育、调查研究、检视问题、整改落实”四项重点举措须长期坚持。特别是主题教育开展中检视出来的问题，已经整改的，要巩固好，防止反弹回潮；需要长期用力的，要紧盯不放、一抓到底。要及时开展主题教育“回头看”，查缺补漏、补齐短板。主题教育收官结束以后，师生群众最担心的是教育一阵风、雨过地皮湿，最盼望的是保持常态化、形成长效机制。必须把“不忘初心、牢记使命”作为加强学校党的建设的永恒课题，作为全校党员、干部的终身课题。要教育引导全校各级党组织和广大党员、干部经常进行思想政治体检，自觉对标看齐，不断叩问初心、守护初心，不断坚守使命、担当使命，把初心和使命变成锐意进取、开拓创新的精气神和埋头苦干、真抓实干的原动力。

第三，持续加强领导班子自身建设，锻造高素质专业化干部队伍。去年，学校顺利完成机构改革、中干选任、科岗选任和全校党总支、支部换届选举工作，干部队伍年龄、学历、职称结构进一步优化，为事业发展提供了坚强组织保证。下一步要重点抓好以下几项工作：一是学校党委班子持续加强自身建设，不断增进班子团结、提升领导合力，履行好管党治党、办学治校主体责任，统筹谋划、督促指导、示范带动二级单位领导班子加强自身建设。二是深入推进干部人事制度改革，加大优秀年轻干部、党外干部、女干部、少数民族干部的发现培养选拔力度，持续优化干部队伍结构，加强干部队伍梯队建设。三是出台干部教育培训规划，分层分类加强干部教育培训，重点抓好新任干部任职培训，强化党员干部的纪律和规矩意识，进一步增强干部的执行力。四是坚持严管和厚爱结合、激励和约束并重，不断加强改进干部管理监督考核工作，激励广大干部新时代新担当新作为。

第四，全面落实新时代党的建设总要求，全面加强改进学校党的建设。近年来，特别是主题教育开展以来，我们不断加强和改进学校党的建设，基层党组织的战斗堡垒作用、党员的先锋模范作用得到较好发挥，但与新时代党的建设的新任务、新要求相比，还存在一定差距。学校各级党组织必须要有正视问题的勇气、刀刃向内的自觉，不断增强自我净化、自我完善、自我革新、自我提高的能力，把我们的党组织建设得更加坚强有力，把我们的党员队伍锻造得更有生机活力。2020 年，学校党的建设要以党的政治建设为统领，全面落实新时代党的建设总要求，坚定不移推动全面从严治党向纵深发展；要坚持固本培元，夯实基层基础，持续推进党支部标准化、规范化建设；要充分发挥首批全国党建工作样板党支部的辐射带动作用，争取在高校党建示范创建和质量创优（“双创”）工作中取得新突破；要积极凝练特色亮点，实施党建精品工程，以品牌促创新，以创新促质量，推动基层党建全面进步、全面过硬。

第五，大力推进学校治理体系和治理能力现代化，推动学校持续快速健康发展。要深入学习宣传、精准贯彻落实党的十九届四中全会精神，始终坚持依法治校，构建完善系统完备、科学规范、运行有效的制度体系，把学校的制度优势更好转化为治理效能，推进学校治理体系和治理能力现代化。要严格执行党委领导下的校长负责制，及时修订出台二级学院议事决策制度，不断深化高等教育领域“放管服”改革，着力破解改革发展进程中的瓶颈问题，持续推动学校事业再上新台阶。

同志们，今年是决胜全面建成小康社会、打赢精准脱贫攻坚战、实现“十三五”规划收官之年，也是学校申硕攻坚“交卷”之年。学校各级党组织、广大党员干部要奋勇当先、实干担当，为助力精准脱贫攻坚、打赢学校申硕攻坚战做出积极贡献，以“赶考”的心态向组织、向全校师生交出一份满意的答卷。

# 团结一心 攻坚克难
# 加快建设高水平应用型大学

## ——在重庆文理学院第五届教代会、工代会上的工作报告（摘要）

党委副书记、校长　黄伟九

（2019 年 12 月 27 日）

一、第四届教代会以来主要工作回顾

第四届教代会以来，在上级主管部门的指导和帮助下，在学校党委的正确领导下，学校主动抢抓历史机遇，攻坚克难，在人才培养、科学研究、社会服务等方面取得了突出成绩，办学实力和办学水平得到显著提升。

（一）以本为本，人才培养取得新成绩

1. 专业结构进一步优化。成功申报数据科学与大数据技术、药学等 10 余个新专业，本科专业总数已达 64 个。专业建设成效明显，14 个专业获重庆市级一流专业立项建设，园林和会展经济与管理专业位居重庆市大学本科专业排行榜榜首，全国排名分列第 5 和第 7，电子信息科学与技术、体育教育、电气工程及其自动化、环境科学 4 个专业跃居重庆市大学本科专业排行榜前三；获批市级特色学科专业群 2 个，新增市级特色专业 1 个；获得重庆市教学成果一等奖 1 项、二等奖 3 项、三等奖 4 项。

2. 教学改革持续深入。认真学习贯彻全国教育大会、新时代全国高等学校本科教育工作会和全市教育大会精神，组织召开第七次教学工作会，探索实施“5+1”建设行动计划；着力推进师德师风建设；深入探索“五大教学改革”和“合格+”多元人才培养模式改革，实施跨界研修计划、开展微项目研究与实践、打造“金课”等；学校市级教改项目立项位居市属高校前列，国家级新工科研究与实践项目和教育部产学合作项目立项数位居全国前列；学校教师发展中心成为重庆市首批示范中心。

3. 人才培养质量稳步提升。顺利完成本科教学工作审核评估，学校办学美誉度持续攀升；生源质量逐年改善，第一志愿录取率均保持在 100%，报到率稳定在 95%以上；大力推进一本招生、大类招生和中外合作办学项目招生，新增数学与应用数学 1 个中外合作办学项目，机器人工程等 3 个专业实现一本招生；获批环重庆文理学院创新生态圈建设项目，学生实践创新能力和综合素质持续提升，累计获得国家级奖 500 余项、市级奖 2 000 余项；毕业生年底就业率达到 95%以上，就业质量和用人单位满意度持续提升。

（二）固本强基，学科科研实现新突破

1. 学科建设体系进一步完善。获批材料科学与工程、园艺学、环境科学与工程、社会学、数学、药学等 6 个“十三五”市级重点（培育）学科，在中期检查中全部获得“优秀”评价；3 个“十二五”市级重点学科在 2016 年以全部优秀的成绩通过市教委验收；完成为期三年的第三轮校级重点学科建设，成功启动第四轮校级重点学科建设。持续开展联合培养硕士研究生工作，与西南大学、电子科技大学、重庆理工大学等高校累计联合培养硕士研究生 238 名，进一步夯实了学校硕士学位点内涵建设。

2. 建成高端团队、平台。新增“微纳米光电材料与器件国际科技合作基地”“创新靶向药物国家地方共建工程研究中心”两个国家级科研平台，新增市级协同创新中心 1 个，市级重点实验室 3 个，市级工程中心 2 个，市级创新团队 2 个，市发改委工程实验室和工程研究中心各 1 个。

3. 成果转化有力推进。先后对“一种 LED 补光灯珠”等 40 余项专利技术成果成功实现转移转化，转化收益累计达到 3 430 余万元。其中，拥有完全自主知识产权的 PDE5 抑制剂一类新药成果于 2019 年正式实现落地转化，转化金额达到 3 000 万元。

4. 科研项目增量提质。累计获得国家自科基金、社科基金等国家级项目 57 项，省部级科研项目 640 余项，科研到账经费达到 19 800 余万元，其中，2019 年到账经费达到 12 950 万元。获得市级及以上政府科研奖励（含一级行业学会）24 项；教师发表论文 3 000 余篇，被 SCI、SSCI 收录 880 余篇，其中二区及以上 320 余篇，获得授权专利 560 余项；李洪雷博士在 *Nature* 上发表重要研究成果，该论文和刘嘉博士论文先后进入学科全球 ESI 1%行列，实现学校 CNS 高水平论文“零”的突破；2019 年，学校新药团队和美国维克森林大学林慧观教授团队合作在 *Cell* 上发表重要研究成果。《重庆高教研究》首次入选 CSSCI 扩展版来源期刊；《重庆文理学院学报》荣获“全国高校社科优秀期刊”。

5. 奋力推进申硕工作。成立学校申硕指挥部，独立设置申硕办，加强申硕工作统筹规划和督促协调；确定了 2020 年硕士学位点申报“3+1”方案，集中资源进行学位点建设；学校领导亲自带队深入长寿、铜梁等周边区县，积极争取地方政府对学校申硕工作的帮助支持；反复修改打磨申硕材料，积极邀请相关专家来校“把脉问诊”。目前，学校申硕核心指标完成情况总体良好。

（三）内培外引，师资水平获得新提高

1. 师资队伍结构优化。引进大久保诚介教授（聘期已结束）、美国农业部首席科学家麦克教授等国内外知名专家、学者 10 余人；在 1 224 名专任教师中，正高级专业技术职务人员 181 名，副高级专业技术职务人员 339 名，博士 383 人；聘请了近 300 名校外专家、学者、行业精英为兼职教师；共有 437 名教师通过“双师型”教师资格认定。

2. 高层次人才队伍建设成效显著。2016 年以来，新增国家“万人计划”人才 2 人，新世纪百千万人才工程国家级人选 1 人，享受国务院政府特殊津贴专家 1 人，科技部科技创新领军人才 2 人，教育部优秀青年教师资助计划人选 1 人，全国优秀教师 1 人，重庆市“百人计划”人选、重庆市高层次人才特支计划等市级人才 46 人次。

3. 教师激励政策不断完善。修订、出台《重庆文理学院高层次人才绩效考核实施细则》《重庆文理学院青年教师教学跟踪服务管理办法》等系列制度，教师参与教学科研的热情得到极大提高；260 余名不同年龄层次教师踊跃参加教改课比赛，有 13 名教师在市级以上教学比赛获奖。

（四）扩大交流，开放办学形成新格局

1. 合作单位不断拓展。与济南大学、烟台大学、合肥学院等高校加强合作交流；与重庆高新区、璧山高新区、荣昌区等建立友好合作关系，着力建设“重庆文理学院璧山创新中心”；与华为、固高、东软、达瓦、长航集团等知名企业携手合作，共建20余个校企合作实验班；与重庆京东方有限责任公司、深圳莱宝科技有限公司、武汉华中数控股份有限公司等300余家行业企业签订合作协议，共建集教学、科研、生产一体化的实践教学基地。

2. 国际合作办学扩大。来校留学生生源质量逐步提升，生源国别涵盖俄罗斯、马来西亚、意大利等12个国家；与美国北卡罗来纳大学联合举办数学与应用数学专业国际班；深化与意大利佩鲁贾大学等高校的合作关系；有序推进美国加州州立理工大学波莫纳分校、泰国国家发展管理学院联合培养研究生等留学项目；留俄国际班学生顺利到俄罗斯托木斯克理工大学就读。

（五）强化治理，服务保障实现新提升

1. 管理能力不断提升。加强了目标管理、内部审核和日常监控；严格预算管理，严控“三公经费”，不断优化资产管理运营机制；定期开展作风巡视与效能督查；完成了新一轮机构改革与调整。

2. 基础建设不断加强。有序推进星湖校区维修改造、高新大厦建设、共建体育馆等多项重大工程，初步实现校园生活服务智能化和校园金融服务便捷化；学校成功获批重庆市高校信息化建设先进集体、重庆市智慧校园建设示范校。

（六）政治引领，党建工作得到新加强

1. 完善民主决策机制。坚持和完善党委领导下的校长负责制；完善了校院两级教代会制度、民主党派和无党派人士参与学校管理制度。

2. 加强干部队伍建设。深入开展“两学一做”学习教育和“不忘初心、牢记使命”主题教育；完成第六次中层干部选拔任用等工作，干部队伍结构进一步优化；积极推进学校党建“对标争先”建设计划和教师党支部书记“双带头人”培养工程。

3. 深入推进党风廉政建设。加强纪检监察组织和队伍建设，建立健全纪检监察工作制度；认真落实党风廉政建设“两个责任”，扎实构建反腐倡廉责任体系，深化“以案四说”，强化干部廉政教育和风险防控，学校被评为“重庆市高校纪检监察系统办案先进集体”。

4. 宣传思想和统战工作加强。严格落实意识形态工作责任制，认真开展意识形态工作排查和整改，加强宣传思想教育和正向引领，学校党委宣传部被评为“2013—2017年度重庆市宣传思想文化工作先进集体”；坚持校领导联系民主党派及代表人士制度、双月座谈会制度等，统战工作成效明显，2019年，学校党委统战部被评为“重庆市统战工作先进集体”。

二、下一阶段工作思路和主要任务

总体思路：以习近平新时代中国特色社会主义思想为指导，把贯彻习近平总书记视察重庆重要讲话精神与落实市委、市政府的部署结合起来，坚持“以本为本、四个回归”，以深化应用转型为主线，以提高人才培养质量为核心，以服务国家重大战略需求和地方经济社会发展为导向，以建设高水平应用型大学为目标，以申硕为突破口，全面提升学校的综合实力和核心竞争力。

（一）凝心聚力攻坚克难，务求申硕梦想成真

同志们，“申硕”是文理人的共同追求和梦想，“申硕”是文理学院当下最艰巨、最光荣、最重大的工程。目前，学校“申硕”工作已经进入了最后的“冲刺”阶段，下一步，全校上下一定要吹响冲锋号，以绝不马虎和松懈的工作状态，扎实做好各项条件准备工作：一是继续邀请专家学者为学校内涵建设发展问诊把脉，指导学科方向与特色凝练，广泛听取专家学者意见建议，并做好整改落实工作；二是定期研讨，定期修改，确保申硕材料每个细节都得到精心细致的打磨，确保所有数据准确无误、支撑材料收集整理到位；三是多渠道宣传，营造攻坚克难、志在必胜的良好氛围。

（二）优化人才成长环境，打造高水平教师队伍

1. 实施“文理英才计划”。“文理英才计划”是去年发布的《高层次人才绩效考核实施细则》的升级版，激励力度更大，涵盖范围更广，具有博士学位和副高职称的人员均可申报。

2. 实施“青年骨干教师培育与成长计划”。学校围绕青年骨干教师专长和特点，为其量身定制规划，设立拔尖人才培育专项基金，对培育人选进行专项支持，优先支持培育人选申报各类人才项目，参加与培育任务相关的国际学术会议、学术交流活动。

3. 实施“骨干教师境内外暑期培训计划”。进一步完善教师培训长效机制，做强跨界研修、海外研修培训。根据学校发展战略需要，将持续遴选和组织骨干教师赴境内开展 1 个月以上和赴境外开展 3 个月以上培训，不断夯实广大教师的学科和专业发展基础。

4. 实施“思政教师提升计划”。择优遴选思政课教师参加教育部全国高校思政课骨干教师研修，参加教育部、中宣部学习贯彻习近平新时代中国特色社会主义思想专题培训。精心组织思政教师申报思政课教学科研示范团队建设项目、思政课名师工作室建设等项目。

5. 提高人才引进工作效能，探索项目博士制度。引进和使用高水平博士全职（非入编）来校工作和从事博士后研究，薪酬可高于正式引进博士标准，项目博士在校工作期间，采用合同管理模式；以高层次、高水平科研平台为载体，多种方式灵活招募全球顶级的专业技术人才和国内外高层次专家，形成一批具有一流竞争力的高层次领军人才。

### （三）狠抓教学内涵建设，提升人才培养质量

1. 实施一流专业建设行动计划。抢抓新工科、新农科、新文科、新商科建设契机，加快专业认证步伐，深化人才培养模式改革；创新专业建设管理体制机制，分类建设一流专业，做实做强示范专业，做大做特新兴专业、做精做优传统优势专业、做新做活文科、商科类专业，全面提升专业核心竞争力和应用型人才培养质量。

2. 实施一流课程和课堂建设行动计划。构建优质课程体系，淘汰“水课”，打造“金课”；推动“微项目”研究与实践，深入推进“五大教学改革”，积极推广小班化教学、云班课、混合式教学、翻转课堂，构建线上线下相结合的教学模式。

3. 实施一流人才培养体系建设行动计划。制定反映学校办学定位、办学特色、人才培养目标的本科专业人才培养方案；持续深化“合格+”多元人才培养模式和创新创业教育改革，参照学分银行模式逐步探索学习成果的认定、积累、转换制度，变“加餐”培养模式为“自助餐”培养模式；完善“体制、课程、实践、师资、制度、服务”的“六位一体”创新创业教育体系。

4. 实施一流学风建设行动计划。强化课程育人功能，严格本科教学过程规范，实施合理“增负”计划；推进教学场所有序开放，改革奖励评定制度，严肃考风考纪；加强学业预警制度，深化学风体系建设，提升学生自主学习能力，深化学风建设内涵，激发学生学习的内在动力。

（四）大力强化组织引领，学科科研再上水平

1. 强化有组织的科学研究。一是加强顶层设计，以学科为导向，抓住主导学科，大力推进特色发展、协同发展、国际化发展。二是探索多元灵活的科研组织模式，培育以科研团队为基础的科研单元，探索以创新贡献为导向的弹性考核制度，形成一批特色鲜明的高水平创新团队。

2. 深入推进产教融合创新。一是依托 4 个市级协同创新中心，联合行业企业、国内外高校、科研院所，持续深化、不断固化协同创新体制机制，产生一批标志性成果，力争实现国家级科研平台的新突破。二是共建校企联合研发中心。联合行业骨干企业，从应用端、需求端整合资源，在智能制造、大数据、人工智能、虚拟现实、教育机器人、文化创意、现代农业等领域，建成一批高质量、有影响力的校企联合研发中心，促进产学研深度融合。三是优化横向科研项目制度机制，引导技术创新从需求端、市场端立题，强化产业应用。四是打造一流的国际联合研发平台。发挥重庆处于“一带一路”和长江经济带战略联结点的优势，在智能制造、电子信息、新材料等领域建设国际联合示范基地、国际联合实验室、国际研究院等创新平台。

3. 持续优化创新环境。一是链接国家创新政策，深化科研工作“放管服”改革，优化科研管理机制，不断扩大科研自主权。二是强化二级学院创新统筹和科研管理责任，不断深化资源配置方式，从项目、平台、奖励等方面进一步

支撑高质量发展。三是完善科研评价激励机制，加强科研诚信建设，打造一支有活力有水平的科研核心队伍，进一步形成尊重人才、崇尚创造、宽容失败、追求卓越的创新文化。

（五）提升管理服务效能，引导学生成长成才

1. 积极探索“一条主线”。以服务“学生成长成才全过程”为主线，加强协同育人，多部门协同合力，实现过程化、精准化服务，逐渐形成较为完善的学风建设机制和学生工作的顶层设计。

2. 精心打造“一支队伍”。逐步实现辅导员评职晋级、工作考核、教学评价工作的制度化、规范化，保障辅导员队伍的成就感与幸福感，在实现辅导员队伍专业化、职业化的同时，提升学生教育管理的质量。

3. 协同创新“系列载体”。进一步完善领导干部联系学生制度，实现师生深入互动，提升学生学习指导的精准性；积极探索建立“学生成长发展指导中心”，以帮助学生解决学业及个人成长困惑；积极营造留学氛围，提升学生出国留学率；建设“文明公寓”，营造学生宿舍学习文化氛围。

（六）全面从严治党，为干事创业提供坚强保证

1. 落实全面从严治党主体责任。一是构建完备的学校党委、总支、支部三级党建责任体系；二是加强党员的日常教育管理，提高党员发展质量；三是加强年轻干部、党外干部的梯队建设，通过从源头上做好干部人才储备、树立鲜明用人导向，促进学校各级干部旗帜鲜明讲政治、攻坚克难敢担当。

2. 加强党风廉政建设。一是把政治监督摆在首位，加强对各级党组织和党员干部学习贯彻习近平新时代中国特色社会主义思想的监督检查。二是加强党章党规和国家相关法律法规的宣传教育，推动“以案四说”向“以案四改”拓展。三是加强对各级党组织和党员干部遵守党的纪律以及监察对象依法履职、秉公用权、廉洁从业等的监督检查。四是持续落实中央八项规定精神，加大作风建设监督检查力度，持续净化风清气正育人环境。五是始终保持正风肃纪高压态势，坚持零容忍、无禁区、全覆盖，严肃查处违纪违法行为。

3. 加强宣传思想工作。一是加强宣传思想工作队伍的“四力”建设，即

眼力、脑力、脚力、笔力建设。二是创新思想政治教育内容和方法，持续抓好教职工政治理论学习和“三级三化”学习制度。三是加强网络等新媒体的应用与管理，加大舆情监控力度。四是强化舆论引导，抓好学校重大活动和师生先进典型的宣传。五是加强校园文化建设，打造校园文化活动品牌，进一步增强师生员工凝聚力和向心力。

# 重庆文理学院
# 一流应用型本科教育建设行动计划
（2019—2022）

重文理院〔2019〕1号

一、指导思想与工作思路

（一）指导思想

以习近平新时代中国特色社会主义思想为指导，以立德树人为根本，遵循高等教育基本规律和人才成长规律，坚持“以本为本、四个回归”理念，突出本科教育在人才培养中的核心地位、在教育教学中的基础地位、在新时代教育发展中的前沿地位，努力构建德智体美劳全面培养、富有特色的一流应用型本科教育体系，全面提升应用型人才培养质量，切实增强学校服务区域经济社会发展能力，大力推进高水平应用型大学建设。

（二）工作思路

坚持“转型发展、内涵发展、创新发展、协同发展和特色发展”的工作思路，协同推进队伍建设、条件保障、绩效考核等工作，通过试点先行、示范引领形成一流学科专业、一流人才培养体系、一流课程与课堂教学、一流师资队伍和一流学风，大力推进新工科、新文科、新商科、新农科建设，促进本科教育高质量发展，提高应用型人才培养能力。

二、实施“5+1”建设行动计划

（一）实施一流学科专业建设行动计划

1. 持续优化学科专业结构。按照“三贴近”要求，对接重庆支柱产业和战略新兴产业，重点建设支撑市级重点学科的优势学科专业集群，支撑大数据智能化产业的新兴学科专业集群，形成优势学科专业集群、新兴学科专业集群与人文社科类、师范类学科专业集群协调发展的格局。到 2022 年，师范类专业在校生占比降至15%，工科类专业在校生占比增至45%以上，理工农医类专业在校生占比达到60%以上。

2. 推进学科专业一体化建设。整体规划和统筹安排学科专业经费、人员、平台等方面资源，促进二级学院与科研院所（平台）实质融合，大力推进学科专业一体化建设，发挥资源的最大效益。打破学科边界、专业边界，构建新型跨学科专业组织模式，促进学科专业交叉融合，推动知识体系更新和复合型人才培养。重点学科建设与一流（特色）专业建设相互促进，充分发挥学科团队、平台、项目、成果等在专业建设和本科人才培养中的引领和反哺作用，充分发挥课程、教材、教学成果等教学要素对学科和学位点建设的支撑和促进作用。建成市级一流学科1～2个，市级重点学科6个，建成支撑市级一流（重点）学科的一流专业4～6个。

3. 分类推进一流专业建设。以市级特色专业建设成果为基础，按照示范专业、新兴专业和传统优势专业分类开展一流专业建设。到2022年，力争将园林、高分子材料与工程等5～8个专业建成市级“一流专业”，3～5个专业竞争力进入国内前列。

4. 实施专业认证支持计划。以工程教育认证、师范类专业认证标准为指南，以校院两级自评为基础，以持续改进提升为主线，力争1～2个专业通过工程教育专业认证、9个师范类专业通过国家二级认证。选择3～5个文科、商科类专业开展专业认证建设试点。

5. 推进专业大类和一本招生培养试点。做好计算机类专业大类培养与分流培养改革，实施好机器人工程专业一本招生培养工作，2022年之前，探索在电子信息类、材料类、机械类、经管类专业集群中试点专业大类招生制度改革，材料科学与工程、数据科学与大数据技术等3～5个专业进入一本招生序列。

6. 试点实施专业“双带头人”制度。出台学校专业带头人遴选与管理办法，在试点专业遴选30～50名校内专业带头人和校外行业带头人，通过谋划发展、培育团队、创新举措等方式，进一步提升专业竞争力。

7. 共建专业指导委员会。深化校地、校企、校行合作，在招生专业中全面建立专业指导委员会制度，成员中来自地方政府、行业企业的比例不低于

30%。聘请一线管理和技术专家合作开展课程建设、联合指导毕业设计、共同进行质量评价等。

（二）实施一流人才培养体系构建行动计划

1. 树立新时代人才培养理念。广泛开展本科教育教学大研讨，解放思想、实事求是、凝聚共识，牢固树立“学生中心、产出导向、跨界交融、多元培养、持续改进”的人才培养理念，明确本科教育教学改革思路与路径，制定深化改革路线图、时间表、任务书，营造建设一流应用型本科教育的氛围。

2. 完善“十大”育人体系。落实立德树人根本任务，坚持德育为先，用正面的教育引导人、感化人、激励人；坚持以人为本，以合适的教育塑造人、改变人、发展人。有机整合学校、社会、家庭等资源，拓展育人平台，开展形式多样的主题教育，完善“全员育人、全过程育人、全方位育人”的协同育人机制，进一步构建课程、科研、实践、文化、网络、心理、管理、服务、资助、组织等“十大”育人体系。

3. 重构人才培养方案。融合新工科教育和专业认证教育的新要求，根据《普通高等学校本科专业类教学质量国家标准》，进一步优化人才培养目标、培养规格、课程体系等，探索与行业企业、政府有关部门、科研院所合作共同重构 2020 版人才培养方案，为深入推进高素质应用型人才培养绘制蓝图。

4. 深化人才培养模式改革。持续深化“合格+”多元人才培养模式和创新创业教育改革，参照学分银行模式逐步探索学习成果的认定、积累、转换制度，变“加餐”培养模式为“自助餐”培养模式。探索“3+1”“2+2”国际化和“3+4”“3+2”对口贯通人才培养模式。加大复合型人才培养力度，完善主辅修、跨专业选课、大类招生和职业资格证书等制度。完善“体制、课程、实践、师资、制度、服务”的“六位一体”创新创业教育体系。构建校企互利共赢的合作机制，共建 10 个“合格+”多元人才培养实验班，打造“涂铭旌创新实验班”“涂铭旌优秀材料工程师实验班”。

5. 积极申报卓越人才培养计划。启动学校《高水平应用型大学建设行动计划》的制定工作，积极申报国家和重庆市行动计划专项，抓住国家实施“六卓越—拔尖”2.0计划机遇，力争新增市级“六卓越—拔尖”计划项目3～5项，国家级卓越人才培养计划1～2项。

（三）实施一流课程和课堂建设行动计划

1. 深化思政课程和课程思政改革。落实习近平总书记在学校思想政治理论课教师座谈会上讲话精神，遵循“八个统一”要求，深入推进思想政治理论课专题化教学改革。大力推动以“课程思政”为目标的课堂教学改革，推出10门育人效果显著的精品专业课程，打造10门课程思政示范课堂，选树8-10位课程思政优秀教师。充分挖掘各类课程的思想政治教育元素，渗透思想政治教育，实现思想政治教育与知识体系教育的有机统一。

2. 实施“金课”分类打造工程。制定出台《专业核心课程建设与改革管理办法》，探索专业核心课程校企“双主持人”制，重点建设一批具有两性一度的“金课”；大力培育校级精品在线开放课程，新增10～15门市级精品在线开放课程，2～4门国家级精品在线开放课程；打造一批学科交叉、跨界融合课程，引进一批名校名师优质MOOC课程。成功申报“双万计划”市级一流课程3～5门，国家级一流课程1～2门；建成市级虚拟仿真实验教学项目2～4项，国家级虚拟仿真实验教学项目1～2项。依托重点打造的“金课”，探索校企“双主编”制，出版30～50部应用型特色校本教材。

3. 打造“五大教学改革”2.0版。以学生为中心，推动课堂革命，持续深入推进“五大教学改革”。深入推进思想政治理论课、大学英语、大学体育等公共课改革。以“微项目”研究与实践为依托，针对教学改革过程中遇到的真问题和小问题，坚持“问题即课题、对策即研究、收获即成果”的基本理念，坚持“小切口、短周期、重过程、强实效”的主要原则，深化教学内容、教学方式和考核评价方式改革，形成云班课、小班教学、对分教学等15～20种典型性特色教学范式予以示范推广。完善毕业设计（论文）信息管理系统，加强对选题、开题、答辩等环节的全过程考核和管理，切实提高毕业设计（论文）质量。

4. 构筑智慧教学体系。将现代信息技术深度融入教育教学，构建以智慧教育为特质的共享学习体系。积极营造智慧学习环境，改造和建设 30 间适应各种教学改革探索的智慧教室，开启泛在学习模式，推进慕课、微课、翻转课堂等新型教学方式改革，实现信息共享，互联互通，全面提升教师教育教学和学生学习信息化水平。

5. 强化课堂教学质量保障。利用互联网、大数据等技术手段，进一步完善“四个三”本科教学质量监控体系。推动教学评价由“结果评教”向“过程评教”，由“以教评教”向“以学评教”转变，将评价结果精准应用到教学任务分配、岗位考核、绩效分配、职称评定、教师培训等方面，发挥其导向作用，进一步促进教师关注教学、投身教学、优化教学。

（四）实施一流教师发展建设行动计划

1. 实施师德师风塑造工程。进一步修订完善《教师职业道德规范》《师德建设长效机制实施办法》等文件，健全师德教育长效机制，推动师德教育常态化，打造师德教育名师讲坛，定期开展师德专题教育，树立师德师风先进典型，建立师德师风负面清单，实行师德师风一票否决制度。

2. 推动教师分层发展与激励。通过引入教学改革关键绩效指标，设置教学新秀、优秀主讲教师、首席教师、教学名师等教师发展层级。将层级设计、遴选条件、任内职责、评选方法、验收标准、绩效待遇等一系列内容具体化，确定不同层级教师的责权利，辅之以教师教学档案制度、教分银行制度和培训学分修读制度，通过动态考核机制，选树一批教学新秀、优秀主讲教师、首席教师、教学名师，培育重庆市教学名师，激发教师教学改革动力。

3. 强化“双师双能型”教师培养。从 2019 年起，专业课教师每 5 年必须到一线单位实践锻炼累计不少于 6 个月，师范类专业学科教学论教师每 2 年必须带实习不少于 1 次。坚持资格认定和认证相结合，进一步完善“双师双能型”教师职称评定、岗位聘任、评优评先、绩效激励制度。鼓励构建校地、校企、校校利益共同体，建立人员互聘授课课时补贴制度。

4. 稳步推进教师跨界研修。鼓励教师跨专业课程、跨学科门类、跨行业企业、跨国内外高校开展跨界研修，促进学科内部与学科之间的知识迁移和知识重构，全面提升教师专业综合素质，满足新工科、新文科、新商科、新农科建设和高素质复合型人才培养需要。到 2022 年，全校参加跨界研修的教师达到 100 人。

（五）实施一流学风建设行动计划

1. 进一步规范本科教学秩序。修订完善《教师课堂教学规范》《主要教学环节质量标准》等制度规范，严管严抓课堂教学秩序，真正把从严管理的规矩立起来、把课堂教学建设强起来、把课堂教学质量提起来。积极运用实习实践信息化平台，优化实习智能云管理服务系统，加强大学生毕业实习质量过程监控管理。创新教师“要素”+多元教学改革，加强教师教学过程中教材（讲义）、教学大纲、教案、教学周历、试题库等基本要素的建设，结合不同课程特点，鼓励教师开展符合教师个性特征和教学特长的教学模式。

2. 实施大学生合理“增负”。进一步修订学校《学分制管理细则》《学生成绩管理办法》，逐步取消相关证书、奖项、等级考试等替代相应课程与学分的规定，适当缩小少数民族学生成绩的认定范围，提高学业课程修读要求。创新奖学金类别，拓宽奖学金评定范围，多渠道设立奖学金种类，进一步完善学生综合素质测评办法。教师要严格课堂管理和考核标准，加强课堂互动、课外阅读、平常测试、作业测评等考核评价，杜绝成绩评定随意给分现象。严格重修制度管理，取消毕业前大补考。推进教室、实验室有序开放计划，建立可操作、可量化、可考核的开放运行机制。拓展第二、第三课堂，增加创新性、有深度和挑战度的项目和作业。实施基础理论课和大类专业基础课教考分离制度。

3. 强化学业预警和帮扶建设。修订《学生学籍管理规定》，完善黄色、橙色和红色三级学业预警机制。二级学院要适时监控学生学业完成情况，每学期根据统计结果，确定学业预警名单和级别。对在每个年级累计不及格课程学分达到 20 学分的学生，应做降级试读处理，试读阶段仍达不到要求者，应做退学处理。强化教师对学生的辅导，探索和建立专任教师轮流值班制度和答疑制度，加强师生之间的交流。试点新生学业指导工作和专项学业指导工作。

4. 强化学生综合素质教育。在坚定理想信念、厚植爱国主义情怀、加强品德修养、增长知识见识、培养奋斗精神、增强综合素质等六个方面下功夫，着力培养德智体美劳全面发展的社会主义建设者和接班人。加强美育课程建设，将审美观和审美能力培养渗透到每一门课程教学之中，进一步完善第一课堂、第二课堂和第三课堂有效衔接的一体化美育体系。修订通识教育课程建设与管理办法，开发和引进大数据、云计算、人工智能、虚拟现实等通识课程，深入推进大学体育俱乐部教学改革。加强劳动教育，增强劳动意识，养成劳动习惯。渗透和加强生态文明教育、质量安全教育，心理健康教育，提高学生心理调适能力，促进学生身心健康，提高学生综合素质。

（六）实施新工科建设行动计划

1. 强化新工科专业建设。以信息技术、智能制造、新材料等领域为主干，提前布局设置引领未来技术和产业发展的智能制造工程、人工智能等一批新工科专业，改建 6 ~ 10 个传统工科专业，立项建设 5 ~ 8 个示范新工科专业。

2. 共建新型二级学院。坚持“一院一品一特色”原则，与东软国际、中软国际、达瓦集团等知名企业和地方合作，组建东软智能硬件学院、达瓦大数据虚拟现实学院等 4 ~ 6 个新型二级学院。

3. 建设新工科科创教育示范基地。着力建设高校科创教育示范基地，重点打造新工科技术创新研发中心、创新创业实训中心、文化创意产业孵化中心、智慧教育云平台。通过政校企合作，探索建立工程技术、商科管理、人文体验、创新创业教育有机融合的新型工程训练中心。到 2022 年，力争建成 3 个市级以上产学研合作示范基地。

4. 推动国际交流与合作建设。申报并开展 1 ~ 2 项新工科专业中外合作办学项目，2 ~ 3 项新工科专业联合培养和交流项目。积极聘请世界一流大学教授来校交流讲学，选派新工科优秀青年教师、学科带头人等赴国外高水平大学访学交流，提升新工科师资队伍水平。与世界一流大学合作建立高水平新工科技术研发平台 1 ~ 2 个。积极推进新工科学生国际交流，加强国际化人才培养。

5. 产出新工科标志性成果。深入开展新工科研究与实践，建设 3 ~ 5 个面向新工科的学科竞赛品牌，成功申报60～100项企业支持的产学合作协同育人专业综合改革项目，建立校、市和国家三级教学成果奖培育体系，培育教学成果奖12～15项，围绕新工科培育一批教学成果奖励项目。打造一批高水平、高质量、可推广的新工科建设改革研究成果。

三、保障措施

（一）加强组织领导

成立由分管校领导牵头、教学部主控、学工部、合作发展部、科技部、教工部等职能部门全程参与的“一流应用型本科教育建设领导小组”，具体负责学校该项工作的规划、指导、协调、落实、督查等工作。定期研究一流应用型本科教育建设过程中的重大问题，加强督导和成果验收，督促各项重要任务的落实。二级部门要依据本行动计划，结合现有基础、优势特色，强化校内部门协同，细化工作方案，明确建设思路，狠抓建设落实。

（二）实施考核监督

校内各二级部门要结合职能定位和重点工作，及时制订本行动计划的任务清单和工作台账，制定时间表和路线图，落实责任人，并把推进实施情况列入二级单位目标考核指标体系。加强目标任务的定期评估和跟踪监测，及时评估实施的效果，不定期公布建设动态，确保工作成效。

（三）加大宣传引导

加强对各级领导干部和师生员工的政策宣传，坚定扎实推进一流应用型本科教育的信心。及时总结一流应用型本科教育建设和改革过程的成功经验和典型案例并强化示范推广，营造全校推动应用型本科教育高质量发展的良好氛围。

# 重庆文理学院学科竞赛管理办法

重文理教〔2019〕22号

为进一步深化人才培养模式改革，推动本科教育高质量发展，培养学生的创新创业能力和团队精神，促进学生主动发展、全面发展，让更多创新人才脱颖而出，学校鼓励学生积极参加各级各类大学生学科竞赛。为使学科竞赛的组织管理工作更加规范化、科学化和制度化，特制订本管理办法。

第一条　学科竞赛分为国家级、省部级和校级三类赛事，其中国家级包括国A+、国A、国B，省部级包括省A、省B。

国家级赛事：指国务院及各部、委、局，全国性学会、协会、团体组织举办的全国范围的学科竞赛；外国政府及其全国性学会、协会举办且我国政府认可的学科竞赛。

省部级赛事：指国家级的省级（直辖市）赛区或片区赛事、国务院及各部、委、局的下级机构、省级（直辖市）政府及其各厅、局、委组织举办的全省（直辖市）范围的学科竞赛，全国性学会、协会、团体的分支机构以及省级（直辖市）的学会、协会、团体举办的学科竞赛。

校级赛事：指学校为推动省部级及以上学科竞赛、学生专业技能训练而组织的校内竞赛。

第二条　《重庆文理学院学科竞赛目录》由教学部每4年组织专家评审完善一次。所有学科竞赛项目必须符合教育部关于学科竞赛的各项政策要求。暂未列入目录的学科竞赛，须经教学部根据主办单位等认定等级后方可参赛，未认定的学科竞赛学校不予奖励；校级赛事按项目制方式由各二级单位向教学部申请，经审核同意后予以资助。

第三条　教学部会同相关部门负责各级学科竞赛等级认定、竞赛经费等内容的审核。

第四条　各二级单位负责学科竞赛的报名、实施和竞赛成绩统计并初审。

学校鼓励学生参加高级别、高质量的比赛，禁止参加山寨协会、山寨团体或以盈利为目的的赛事（以国家公布的目录为准）。

第五条　国家级、省部级比赛的参赛单位要强化赛前训练，制定详细的赛前培训计划。赛前培训分为集中培训和分散指导，集中培训须报教学部提前审核，同意后方可组织实施；分散指导费用由二级学院解决。

第六条　学科竞赛工作量核定

（一）学科竞赛工作量计算办法

根据竞赛成绩导向的原则，加大获奖指导教师的奖励力度，不再单独计算分散指导的工作量；集中训练的工作量经教学部审核后在学校绩效经费中划拨，集中训练的工作量按每学时 1 教分计算。

（二）校级学科竞赛工作量计算办法

学校每年从绩效经费中划拨一定经费支持教师教育类专业和非教师教育类专业校级学科竞赛以及校内体育竞赛，工作量将根据审批的项目数、参赛人次等划拨。

第七条　学校设立“学科竞赛”专项经费支持的学科竞赛，主要用于报名费、资料费、材料费、交通费、住宿费、学生奖励等。未列出的学科竞赛项目可由二级学院经费支持。

第八条　参加各级学科竞赛的获奖者除获得竞赛主办单位的奖励外，学校还将按获奖级别和等级给予相应奖励，奖励原则如下：

（一）参赛项目如获特等奖，对教师和学生的奖励均按一等奖的 1.1 倍计算；

（二）同一项目参加同届次、同赛事的多级别竞赛并多次获奖者，只计其中最高级别的奖励，不重复计算；

（三）同一项目参加同一赛事中另设的单项奖项目获奖后不再奖励（届次运动会除外）；

（四）学校对学科竞赛指导教师予以奖励，获奖指导教师须提供大赛主委会颁发的“指导教师证书”或学生获奖证书、比赛结果通报（须写明指导教师）等有效证明材料；

（五）国家级赛事在重庆赛区（或西南赛区）选拔赛按省部级赛事计算，无特别注明按以下规则对应：国 A+类对应省 A 类，国 A、国 B 类对应省 B 类；

（六）学科竞赛各等级确认以获奖证书的公章为准，获奖证书是组委会的必须提供组委会构成材料，重庆文理学院学科竞赛目录没有且未报教学部审核认定等级的项目学校不予奖励；

（七）参加国 A+、国 A、省 A 学科竞赛获主办单位颁发的优秀组织奖，学校配套奖励 160 分；参加国 B、省 B 学科竞赛获主办单位颁发的优秀组织奖，学校配套奖励 80 分；

第九条　普通学科竞赛奖励标准：

| 获奖级别 | 获奖等级 | 指导教师核定绩效（分/项） | 参赛学生团队资金（元/项） |
|---|---|---|---|
| 国 A+类 | 一等奖 | 2 500 | 1 500 |
| | 二等奖 | 1 000 | 1 000 |
| | 三等奖 | 300 | 600 |
| 国 A 类 | 一等奖 | 400 | 800 |
| | 二等奖 | 200 | 600 |
| | 三等奖 | 80 | 400 |
| 国 B 类 | 一等奖 | 80 | 600 |
| | 二等奖 | 50 | 400 |
| | 三等奖 | 20 | 200 |
| 省 A 类 | 一等奖 | 80 | 400 |
| | 二等奖 | 50 | 200 |
| | 三等奖 | 20 | 150 |
| 省 B 类 | 一等奖 | 50 | 200 |
| | 二等奖 | 30 | 150 |
| | 三等奖 | 15 | 100 |

注：指导教师绩效核定以学校绩效方案为准，动态调整。

第十条　由教育部、国家体育总局或教育部学生体协主办的全国大学生篮球、足球联赛的奖励标准：

| 等级 | 名次 | 指导教师核定绩效（分/项） | 参赛学生团队奖金（元/项） |
|---|---|---|---|
| 国家级一等奖 | 全国冠军 | 1 700 | 20 000 |
| 国家级二等奖 | 全国 2～4 名 | 840 | 10 000 |
| 国家级三等奖 | 全国 5～8 名 | 500 | 5 000 |
| 省部级一等奖 | 西南赛区冠军 | 500 | 3 000 |
| 省部级二等奖 | 西南赛区 2～6 或重庆赛区冠军 | 340 | 2 000 |
| 省部级三等奖 | 重庆赛区 2～3 名 | 170 | 1 000 |

第十一条　教师指导学生参加校级学科竞赛学校不予奖励，各学院可根据实际情况给予奖励，标准不能超过省级标准。

第十二条　本办法自 2019 年 1 月 1 日执行。原《重庆文理学院学科竞赛管理办法》（重文理教〔2014〕55 号）、《重庆文理学院学生科研立项管理办法》（重文理科〔2011〕15 号）和《重庆文理学院学生科技成果管理办法》（重文理科〔2011〕14 号）同时废止。

第十三条　本办法由学校授权教学部解释。

# 重庆文理学院信息化工作管理办法

重文理教〔2019〕70号

第一条　为规范学校信息化建设和管理，有序推进学校信息化工作，有效发挥信息化在学校教学、科研和管理中的作用，根据国家、教育部、重庆市相关文件精神，结合学校实际，特制定本办法。

第二条　信息化工作应服务于学校总体发展战略，遵照学校统筹规划，分步实施，以人为本，需求驱动，面向未来，融合创新的总体原则。

第三条　本办法适用于我校信息化建设与管理，包括信息化规划，信息化项目的立项建设，信息系统的运行管理等工作。

第四条　学校成立信息化领导小组，由学校党委书记、校长担任组长，分管信息化工作的校领导任常务副组长，其他校领导任副组长，成员包括校内各单位行政主要负责人，总揽全校信息化工作，实行例会制度，定期研究工作，通报情况。

主要职责如下：

（一）审议学校信息化的发展战略、建设规划；

（二）审议学校信息化工作年度计划；

（三）审议学校信息化建设方案，论证并提出信息化建设经费建议；

（四）协调跨部门的信息化工作；

（五）筹划信息化工作中的其他重大事项。

第五条　学校成立信息化领导小组办公室，设在学校信息化建设与管理的职能部门（以下简称建设管理部门），办公室主任由建设管理部门主要负责人兼任，主要职责如下：

（一）负责信息化领导小组办公室日常工作；

（二）负责组织实施信息化领导小组的决议；

（三）负责起草学校信息化规章制度；

（四）协助学校网络与信息安全领导小组办公室起草网络与信息安全工作相关制度；

（五）负责健全和完善信息化工作管理体系；

（六）负责审核学校各单位申报的新建和改造信息化项目；

（七）负责组织信息化建设咨询专家小组对学校信息化建设重要技术问题、重大管理事项、信息化建设发展的总体规划提供咨询和技术指导。

第六条　建设管理部门主要职责如下：

（一）负责信息化规划和信息化标准规范的编制；

（二）负责网络安全防护体系的建设、运行及技术支持；

（三）负责编制和组织实施学校信息化工作年度计划及年度经费预算；

（四）负责信息化建设咨询专家小组的日常工作开展；

（五）负责校园网的各类基础服务、设备托管和安全运行管理；

（六）负责学校公共信息平台的建设、运行、推广、培训及技术支持；

（七）负责根据学校的信息化标准制定和发布信息共享和交换标准，对各信息系统的集成与整合提供技术支持；

（八）完成学校交办的其他工作。

第七条　学校设立信息化专项经费（以下简称专项经费），用于信息化项目新建、改造、升级、运行等，由建设管理部门统筹。

第八条　专项经费按照学校相关规定进行管理。

第九条　学校信息化建设采用项目管理制。业务主管部门是信息化建设项目的主控部门（以下简称主控部门），主控部门根据工作需要进行信息化项目申报，信息化领导小组办公室根据申请情况，编制年度建设计划，报学校信息化领导小组审议，经校长办公会批准后立项建设。若项目建设涉及保密的，应按照学校保密管理制度执行。

第十条　项目招标、建设、验收、付款、质保等工作由主控部门按照学校相关规定执行。

第十一条　主控部门应严格遵循学校的信息化标准、信息共享和交换标准开展信息化项目建设。

第十二条　主控部门要明确专人负责，做好项目建设工作，做好项目建成后的运行维护工作，做好与学校公共信息化平台的集成工作，做好信息系统数据维护工作，确保数据安全、及时、准确、完整。

第十三条　主控部门负责编制和更新主控信息系统的使用手册，开展使用培训与推广。

第十四条　学校信息化建设应遵照国家知识产权保护的法律法规，保证系统安全，避免法律纠纷。

第十五条　学校信息化建设中学校自主开发或者定制开发的信息系统，知识产权归重庆文理学院所有；联合开发的信息系统，知识产权归属按照协议规定执行。

第十六条　本办法的具体规定见《重庆文理学院信息化工作管理实施细则》。

第十七条　本办法自印发之日起生效。原有相关规定、制度或办法与本办法不一致的，按本办法执行。

第十八条　本办法由学校信息化领导小组办公室负责解释。

# 重庆文理学院职称申报评审管理办法

重文理人〔2019〕61 号

第一章　总则

第一条　制定依据

为进一步推进并深化职称制度改革，规范职称申报评审工作程序，建设一支与学校发展相适应的高素质专业技术队伍，根据中共中央办公厅、国务院办公厅《关于深化职称制度改革的意见》（中办发〔2016〕77 号）和中共重庆市委办公厅、重庆市人民政府办公厅《关于印发重庆市深化职称制度改革的实施意见的通知》（渝委办发〔2018〕9 号）与重庆市教育委员会、重庆市人力资源和社会保障局《关于印发重庆市高校教师职称评审监管实施细则的通知》（渝教发〔2019〕3 号）《重庆市人力资源和社会保障局重庆市教育委员会关于完善高校职称工作有关问题的通知》（渝人社发〔2019〕78 号）等文件精神，结合学校实际，特制定本办法。

第二条　适用范围

本办法适用于我校各级各类职称申报评议推荐和评审工作。

第三条　基本原则

德才兼备，以德为先。全面考察申报人员的思想品德、职业道德和学术道德。

分类评价，人尽其才。尊重各类岗位的工作特点，克服“四唯”倾向，实行分类评议和推荐，为各类人才营造良好的成长环境。

科学规范，注重程序。严格执行评价标准和评审程序，规范使用评审权限，强化过程监督。

第二章　组织机构

第四条　学校职称改革工作领导小组

学校职称改革工作领导小组是学校职称工作的领导机构（以下简称“职改

领导小组”），由学校党政领导和纪检监察室、人事处、教务处、科研处等部门负责人组成，组长由校长担任。

职改领导小组全面负责学校职称评审和推荐工作；负责研究决定学校职称工作有关政策；根据岗位剩余情况、发展规划和学校实际，研究确定当年职称投放指标与学科评议组推荐指标；处置职称申报和评审过程中出现的重大事项。

职改领导小组下设办公室（以下简称“职改办”），具体负责全校各级各类职称申报评审的日常管理工作，挂靠人事处。

第五条　评委会

评委会负责学校有评审权限系列的职称评审和无评审权限系列的职称推荐工作。按照“超员配置、随机抽取”原则，从高级职称评审委员会专家库随机抽取 12 至 24 名专家组成执行评委，负责当年的职称评审工作，其中校级党政领导人数原则上不超过三分之一。根据评审工作需要，可从市级高级职称评审委员会专家库中抽取一定数量的评审专家。

第六条　学科评议组

学校根据评审权限和评审工作需要，设置若干学科评议组（以下简称“学科组”），负责相应学科的评议推荐工作。教师系列各学科组成员由相应学科正高级职称专家组成，非教师系列学科组成员由相应学科高级职称专家组成。各学科组专家人数为 3 人及以上单数，可聘请校外专家参与评审，学科组组长根据工作需要确定。学校根据具体情况，可每年对学科组的人员组成予以调整。

第七条　职称申报推荐小组

职称申报推荐小组（以下简称“推荐小组”）负责职称申报材料审核把关和人员择优推荐工作，由二级单位负责人和相关专家组成。教学科研单位推荐小组人数不少于 5 人，其余单位不少于 3 人，在学校当年发布职称评审通知后，推荐小组应及时组建，并报学校职改办备案。

第三章　申报程序及规定

第八条　公开职称申报信息

学校每年按规定组织开展职称申报评审工作，经职改领导小组审定后，通过校园网主页发布相关信息。

第九条　个人申报

（一）我校在职在岗专业技术人员可在规定时间内向所在二级单位提出申请并提交相关申报材料[非教学单位人员申请教师系列职称的须向拟申报专业（学科）所在的二级学院申请]，逐步建立以“代表性成果”和实际贡献为主要内容的评价方式。

（二）职称申报应遵循“对岗申报”原则，即申报高一级职称应和目前从事的专业技术工作类别一致。学校设置高校教师专业技术岗位和科学研究、实验技术、工程技术、图书资料、档案、经济、会计、审计、新闻出版、卫生技术等其他专业技术岗位，申报人员只能申报现任职称对应系列的职称。符合相应条件的人员可按照以下规定申报职称：

1. 专任教师申报教师系列职称；

2. 根据《中共中央国务院关于加强和改进新形势下高校思想政治工作的意见》（中发〔2016〕31 号）精神，推动高校思想政治工作队伍和党务工作队伍专业化职业化建设，探索职称（职级）“双线”晋升办法，思想政治辅导员、党务干部可申报教师系列或研究系列职称；

3. 从事实验技术工作人员根据实际从事的工作性质申报实验技术系列或工程技术系列职称；

4. 聘任在图书资料、档案、会计、经济、审计、新闻出版、工程技术、卫生技术等专业技术岗位上的人员申报对应系列职称。

第十条　申报类别

申报类别包括正常晋升、破格晋升、转评、确认、多评、以考代评和考评结合等方式。

（一）破格晋升，是指达不到规定的学历或资历条件要求，申报评审高一级职称。申报破格评审须逐级进行，学校原则上不受理越级破格评审申请。任现职以来未出现延迟申报情况，成果达到破格晋升业绩要求且取得现职称 3 年及以上，可申报破格晋升。

（二）转评，是指申报评审与当前工作岗位相适应的专业技术系列同级职称。在专业技术岗位上的人员必须具备本专业技术系列职称，凡不具备本专业技术系列职称的人员应按规定申请转评，转评成功后才可申报评审相应系列高一级职称。转评当年不得同时申报评审高一级职称。

（三）经学校同意参加考试的人员，通过考试取得资格后，可在次年起，在指标控制范围内，经学校评委会以评审表决方式决定是否聘任。

（四）经学校同意参加考评结合的人员，在专业技术资格考试合格后，可推荐到重庆市有关评审机构统一评审，若评审通过取得资格，可在次年起进行申报，在指标控制范围内，经学校评委会以评审表决方式决定是否聘任。

第十一条　限制条件

（一）有下列情况之一者，不列入申报人员范围：

1. 接受组织调查，或在立案调查期间者；

2. 因学习、进修等原因逾期未归者；

3. 经学校同意正在办理调出和辞职手续的；

4. 达到法定退休年龄者；

5. 未经批准擅离岗位 1 月以上者；或近 2 年内长期生病，累计半年以上不能坚持正常工作者；或近 2 年内长期事假，累计 3 个月以上不能坚持正常工作者；

6. 其他被限制申报的。

（二）任现职以来，凡出现下列情况者，须按规定延迟申报或评定职称：

1. 年度考核结论为“基本称职”的，每次延迟 1 年申报；年度考核为“不称职”的，每次延迟 3 年申报；

2. 出现学术不端行为的，视情节轻重延迟 3 ~ 5 年申报；

3. 一年内发生 2 次一般教学事故的，延迟 1 年申报；发生 1 次较大教学事故的，延迟 1 年申报；发生 1 次重大教学事故的，延迟 2 年申报；

4. 受到党纪、政纪处分者，视情节轻重延迟 3 ~ 5 年申报。

5. 在履职方面存在其他问题，经学校认定为管理或技术责任事故的直接责任者，视情节轻重延迟 1 ~ 3 年申报；

6. 对教师师德失范行为的延迟处理按上级有关规定执行。

（三）因学术不端、违规违纪或责任事故等情节轻重不同须确定延迟申报具体年限的，由职改领导小组研究决定。

出现延迟申报情况时，任现职称年限未满基本申报年限要求的，延迟申报年限从其任现职称满基本申报年限当年起算；已满基本申报年限的，延迟申报年限从出现延迟申报情况的当年起算。延迟年限按对年对月计算，同一事项延迟申报年限按就高计算，不累加计算。

被延迟申报者，任现职期间均不能申报破格评审。

第四章　评审推荐程序

第十二条　推荐小组推荐

各二级单位推荐小组指定专人审查申报人员资格条件和业绩成果，确保申报材料真实、可信、准确、齐备，按学校规定将申报人员专业技术资格评审表、公示表在本单位进行不少于 3 个工作日公示，并提供支撑材料备查。

各二级单位推荐小组对申报人员进行工作能力测评，需所在单位三分之二以上教职工参加，赞成票未达半数的，不进入推荐评议程序。

各二级单位将拟推荐人员的《职称评审综合情况（公示）表》《职称申报评审表》及支撑材料在规定的时间内报送校职改办。

第十三条　校职改办复审及公示

（一）校职改办会同相关职能部门对各二级单位推荐人员的申报材料进行审核，对有争议的学术成果进行认定，并按规定将申报材料在人事处网页公示 5 个工作日。一经公示，申报材料不得擅自更改。

（二）人事处复审申报人的基本资格条件及师德师风情况；教务处负责复审教学基本条件和教学业绩条件；科研处负责复审科研业绩条件；学生处负责复审申报教师（辅导员）系列职称的基本工作量和工作业绩。

（三）审核单位负责人对其单位所审核的内容负责，经办人对其所审核的具体内容负责，审核单位负责人和经办人对其单位负责审核的内容签字确认。

第十四条　晋升和推荐指标下达

根据上级部门对我校专业技术岗位设置及结构比例的规定，结合学校岗位使用规划、师资队伍建设需要、当年申报情况，职改领导小组召开专题会议，研究下达当年职称晋升指标和学科组推荐指标。

在高级专业技术岗位推荐指标下达时，可向有硕士学位授权点、重点学科和辅导员进行倾斜，倾斜的指标不占当年下达的总指标。其中具有硕士学位授权点的推荐比例可上浮 20%，具有市级重点学科的推荐比例可上浮 15%，具有校级重点学科的推荐比例可上浮 10%；辅导员推荐比例可上浮 15%。如果某一学科同时符合两个或以上条件的，采取就高原则。

高级岗位下达指标按当年空余高级岗位的 30%～40%确定。

第十五条　学科组推荐

（一）受推荐指标限制，当年单一学科组符合申报条件人员为 1 人时，该学科组不组织单独评议，该学科组申报人员根据学科属性进入社会科学综合或自然科学综合学科组进行评议。

（二）学科组对照专业技术资格申报条件，对申报人的学术技术水平、业务能力、实际工作业绩、成果和贡献进行综合评议。从 2020 年起，申报人需进行答辩，并接受学科组专家专业质询。

（三）学科组评议采取无记名现场投票表决方式进行，推荐结论分为同意和不同意，对不同意推荐的需详细说明理由，投票结果由学科组组长签字确认。

（四）在学校下达的推荐指标范围内，且同意票数达到应到评委人数 2/3（破格为 4/5）及以上者，可确定为推荐人员。

（五）有 2 名及以上的人员获得同意票数相同且同意票数达到应到评委人数 2/3（破格为 4/5）及以上，因受指标限制，不能同时通过时，须对上述人员进行重新投票。重新投票通过人员，最终票数以首次投票同意票数计。

（六）应做好学科组评议专家名单及评议意见、推荐情况、会议记录、表决票、表决结果统计表等原始资料的存档工作，至少留存 10 年，相关人员签字留痕，保证申报评审材料全程可查。

第十六条　评委会评审

评委会对申报人相关情况进行全面评审、充分讨论、认真评议、公正表决，会议由评委会主任或者副主任主持。

（一）根据评审专业化需要，可设立自然科学、社会科学、外语艺术和非教师系列类评委会。

（二）评委会到会人数不少于应到执行评委人数的 2/3，其评审结果方为有效。

（三）评委会按照职称评审原则和职改领导小组会议精神，根据下达的职称晋升指标，结合学科组推荐建议，对参评人员进行评审。

（四）评委会评审采取无记名现场投票表决方式进行，未出席的委员不得委托其他委员投票或会后补投票。

（五）同意票数达到评审委员会应到人员 2/3（破格为 4/5）的参评人员确定为评审通过人选或评审推荐通过人选。

（六）有 2 名及以上的人员获得同意票数相同且同意票数达到应到评委人数 2/3（破格为 4/5）及以上，因受指标限制，不能同时通过时，须对上述人员进行重新投票。重新投票通过人员，最终票数以首次投票同意票数计。

（七）应做好评委会专家名单、会议记录、表决票、表决结果统计表等原始资料的存档工作，至少留存 10 年，相关人员签字留痕，保证申报评审材料全程可查。

第十七条　评审终止

出现以下情况评审终止，评审终止后，由学校职改办按程序返还申报评审材料（作为查证处理证据的材料除外）：

在评委会评审前，接到投诉举报且查证属实的；

评审过程中发现弄虚作假并被查证属实的。

第十八条　结果公示与推荐报备

评委会评审通过人员须经会议主持人（评委会主任或副主任）签名后当场宣布，并在人事处网站进行不少于 5 个工作日的公示。对公示无异议的人员材料，由学校负责人签署意见并加盖公章后，按职称评审管理权限将评审结果向市教委职称改革办公室、市职称改革办公室及相关市级部门推荐或备案。

第五章　申报评审纪律

第十九条　个人申报要认真履行“诚信承诺”。对不讲诚信、弄虚作假、提供不实材料或违反有关规定的，经查实有以下情形的，尚未通过评审的，终止申报资格；已通过评审的，宣布评审结果无效，收回已办职称证书，记入“失信黑名单”，5年内不准申报职称。

（一）学历（学位）、职称证书，获奖或成果证明材料造假的；

（二）论文论著抄袭、剽窃的；

（三）业绩材料严重造假的；

（四）弄虚作假挂靠其他单位申报的；

（五）其他严重违规行为。

第二十条　申报人员以不正当手段拉拢、贿赂评审有关成员，或故意捏造事实诬告、诽谤他人，或以任何形式干扰评审工作等行为者，一律取消其申报评审资格，评审通过的，则取消其评审结果，记入“失信黑名单”，五年内不准申报职称。情节严重的，按有关规定追究相应责任。

第二十一条　二级单位推荐、资格与业绩审核要强化“真实保证”，按照“谁审核、谁签字、谁负责”的原则界定责任。对把关不严，违反规定程序，甚至为申报人提供虚假证明材料的，一经查实，给予通报，并视其情节轻重，依法追究相关人员责任。

第二十二条　与申报人员有夫妻关系、直系血亲关系、三代内旁系血亲关系以及近姻亲关系的，应遵守回避制度。申报人及其直系亲属当年不得参与联系执行评委和评委会现场服务等工作，也不得担任当年执行评委。对隐瞒有关情况，不主动执行回避制度的专家及工作人员，禁止其再次参加各类评审会议，并按有关规定追究其相应责任。

第二十三条　参加评议或评审工作的专家须严守评审工作纪律，认真履行职责。对违反评审工作纪律，不坚持原则，接受贿赂，向外泄露评审情况，利用职称之便进行不正当活动，谋取利益的人员，撤销其评委资格，禁止其再参加各类学科评议组、评审委员会；情节严重者，按有关规定追究相应责任。

第二十四条　学校纪检监察部门负责职称评审工作开展期间的纪律监督，并接受申报、评审、公示环节中的投诉举报及调查处理工作。

第六章　争议与仲裁

第二十五条　学校成立由校领导、相关学科专家和相关部门负责人组成的职称申报评审争议仲裁小组，负责受理申报材料真实性和客观性、评审程序规范性等争议，并经调查核实后，根据情况提出处理意见。

第二十六条　学校纪检监察部门负责职称推荐与评审工作中的纪律监督，并接受申报、公示、评审环节中的投诉举报及调查处理工作。

第二十七条　申报人员对评审过程或结果有异议，应向校职改办提出书面申诉或向学校纪委提出书面举报，提供具体事实依据。学校纪委、职改办据此开展调查。经核实后，按规定答复有关当事人。

第二十八条　对评委会的票决结果有异议的原则上不予复审。有下列情形的，申报人可以申请复审：

（一）未按规定程序评审的。

（二）对申报人业绩、成果等材料存在明显误判的。

申请复审者须在评审结果公布后 2 个月内（超出时间的不予受理）提交书面复审申请及相关佐证材料，高级职称经学校受理，报市人力社保（职改）部门审核同意后，由学校按规定程序复审；中、初级职称经学校受理，报市级主管部门审核同意后，由学校按规定程序复审。

第七章　附则

第二十九条　从 2020 年起，校外调入或引进具有职称的人员原则上应达到学校各职称系列对应等级规定的科研业绩条件，各系列职称由学校按照《重庆市人力资源和社会保障局关于印发重庆市来渝人员专业技术资格确认办法的通知》（渝人社发〔2015〕201 号）要求的条件确认。

第三十条　新进人员各系列职称的考核确定，由学校按照《重庆市全日制普通大中专院校毕业生见习期满考核确定职称（职称）办法的通知》（渝人社发〔2015〕212 号）要求的条件办理。

第三十一条　本办法由学校授权学校职称改革办公室负责解释。

第三十二条　学校原有相关规定同时废止。上级有新规定，从其规定。

第三十三条　本办法自印发之日起施行。

# 重庆文理学院学术交流活动管理办法

重文理科〔2019〕4号

第一章　总则

第一条　为进一步加强学术交流活动的规范管理，活跃学术气氛，促进学术交流，扩大学术影响，根据《中央财政科研项目专家咨询费管理办法》（财科教〔2017〕128号）等有关规定和我校实际情况，特制定本办法。

第二条　科技部、党群部、校务部为学校学术交流活动的主管部门。

第三条　各二级学院及科研平台负责学术交流活动具体实施。应将学术交流活动纳入本部门年度工作计划，精心组织，加强管理，做到学术交流工作有计划、活动有措施、管理有目标。

第四条　学术交流活动主要包括：

（一）举办学术会议。由学校主办或承办、或与外单位联合举办的国际性、全国性、地方性学术会议；

（二）参加学术会议。学校教学科研人员参加在国内外举办的各种学术会议；

（三）举办学术报告。学校各部门组织的校内学术报告， 包括根据学校学科专业建设及教学科研的发展需要，邀请校外专家学者、知名人士、企业家、杰出校友到学校所做的专题性学术报告与学术研讨，以及我校教授、副教授、博士等举办的专题报告。

（四）专家咨询。指通过会议、现场访谈或者勘察、通信等组织形式开展的专家咨询活动。

第二章　举办学术会议

第五条　学校主办、承办或与校外单位联办学术会议，必须具备以下条件：

（一）会议指导思想正确、目的明确。会议主题必须有利于学校科学研究、学科建设和科研队伍建设，且具有实质性的推动作用；优先组织有助于学校重点学科、重点学术研究团队建设与发展的学术会议；

（二）会议主题所涉及的学科、专业领域，必须紧密结合学校目前的学科专业布局现状且相关学科已有一定的研究基础，即已形成至少3人的学术研究群体，承担有省部级及以上研究项目并已取得一定数量和质量、有一定影响的研究成果；

（三）有我校专家学者进入会议的组织机构和学术委员会，且须有我校学者作大会报告；

（四）全国性学术会议须邀请到国内该领域的著名专家学者出席；

第六条　主办或承办学术会议的具体实施部门须在会前6个月按程序提交审批主办或承办学术会议的申请报告，并附经费预算。

第七条　会议结束后应将会议全套资料存档。包括：会议申请审批书、会议通知、各项筹备会记录、会议日程、与会人员名单、会议论文、会议纪要及各种声像材料、磁介质材料、会议经费决算表等材料。

第八条　各二级学院及科研平台自行组织的校内学术会议，须事前按程序审批登记备案，事后相关会议资料收集存档。

第三章　参加学术会议

第九条　凡使用学科、科研经费参加国内学术会议，须凭会议的论文录用通知或邀请函，经批准同意后方可参加。

第十条　参加国际学术会议，需填写《重庆文理学院教师出国参加国际学术会议申请表》，其涉外事项严格按照国家和学校有关规定办理。

第四章　举办学术报告

第十一条　学校鼓励各二级学院及科研平台举办各种形式的学术报告，鼓励邀请校外专家学者来校举办学术报告。

第十二条　学术报告按其规模分为两类，校级学术报告，由学校相关职能部门负责组织举办；二级学院及科研平台学术报告，由各学院、科研平台组织举办。

第十三条　凡邀请国内外专家学者来校讲学或进行学术交流，应注重实效，学术报告的内容要紧密结合学校的学科发展、专业建设和校园文化建设，注重介绍某一学科领域的最新发展动态及新的研究成果，能体现主讲者在某一领域的新观点，有利于促进学校科研、学科与专业建设、师资队伍建设和校风学风建设。

第十四条　学术报告的举办部门，必须对学术报告的内容提前审查。人文社科方面重大敏感性社会、政治问题的学术报告须经学校党群审查，报主管校领导批准。

第十五条　邀请校外的报告者，原则上应具有正高级专业技术职务，或担任硕士以上研究生导师，或具有博士学位，或是在某一领域具有一定影响的专家。

第十六条　举办学术报告需填写《重庆文理学院举办学术报告申请表》，事前按程序审批登记备案，事后相关资料收集存档。

第五章　专家咨询

第十七条　专家是指精通某一领域业务，或对相关科技业务的某一方面有独到见解，已取得高级专业技术职称的人员或科研项目（课题）承担单位认可的其他专业人员。

第十八条　专家咨询活动的组织形式主要有会议、现场访谈或者勘察、通信三种形式。

（一）以会议形式组织的咨询，是指通过召开专家参加的会议，征询专家的意见和建议。

（二）以现场访谈或者勘察形式组织的咨询，是指通过组织现场谈话，或者查看实地、实物、原始业务资料等方式征询专家的意见和建议。

（三）以通信形式组织的咨询，是指通过信函、邮件、电话等各种通信方式征询专家的意见和建议。

第六章　经费管理

第十九条　举办学术会议原则上以会养会。确需资助经费的会议，须事先做好会议经费预算并报科技部和主管领导审批，原则上在各二级学院及科研平台中的科研与学科建设经费中支付。

第二十条　举办学术会议会议费开支范围、标准和报销管理参照学校会议费管理办法相关规定执行。

第二十一条　参加学术会议一般从参加会议者本人的科研项目经费（含引进人才启动项目费）中开支经费，若经费确有困难，可在本单位的科研和学科建设经费中申请资助。

第二十二条　学术报告专家费按实际发生的学时计算，每半天最多按 4 学时计算，每学时支付标准如下：

（一）院士 1 500 ~ 2 000 元；

（二）长江学者等全国知名专家 750 ~ 1 000 元；

（三）正高级技术职称专业人员 500-750 元；

（四）副高级技术职称专业人员最高不超过 250 ~ 500 元。

第二十三条　专家咨询费标准（税后）如下：

（一）院士、全国知名专家 2 200 ~ 3 600 元/人/天；

（二）高级专业技术职称人员 1 500 ~ 2 400 元/人/天；

（三）其他专业技术职称人员 900 ~ 1 500/人/天。

第二十四条　不同形式组织的专家咨询活动适用专家咨询费标准如下：

<table>
<tr><th rowspan="2">组织形式</th><th colspan="3">会期</th></tr>
<tr><th>半天</th><th>不超过两天（含两天）</th><th>超过两天</th></tr>
<tr><td>会议</td><td>按照本办法第二十二条所规定标准的60%执行</td><td>按照本办法第二十二条所规定的标准执行</td><td>第一天、第二天：按照本办法第二十二条所规定的标准执行；<br>第三天及以后：按照本办法第二十二条所规定标准的 50%执行</td></tr>
<tr><td>现场访谈或者勘察</td><td colspan="3">按照上述以会议形式组织的专家咨询费相关标准执行</td></tr>
<tr><td>通信</td><td colspan="3">按次计算，每次按照本办法第二十二条所规定标准的 20% ~ 50%执行</td></tr>
</table>

第二十五条　费用发放时由单位代扣代缴个人所得税。

第七章　附则

第二十六条　本办法由学校科技部负责解释。

第二十七条　本办法自颁发之日起施行，原《重庆文理学院学术交流活动暂行管理办法》（重文理科〔2011〕34 号）同时废止。

# 党群工作

DANGQUN GONGZUO

# 组织工作

1．干部队伍建设

规范干部选任工作，遵循新修订的《党政领导干部选拔任用工作条例》，落实新时期好干部标准，在第六次中层干部选任工作中，各类民主推荐累计达到 1264 人次，谈话调研推荐、会议推荐 1505 人次。提拔 46 名正、副处级干部，其中 30 名在 40 周岁以下，45 名具有硕士以上学位，22 名具有博士学位或正在攻读博士学位，39 名具有副高以上职称；提拔 80 名正、副科级干部，其中 77 名具有研究生学历或硕士以上学位，11 名具有博士学位，13 名具有副高以上职称，30 名为女性，15 名在 30 周岁以下。市级部门 1 名同志、校内 1 名同志被提拔为我校市管干部，1 名副校长被提拔为重庆第二师范学院党委副书记、校长。

学校有 9 名市管干部，其中党外干部 1 名。有处级干部 125 名，其中党外干部 12 名。有科级干部 150 名，其中党外干部 22 名。

着力打造高素质专业化干部队伍，组织开展校内外培训 14 次，培训党员、干部、入党积极分子 2 500 余人次。选派 1 名干部担任民办高校党委书记，1 名干部担任重庆市高新区党工委委员，5 名干部担任贫困村第一书记、驻乡工作队干部，2 名干部参加五届市委第四轮巡视工作，10 名干部到市级部门、区县挂职锻炼。

坚持干部管理监督抓在日常，严在经常，从严务实抓细抓实抓好。对 2019 年提拔的 126 名干部全部进行任前谈话和党风廉政谈话。分层次对全校 9 名市管干部、125 名处级干部、150 名科级干部及部分关键岗位工作人员开展全覆盖工作约谈。2018 年年度考核排名最后 5%的 6 名干部被学校党委约谈。在开展第六次中层干部、科岗人员选拔任用工作的同时，对在任的 113 名中层干部、128 名科岗人员全部进行了任期考核。

2．“不忘初心、牢记使命”主题教育

2019 年 9 月—12 月，根据中央和市委统一安排部署，学校开展了第二批“不忘初心、牢记使命”主题教育，市委巡回指导十六组全程指导。按照“守初心、担使命，找差距、抓落实”的总要求，扎实抓好了学习教育、调查研究、检视问题、整改落实四项重点措施，实现了理论学习有收获、思想政治受洗礼、干事创业敢担当、为民服务解难题、清正廉洁作表率的具体目标。组织开展 7 天集体学习、2 天集中自学，12 次集中研讨交流、1 次革命传统教育、2 次全覆盖警示教育、9 场专家辅导报告。党委书记带头作主题发言 12 次，班子成员作主题发言 90 次。班子成员承担调研课题 11 个，召开现场办公会 12 次，座谈会 20 余场。发现问题 121 个，现场解决具体问题 52 个，提出对策措施 95 条。召开对照党章党规找差距专题会议和专题民主生活会，检视问题表现 174 个、剖析原因根源 48 个、提出改进措施 66 条，完成整改 61 个。

3．“对标争先”建设

制定《中共重庆文理学院委员会党组织“对标争先”建设计划实施方案》，实施情况纳入党组织书记年度述职评议考核、各单位年度工作质量考核的重要内容。学校党委、党总支、党支部分别对照“四个过硬”“五个到位”“七个有力”标准，开展创建工作，新材料技术研究院教学科研支部入选全国首批“全国党建工作样板支部”。制定《全国样板支部建设计划实施方案》，成立由党委副书记任组长，所在党总支书记和相关职能部门负责人任成员的工作领导小组，并下设 6 个专项工作小组，切实加强组织领导，配强工作力量。划拨专项建设经费，两年给予配套经费累计达 40 万元，为工作开展提供了充足的经费保障。结合“不忘初心、牢记使命”主题教育，校级领导、市委和学校主题教育指导组多次深入样板支部督促指导主题教育开展、党建工作与学科建设提升，为利用主题教育成效推动党建、教学和科研高质量发展提供强有力指导。

4．院系党组织制度建设

修订完善《重庆文理学院二级学院党政联席会议事规则》《重庆文理学院

二级学院党总支委员会会议议事规则》《重庆文理学院二级学院院长办公会议事规则》3个议事规则，强化二级学院党组织的政治核心作用，把好政治关。落实“一会一报”制度，审批58个哲学社会科学类活动，全部审批通过，其中包含28个培训类活动，2个自然科学类境外专家讲座和28个哲学社会科学类讲座。

5．基层党组织换届

10月，在完成机构改革和第六次中层干部选拔任用工作之后，随即启动基层党组织换届选举，制发《中共重庆文理学院委员会党总支、支部选举工作实施方案》，学校26个党总支、93个党支部完成换届选举工作。实施党支部整体提升工程，制发《中共重庆文理学院委员会关于实施党支部建设整体提升工程的通知》，推出“样板支部培育计划”“中间支部提升计划”“建立健全后进支部整顿常态化机制”“推行党员领导干部联系师生党支部制度”“实施教师党支部书记‘双带头人’培育工程”等七大举措，推动基层党建全面进步、全面过硬。

中华人民共和国成立70周年前夕，学校有1个党总支、1个党支部获评市委教育工委“先进党组织”、2名党务干部获评市委教育工委“优秀党务工作者”、2名党员获评市委教育工委“优秀共产党员”。

6．培育教师党支部书记“双带头人”

制定实施《教师党支部书记“双带头人”培育工程实施方案》，建立健全教育培养机制，开展全国高校基层党支部书记网络培训示范、重庆市高校党支部书记示范培训、重庆市高校党员骨干示范培训，培训教师党支部书记10人次，通过聚焦重点任务、凸显业务引领、开展结对帮扶等举措，发挥教师党支部书记在支部建设、立德树人、凝聚各方优秀人才、促进学校内涵发展等方面“头雁”效应，找准党建工作与教学科研的结合点，做到党建工作与教学科研同规划同落实。落实待遇保障，享受职务职级“双线”晋升政策，其党务工作计入工作量，享受相应的工作绩效，把“双带头人”教师党支部书记的履职情况和工作实绩作为学校党政干部选任、专业技术职务（职称）评定的重要参考。

截止到 12 月底，实现教师党支部书记“双带头人”全覆盖。19 个二级学院配备政治过硬、能力突出，有资历威望和党建工作经验的专职组织员，配备率达到 100%。分级分类建立高知群体联系帮扶机制等方式，扎实做好高知群体发展党员工作，学校高知群体党员占比率达 78.73%。

# 纪检监察工作

1．加强党的政治建设，坚决做到“两个维护”

扎实开展“不忘初心、牢记使命”主题教育。先后召开3次纪委全委会、7次纪检监察干部集中学习研讨，将学习贯彻习近平新时代中国特色社会主义思想与贯彻党的十九届四中全会精神、推进学校纪检监察体制改革、纪检监察干部全员培训、审查调查安全“大学习、大讨论”、开展“以案四说”警示教育相结合，用党的创新理论武装头脑、指导实践、推动工作。坚持问题导向，开展基层纪检委员作用发挥专题调研，征集意见68条，形成整改举措5项，打通基层监督“最后一公里”。

压紧压实管党治党政治责任。学校党委常委会听取党风廉政建设情况汇报2次，研究部署党风廉政建设工作13次。组织召开全面从严治党暨党风廉政建设工作会，印发《2019年党风廉政建设和反腐败工作分工责任制的通知》，督促各级党组织书记认真履行第一责任人责任、班子成员履行“一岗双责”。坚持开展逐级约谈，全年校领导班子成员约谈131人次，部门负责人约谈384人次。

营造风清气正政治生态。突出抓好处级干部政治纪律和政治规矩教育，全年党委中心组学习11次、二级中心组学习4次，举办廉政教育讲座5次，建立处级干部廉政档案126份，督促检查各级党组织和党员干部落实“三会一课”、双重组织生活、主题党日以及民主生活会制度45次。深入课堂、讲座监督检查15次，督促各级党组织和党员干部切实增强“四个意识”、坚定“四个自信”、做到“两个维护”。

2．认真履行监督职能，着力提升监督实效

把政治监督摆在首位。参加党委常委会43次、列席校长办公会29次，抽查二级单位主题教育45次、党政联席会（处务会）35次，对学校贯彻落实中央决策部署和习近平总书记重要讲话精神、党委领导下的校长负责制、“三重一大”决策事项进行监督，督促党员干部严格执行民主集中制原则，认真贯彻落实中央决策部署和市委工作要求。

深化作风建设监督检查。用身边案、典型案全覆盖开展“以案四说”警示教育3次，印发《2019年作风建设监督检查工作方案》，全年推送廉洁短信1 360条，开展作风建设监督坚持41次，利用党风政风大数据筛查问题线索43条。组织职能部门学习贯彻《落实中央八项规定精神30问（第二辑）》要求，督促修订公务接待、公车使用、差旅费报销、招标采购等内控制度13个。

加强重点领域监督检查。紧盯干部选任、职称评审、招生考试、基建后勤等重点领域，开展各类监督56次，回复廉政意见181人次。先后开展教育扶贫领域问题、违反中央八项规定精神突出问题、领导干部利用名贵特产类特殊资源谋取私利问题等专项整治6项，对发现的问题督促整改到位。在干部人事、基建后勤、计划财务等7个重点领域部门设立派驻纪检委员，近距离、全天候对驻在部门开展监督检查。

3．精准处置问题线索，确保审查调查安全

严格执行相关规定，规范信访举报、线索处置流程，建立问题线索处置集体研判制度，严格执行请示报告制度，处置问题线索和查办案件及时向市纪委监委报告。全年受理信访举报11件，其中，上级纪检监察机关移送2件，学校自收9件；属于检举控告类4件，业务范围外7件。对检举控告的4件问题线索，谈话函询了结1件，初核了结3件。对业务范围外的7件信访反映，均转职能部门处置并办结。办结率100%。严格落实审查调查安全的规定要求，扎实开展“走读式”谈话安全的大排查、大整顿，全年审查调查安全零事故。

4．推进纪检监察体制改革，强化组织队伍建设

对标落实监察体制改革要求，重新组建校纪委、监察专员办公室内设纪检监察室，下设监督检查、审查调查、案件审理3个科级机构，成立学校党风廉政建设和反腐败工作协调小组等议事协调机构2个。新增专职人员2名，专职纪检监察干部达9人，配齐配强基层纪检委员113名。制订纪委权力清单、责任清单、负面清单和纪检委员责任清单制度2个，明确纪委书记、监察专员和纪委副书记参加列席有关会议制度，建立了与党委沟通协调机制。选派专职纪检监察干部到市纪委监委办案培训1人，组织专职纪检监察干部参加中纪委、市纪委监委全员培训24人次，举办纪检干部专班培训129人次。

# 宣传工作

1．深入学习贯彻习近平新时代中国特色社会主义思想

邀请重庆市社科联党组书记、副主席，重庆市委研究室副主任、重庆市社科联兼职副主席，重庆市委党校副校长、重庆市委宣讲团资深专家、市委宣传部理论处处长等一批专家学者来校作辅导报告。制定《中共重庆文理学院委员会深学笃用习近平总书记关于高校党的建设和思想政治工作重要论述的实施方案》《中共重庆文理学院委员会“学习强国”学习平台推广使用实施方案》《关于印发<重庆文理学院贯彻落实习近平总书记在解决“两不愁三保障”突出问题座谈会上重要讲话精神的实施方案>的通知》等系列文件。党委中心组继续实行学习签到制度，每次参学率不低于 95%。2019 年组织校级党委中心组专题化学习 11 次，二级中心组“片区化”专题学习 4 次，教职工“全员化”政治理论专题学习 8 次。

2．落实管党治党责任

制定《中共重庆文理学院委员会关于加强党的政治建设 营造良好政治生态的实施意见》（重文理委〔2019〕1 号）、《中共重庆文理学院委员会 2019 年党建和思想政治工作会议任务分解表》（重文理宣〔2019〕9 号）等文件，明确工作重点任务，落实意识形态工作主体责任。

3．深入推进习近平新时代中国特色社会主义思想“进教材、进课堂、进学生头脑”

出台《中共重庆文理学院委员会贯彻落实普通高等学校马克思主义学院建设标准（2019 年本）实施方案》《重庆文理学院思想政治理论课教学整体改革方案 2.0》《重庆文理学院领导干部上讲台开展思想政治教育工作实施方案》等文件，统筹推进思想政治工作。开启“思政课程”和“课程思政”改革，2019 年校级领导班子讲授思政课 22 次。

4．加强习近平新时代中国特色社会主义思想和习近平总书记视察重庆重要讲话精神研究阐释

举办纪念中华人民共和国成立 70 周年理论研讨会，举办党的十九届四中全会精神宣讲会。利用重庆市中国特色社会主义理论体系研究中心重庆文理学院分中心这个平台，充分调动分中心成员的积极性，加强对党的路线方针政策的学习宣传，加强对马克思主义中国化最新成果的宣传，尤其是习近平新时代中国特色社会主义思想和党的十九大精神的宣传阐释。2019 年发表 30 余篇相关研究阐释论文，省部级科研立项 9 项，出版相关专著、教材 5 部。

5．加强网络舆情工作

深化“三级三点三线”舆情立体防控体系（市委网信办、区委网信办、学校网络工作部三级，学校网络部、安全管理处、现代教育技术中心三点，明线、暗线、专线三线），进一步加强网络舆情信息监测、研判、引导，按照《重庆文理学院网络舆情管理与处置实施办法》等有关要求，及时发现、及时处置，有效应对学校网络舆情。

6．新媒体建设

严格落实《重庆文理学院新媒体建设实施意见》《重庆文理学院校内新媒体管理办法》。上半年，对学校相关的微信公众号、微博公众号、抖音公众号等新媒体平台进行了全面清理，并要求二级单位严格遵守“谁主办、谁负责，谁审批、谁监管”和“守土有责、守土负责、守土尽责”的原则，做好新媒体平台的摸底、甄别、审批、登记和日常管理工作。2019 年，学校官方微信公众号上发布推文 200 余条，官方微博公众号发布博文 1 800 余条。通过官方微信公众号的“微主页”，展示发布到学校主页新闻近 600 条，展示校报 18 期。

7．全面开展学校教职工思想状况调研

3 ~ 5 月，通过网上问卷调查、现场座谈等方式，对全校教职工思想状况开展了全面深入的调查，形成了《2019 年重庆文理学院教职工思想状况调研情况分析》《2019 年重庆文理学院非在编教职工思想状况调研情况分析》两篇调研报告，《2019 年重庆文理学院教职工思想状况调研情况分析》在重庆市评选中获一等奖的第一名。

8．主流媒体报道

在央视网、《光明日报》《重庆日报》、新华网等主流媒体上发稿 30 余篇。5 月，我校和成都迪康药业股份有限公司签订校企合作协议并举行 PDE5 抑制剂一类新药成果转化新闻发布会，《光明日报》《中国教育报》《重庆日报》、重庆电视台、中国教育电视台等 20 余家媒体参加新闻发布会并进行了报道。

9．举行涂铭旌院士先进事迹系列宣讲会

先后在重庆第二师范学院、四川外国语大学、市人力社保局国家级专家服务基地、重庆文理学院等地组织了我校涂铭旌院士“弘扬爱国奋斗精神，建功立业新时代”先进事迹报告会 10 余场，引起了社会和师生的强烈反响，被《重庆日报》、华龙网等媒体争相报道。

10．开展系列红色文化宣讲

开展“讲红色故事、讲革命精神”比赛。联合重庆幼儿师范高等专科学校共同举办了“讲红色故事、讲革命精神”比赛。邀请了丹勋红色文化宣讲团来校开展宣讲活动。通过对贺龙、习仲勋、范明等老一辈革命家的光辉事迹的宣讲，使全校师生学习领悟了老一辈革命家、共产党人坚守信念、深入群众、不怕牺牲、求实开拓的精神，鼓舞了师生在践行中历练本领，真正传承好红色基因。

# 统战工作

1．认真履行统战工作主体责任，确保重点任务清单落地落实

坚持把统战工作纳入党委重要议事日程，学习传达中央、市委关于统一战线工作的重要部署，研究解决统战工作相关问题。针对党外代表人士队伍建设、党外干部队伍建设、民族宗教等工作召开党委常委会，专题研究统战工作4次。拓展思路、创新载体和方式方法，打造统战工作的特色品牌，发挥统战服务大局作用。4月，学校被授予“重庆市统战工作先进集体”称号。党委专题研究统一战线工作信息——《重庆文理学院专题研究部署党外干部工作》被重庆市委统战部高度肯定，同时被中共中央统一战线工作部采用。加大对二级单位统战工作的督促指导力度，在学校意识形态工作会上通报统一战线工作情况 8次。审议并下发二级党总支和统战委员工作职责，开展了统战委员工作培训，逐步建立党委统一领导、统战部牵头协调、各部门各负其责的大统战工作格局。

2．强化思想政治引领，不断加大民主党派和统战群团基层组织建设

以支部换届为契机，狠抓民主党派支部班子建设。以相互学习为中心，为民主党派自我教育搭建平台。组织民主党派一起活动，相互学习。 2019年，民进文理学院支部主委被评为“民进全国组织建设先进个人”。

3．坚持党管干部原则，狠抓党外干部队伍建设

将党外干部培训工作纳入每年党校教育计划， 2019 年，召开4次党委常委会，专题研究党外干部配备问题，通过机构改革和调整的契机，新提拔5名党外干部，派出挂职干部 1 人，阶段性党外干部学习 12 人，4 次向市委统战部报备党外优秀年轻干部 16 人，民主党派代表人士后备 5 人，以及各民主党派（统战群团）领导班子成员 21 人。截至 12 月，有 13 名党外干部，其中校级 1 名，正处级 5 名、副处级 7 名。

4．加强少数民族师生服务工作，确保校园环境和谐稳定

开展了少数民族学生信息统计工作，学校有少数民族学生 1 548 人，涵盖

哈萨克族、土家族、苗族、畲族、回族、藏族等 32 个族别。加强了少数民族学生教育管理力度，出台《关于加强少数民族学生教育管理服务工作的实施意见》（重文理学〔2019〕97 号），明确了少数民族学生教育管理工作职责，确定了专人专岗。学生餐厅开设清真窗口。建立民族宗教工作责任清单，明确各单位工作职责，加强信教师生的管理。

5．深化“不忘初心、与党同心”主题教育，激发服务改革发展热情

修订完善党委常委联系统战对象制度，坚持每位党委常委联系一个民主党派（统战群团）工作，开展庆祝中华人民共和国成立 70 周年暨第六届“同心杯”气排球联谊比赛，组织民主党派参加市、区两级“不忘合作初心，继续携手前进”主题教育活动，强化民主党派思想政治建设。

6．大力支持参政议政，统战工作“争创一流、走在前列”成果显著

将民主党派履职情况作为业绩考评、职务评聘的重要参考，其参政议政、建言献策的突出成果纳入了新的绩效工资范畴。2019 年，学校民进支部主委冯利朋被评为“民进全国组织建设先进个人”，在重庆市人力资源和社会保障部以及重庆市人民政府开展 2017—2019 年度人民建议奖评选活动中，《关于提升对“一带一路”国家高性价比人才来渝工作吸引力的建议》获重庆市 2017—2019 年度人民建议奖三等奖 1 项，《建议我市在全国率先增开 2 条拓展中亚—中欧市场的南线班列》获重庆市 2017－2019 年度人民建议奖鼓励奖 1 项。民建会员蒋巧与民建会员张念共同撰写的《建议进一步完善农村房屋确权登记发证工作》获永川区人民政府副区长宋朝均同志的批示。《我市补短板投资应更加重视民间资本参与》《建议建设“中华优秀文化网”提升中华文化世界影响力》等 6 篇建言分别被重庆市委统战部《党外人士建言》2019 年第 43、95、96、97、143、274 期采用等。

7．推进联谊会桥梁纽带作用，发挥留学归国人员服务社会优势

2019 年，归国留学人员 5 位同志被提拔为二级学院院长，郭明磊同志撰写的《建议我市在全国率先增开两条拓展中亚—中欧市场的南线班列》和《关于提升对“一带一路”国家高性价比人才来渝工作吸引力的建议》两篇研究报告，被重庆市市长唐良智批示，部分建议内容正逐步得以实施。陈中祝同志新

药研究不断推出新成果，现挂职担任重庆高新技术产业开发区党工委委员、管委会副主任，李璐同志及其团队接连在国际顶尖期刊发表3篇学术论文，其个人被推为长江学者奖励计划候选人。

# 离退休工作

1．加强政治建设，强化教育“葆本色”

教育引导老同志增强“四个意识”、坚定“四个自信”、做到“两个维护”。一是扎实开展主题教育。认真组织学习活动，抓实问题的检视和整改，开展形式多样的志愿活动。二是加强学习教育。全年召开集中校情通报会3次，组织专题政治学习11场。为方便党员常学常悟，全年编印《学习资料汇编》6册，汇集学习资料50余篇。新增党报党刊及学习资料10余种，为每名老同志订阅报刊1份。三是创新教育方式。全年通过手机短信和“文理夕阳红”QQ群发布简讯，每月更新“文理发展快讯”展板。通过信息化手段，拉近老同志与学校的心理距离。四是丰富学习形式。围绕庆祝中华人民共和国成立70周年，组织支部党员撰写征文、写回忆录，编印出版《月湖飞霞》作品集，集中展示老党员们的爱党爱国情怀。还组织专题座谈会、知识竞赛、观看爱国影视作品，到红色教育基地开展主题党日等丰富多彩的教育活动20余项。

2．走访慰问

学校党委书记孙泽平同志坚持每月带队看望老同志，全年上门走访慰问老同志20余人次。全年学校领导上门走访慰问老同志60余人次，为老同志解决各类问题和困难10余项。

3．助力学习

为每名老同志统一订阅报刊1份，购置书籍资料18万元。通过手机短信为老同志发送“文理发展快讯”84条，通过“文理夕阳红”QQ群发布信息76条。每月举办一期“文理发展快讯”展板，把学校发展近况第一时间呈现给老同志。坚持送学上门。每月为异地老党员寄送学习资料，支部委员电话通知学习内容，跟踪学习情况，异地党员通过电子邮件或邮寄方式向支部汇报学习心得。

4．老协活动

继续开展唱歌班、合唱班、诗词班、舞蹈班、摄影班等课程，开展影视欣赏课，坚持每周三定期为老同志播放内容健康积极向上的影片，播放 32 部影片，进一步丰富离退休老同志的精神生活。

5．文体竞赛

2019 年重庆市高等学校中华魂“爱我中华·新中国成立 70 周年”主题教育活动中，学校关工委辅导的学生 17 人获重庆市一等奖、7 人获二等奖、6 人获三等奖，2 人获演讲比赛一等奖，获奖人数居重庆市首位。学校老协分会被重庆老年高等教育工作者协会评为 2018—2019 年度先进集体。

# 工会工作

1．文体活动

为庆祝中华人民共和国成立 70 周年，工会组织开展了钓鱼、乒乓球、网球和羽毛球、气排球等职工竞赛活动；积极组织策划了学校“壮丽 70 年 · 奋斗新时代”庆祝中华人民共和国成立 70 周年文艺晚会暨 2019 年迎新晚会；三八节前夕，为女教职工举办“穿出美味，穿出风味”女职工讲座，各部门工会开展了形式多样、健康有益的庆祝活动；5 月参加了由永川区总工会举办的全民健身运动会；9 月组织相关单位参加了永川区域工会举办庆祝中华人民共和国成立 70 周年“建功立业 · 再创辉煌”文艺晚会演出；11 月组织参加市级教授运动会、全校职工运动会等活动。这些活动不但丰富了教职工的业余生活，同时增进了友谊，有效缓解了教职工的压力，凝聚了教职工的力量。

2．送温暖服务

开展节日慰问，在元旦、国庆、端午、五一、春节慰问职工；职工生日时送蛋糕券；看望患重大疾病的职工并送去慰问金。春节期间联合人事处、组织部对困难职工、劳模、高层次人才进行了走访慰问。寒、暑假时为仍坚守在工作岗位上的一线员工送去诚挚的慰问。为了打赢脱贫攻坚战，给全校教职工采购发放学校定点帮扶巫溪县天元乡农产品大礼包，通过消费扶贫，助力脱贫攻坚工作。组织全校教职工体检，为教职工身体健康筑起一道有效的保护屏障。

3．教职工代表大会

精心组织策划学校第五届教职工代表大会暨工会会员代表大会，12 月 27 日，学校第五届教职工代表大会暨工会会员代表大会在恪勤楼 304 报告厅召开。学校全体校领导以及来自各二级单位的正式代表、列席代表、特邀代表共 150 余人参加了会议。党委书记孙泽平致开幕词，大会听取并审议校长黄伟九关于《团结一心，攻坚克难，加快建设高水平应用型大学》的工作报告、副校长万书辉的《重庆文理学院财务工作报告》，会议还审议通过《重庆文理学院第四届教职工代表大会工作报告》《重庆文理学院第四届工会代表大会工作报告》《重庆文理学院第四届工会经费审查报告》《重庆文理学院第四届教代会暨工代会提案办理情况及本次提案征集情况报告》。通过选举，凌伟当选为第五届工代会主席（教代会主任），田书芹当选为经费审查委员会主任，孙小媛当选为女职工委员会主任。

# 共青团工作

1．概况

2019 年，共青团深学笃用习近平新时代中国特色社会主义思想，按照“政治建团、思想立团、固本兴团、改革强团、从严治团”的原则和思路，持续推进共青团、学生会组织、学生社团改革，全面服务学生成长成才，2019 年学生获各级各类省部级以上奖项 939 项，其中国家级奖项 385 项。新华网、中新网、中国新闻网、《重庆日报》、华龙网、七一网等媒体宣传报道学校团学工作的开展情况，团学工作影响力不断扩大。

2．文化品牌建设

在第十六届“挑战杯”全国大学生课外学术科技作品竞赛中，推荐上报 16 件作品参加重庆市级选拔赛和全国比赛，15 件作品获奖，其中全国三等奖 1 项、重庆市特等奖 2 项、一等奖 6 项、二等奖 3 项、三等奖 4 项。在第 38 届重庆市大学生“校园之春”比赛中获 18 个奖项并被评选为“优秀组织奖”。以庆祝中华人民共和国成立 70 周年为契机，坚持“受教育、长才干、作贡献”的指导方针，按照“目标精准化、工作系统化、实施项目化、传播立体化”和“按需设项、据项组团、多向受益”的原则，通过组建重点团队、设计专项活动和开展成果展示比赛等形式，组建脱贫攻坚、乡村振兴、科教支农、理论普及宣讲、历史成就观察、禁毒防艾等 20 支志愿者服务小分队，赴 22 个区县，开展社会实践活动，服务对象近万人。学校在“热血共济·共创和谐”无偿献血活动中有 739 人参与，总献血量达 270000 毫升，获 2018 年度全国无偿献血促进奖单位奖。成为重庆市首批大学生志愿服务进社区试点高校。在 2019 年全国大中专学生志愿者暑期“三下乡”社会实践中被评为全国优秀实践团队，在“镜头中的三下乡”成果遴选活动中，获“优秀报道”“优秀指导老师”“优秀通讯员”荣誉各 1 项。“中国梦·武隆情”宣讲团在“三下乡”社会实践风采展示活动中获评“优秀团队”称号，《重庆文理学院大学生自排文艺晚会逗乐孤寡老人》被评为“优秀稿件”；在“千校千项”成果遴选活动中，1 名同学获评“优秀实践者”；在重庆市无偿献血高校创意项目大赛中，学校“闪闪红星”无偿献血志愿服务队获二等奖；在重庆市第四届“青年爱不艾”高校社团参与艾滋病防治宣教公益创投项目路演活动中荣获优秀奖。

依托新媒体平台发表原创好文章、传播正能量，在“重文理小团团”微信公众号上推文 364 篇，总阅读量 14 万余次，总点赞量 5 000 余次，在全市高校系统公众号综合影响力周排行榜上始终位居前列。官方微博共发布团学信息 2 760，互动量约 14 872，阅读数约 5 685 236。QQ 直播平台直播 37 次，互动量 58 428，观看量 278 074。明德网上发表文章 76 篇、重庆文理学院校园网上报道 64 篇、团委官网上报道 285 篇。官方抖音发布作品 16 个，粉丝 2 363 个，互动量约 5 127。哔哩哔哩网（Bilibili）账号发布团学信息 69 条，互动量约 2 154。

宣传榜样模范典型，示范表彰先进团组织和个人。评选表彰了一批团内先进集体和个人，其中五四红旗团总支 6 个、五四红旗团支部 40 个、社会实践先进集体 10 个、“十佳青年”10 名、优秀共青团干部 376 名、优秀共青团员 397 名、各类先进个人 712 人、各类先进个人标兵 106 人。

承办乡村振兴青年先锋事迹报告会暨第 16 期青创训练营、第 38 届校园之春开幕式等 7 个市级活动，累计引入活动资金 23 万余元，不仅为学校申硕做出了贡献，而且得到了上级部门和兄弟高校肯定，新华网、中新网、中国新闻网、《重庆日报》、华龙网、七一网等媒体进行了宣传报道。

3．共青团体制建设

制定出台《关于进一步加强推荐优秀团员青年大学生作党的发展对象工作通知》《基层团组织规范化建设工作实施方案》《重庆文理学院共青团发展团员实施办法》《重庆文理学院共青团支部工作条例》等制度文件，按照“强三性”“去四化”的要求，采取“青年点单”的工作思路，坚持团组织生活“看主题、看内容、看形式、看组织、看互动、看效果”的“六看”评价标准，采取线上线下相结合的方式，在全校 446 个班级团支部 ，开展“我和我的祖国”等主题团组织生活。通过观看视频、知识竞答、网上讨论、主题演讲等形式，引导广大团员青年深入学习贯彻习近平新时代中国特色社会主义思想。

坚持以学生为中心的教育理念，形成了“一讲二校四班”的团学干部教育培养体系，开展主题路讲 23 期、“青马”13 期、校级团校 76 期、院级团校 64 期、社团骨干培训班 12 期、团学宣传骨干培训班 4 期、团支部书记岗位能力提升班 2 期、学生干部业务能力提升班 1 期，培训团学干部 4 万余人次，其中 2019 年培训团学干部 6 200 余人。

# 教学工作

JIAOXUE GONGZUO

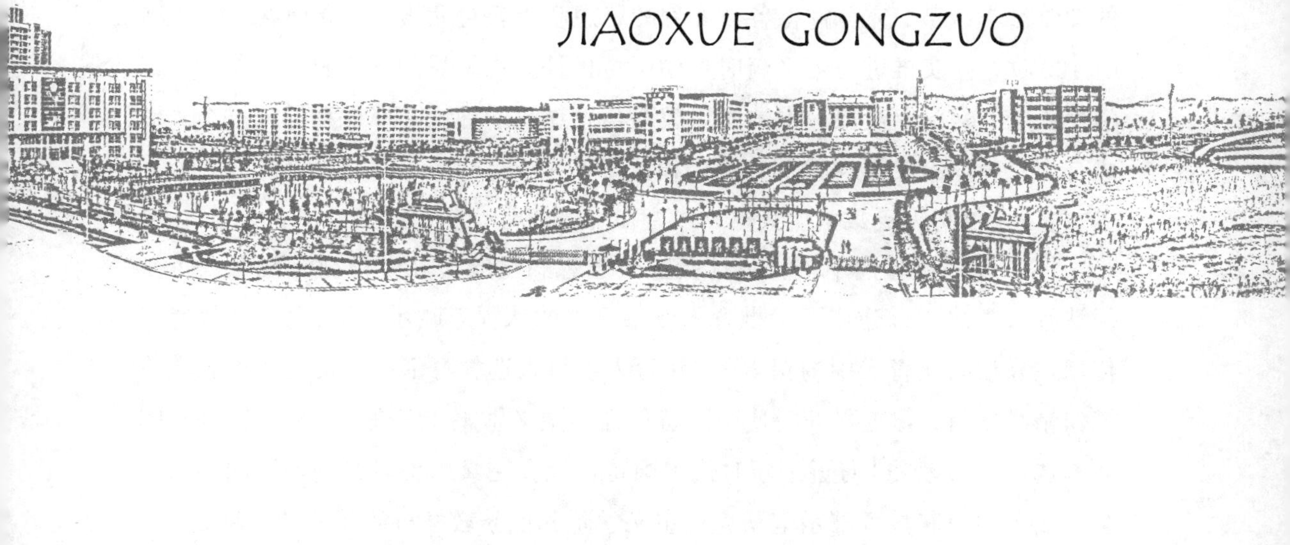

# 思政课建设

1．思政课课程目标强落实

全面落实立德树人根本任务，坚持德育为先，不断完善全员全程全方位“三全育人”体系。抓住思想政治理论课程这几门关键课程，发布《重庆文理学院思想政治理论课教学整体改革方案 2.0》，持续深化思想政治理论课专题化教学改革。严格按照最新要求，给本科生开设“马克思主义基本原理概论”“毛泽东思想和中国特色社会主义理论体系概论”“中国近现代史纲要”“思想道德修养与法律基础”“形势与政策”课程并开足实践教学学时。

2．课程思政建设重创新

强化课程思政，制定《重庆文理学院“课程思政”工作实施方案》《重庆文理学院“课程思政”建设项目工作方案》，大力推动以“课程思政”为目标的课堂教学改革，充分挖掘各类课程的思想政治教育元素，新立项课程思政项目 100 项，扎实推进习近平新时代中国特色社会主义思想进教材、进课堂、进学生头脑，确保专业课程中的思想教育与思想政治理论必修课程同向同行，形成合力，建立交叉融合协同育人新模式。

3．立德树人成果重实效

将习近平新时代中国特色社会主义思想和党的十九大精神有机融入每一门课程教学之中，建成了一批育人效果显著的课程思政示范课程。“文化遗产传承在高校文化育人中的探索”文化育人项目入选教育部第二批高校思想政治工作精品项目；习近平新时代中国特色社会主义思想“三进”工作研究创新团队入选重庆市教委“习近平新时代中国特色社会主义思想研究阐释协同创新团队”。2 个项目获教育部示范马克思主义学院和优秀教学科研团队建设项目（基础课贯彻落实关于进一步把社会主义核心价值观融入法治建设的指导意见研究、专题式教学背景下高校思政政治理论课教学效果提升研究）；马克思主义学院入选市级重点思想政治理论课教学科研机构。

# 专业建设

1．一流本科专业建设有成效，位居全市同类型高校第一位

落实教育部关于实施一流本科专业“双万计划”的精神，立项重庆市一流专业建设项目 14 项，教育部公布的省级一流本科专业建设点 10 个，数量在全市同类型高校排名第一；会展经济与管理等 3 个市级特色专业和林学与生态环境 1 个市级特色学科专业群全部高质量通过验收，学校得到市教委点名表扬。

2．本科专业对接产业更聚焦，3 年内新增新工科专业 5 个

适应新技术、新产业、新业态和新模式对人才培养提出的新要求，对接重庆支柱产业、战略性新兴产业，提前布局设置引领未来技术和产业发展的机器人工程、数据科学与大数据技术、智能电网信息工程、智能制造工程、环境科学与工程等一批新工科专业，新申报人工智能和药学 2 个本科专业。学校现有国家级特色专业建设点 1 个、国家级卓越农林计划项目 1 个、市级特色专业 11 个、市级综合改革试点专业 2 个、市级学科专业群 2 个。

3．师范类专业认证有突破，高质量完成汉文专业认证工作

学校党政高度重视专业认证工作，印发《重庆文理学院关于成立专业认证工作领导小组的通知》和《重庆文理学院师范类专业认证实施方案》等文件，全面加强统筹协调，形成了整体设计、有效衔接、分工明确、分批实施的师范类专业认证工作实施方案，教育部师范类专业认证专家组进校对汉语言文学（师范）专业进行了第二级认证现场考查，专家反馈效果好、评价高。

4．加强顶层设计，搭建教学建设的四梁八柱

全面完善学校“5+1”建设行动计划，构建学校教学建设的四梁八柱。按照学校一流应用型本科教育行动计划，全面开展一流专业建设行动计划、一流课程建设行动计划、一流教师建设行动计划、一流学风建设行动计划和四新（新工科、新文科、新商科和新农科）建设行动方案修改完善工作，已成型。根据《普通高等学校本科专业类教学质量国家标准》，结合四新和专业认证要求，印发《重庆文理学院关于制定 2020 版本科专业人才培养方案的指导意见》，以“学

生中心、产出导向、跨界交融、多元培养、持续改进”的人才培养理念，以新工科、新文科、新农科、新商科建设为引领，全力推进各专业 2020 版本科专业人才培养方案的制定。印发《重庆文理学院师范类专业认证实施方案》。学校教学顶层设计和体制机制得到进一步完善。

# 人才培养

1．一流课程建设成体系，国家精品在线开放课程实现突破

全面落实《教育部关于一流本科课程建设的实施意见》，拟定学校一流课程建设行动计划和《重庆文理学院专业核心课程建设和改革管理办法》，认真开展一流课程建设，打造“金课”。“纪录片创作”入选国家精品在线开放课程（市属本科高校仅 2 门），实现了学校在该类国家级项目的历史性突破。“会展专业导论”“信息技术基础”“程序设计基础”等 3 门课程获批市级精品在线开放课程。至此我校 8 门精品在线开放课程获得市级认定，在重庆市属本科高校名列前茅。立项校级一流课程 40 余门，校级专业核心课程结项 40 项。完成 3 门国家级一流课程和 7 门市级精品在线开放课程推荐申报。已形成国家—市—校三级一流课程体系。

2．教育教学改革更深入，教育部协同育人项目居重庆高校第一

2 个国家级新工科研究与实践项目扎实推进并通过中期检查验收，新立项“新工科建设试点高校‘合格+’多元人才培养模式探索与实践”等 21 个重庆市高等教育教学改革研究项目立项，重大 2 项，重点 5 项，一般 14 项，其中重大重点项目立项数在市属高校前列。9 个市级项目顺利结项，其中重大项目 1 项，重点项目 3 项，一般项目 5 项。搭建产学合作协同育人平台，构建专业特色发展模式，107 个项目获得教育部立项，名列重庆市高校第一。“合格+”多元人才培养模式改革项目进一步深入，针对前两批 25 个项目编制了项目实施工作台账，确保工作有效落实。进一步凝练教育教学改革成果，重点培育新一轮市级及以上教学成果奖项目 15 项左右。

3．新工科建设高起点，“产教融合、城校互动”模式初步形成

落实《重庆市科教兴市和人才强市行动计划（2018—2020 年）》精神，全力推进高水平新工科高校、新型二级学院及大数据智能化类特色专业建设，主动对接国家发展战略，紧密结合重庆市支柱产业，积极推进共建产教融合、校企合作的产业学院，智能制造新型二级学院，获经费 1 350 万元；共建东软智

能硬件学院（东软集团股份有限公司）、华为人工智能学院（华为技术有限公司与重庆西凯教育科技集团有限公司）、中软智能工程学院（中软国际教育科技股份有限公司）、达瓦大数据虚拟现实产业学院（达瓦大数据研究院有限公司）共建工作正陆续开展，全面完成新型二级学院及大数据智能化类特色专业建设中期目标，评估专家评价学校新工科建设中扎实推进的“产教融合、城校互动”模式值得在全市高校进行复制推广。

4．教学范式转变更深入，重庆课堂教学创新大赛一等奖数量排名第一

开展“微项目”研究与实践，深入推进“五大教学改革”，结合不同课程特点，针对教学改革过程中遇到的具有普遍性的真问题和小问题，鼓励教师开展符合教师个性特征和教学特长的启发式、探究式、参与式、讨论式教学，形成了小班化、云班课、雨课堂、智慧教学等示范性教学模式。学校教师教学发展指数在全国新建本科院校排名第 11 位。任晓霞和方京英荣获重庆市首届课堂教学创新大赛一等奖，王维勋和魏燕获二等奖，学校获优秀组织奖，一等奖获奖数量并列重庆市本科高校第一位。周健华获北京蓝墨大数据技术研究院“全国十大魅力教师”称号，金京元获首届全国高校体育教师校园足球教学与指导技能大赛二等奖，叶静诵读的作品《青衣》获全国经典诵读大赛教师组二等奖。

5．实践教学体系更完善，市级虚拟仿真实验教学项目立项再丰收

坚持以培养高素质应用型人才为目标、提高学生综合素质与竞争力为重点，构建了以“自主性、开放性、实践性和创新性”以及“课内与课外、虚拟与实训、科研与竞赛”为指导的分层次、多模块、重实效的应用性实践教学体系。充分发挥实验教学在创新人才培养中的作用，探索线上线下教学相结合的个性化、智能化、泛在化实验教学新模式，“校园景观规划设计虚拟仿真实验”认定为市级虚拟仿真实验教学项目，立项校级开放实验项目 48 项，涵盖了学科竞赛训练项目、大学生创新创业训练计划项目、校地（企）合作开发项目等 8 种类别。开展 13 项暑期专业技能训练项目，按照学校统一部署扎实开展暑期集中训练，助力 2019 年各级各类学科竞赛。完成全国第 22 届普通话推广周活动，第 21 届推普工作被教育部语言文字应用管理司的资料汇编收录。

6．创新创业教育有活力，重庆第六届“互联网+”大赛收获5金

“大学生创新创业基础”作为必修课面向2017级4 775名学生开放，学生总体反应良好；开办2017级创业先锋班，有164名2017级新学员；组织学生参加重庆市第六届中国“互联网+”创新创业大赛，获5金7银成绩，“‘绿水人家’——以绿色环保为宗旨的水产品生产护航者”项目获“精准扶贫”单项奖，学校获优秀组织单位、“青年红色筑梦之旅”先进集体称号，在重庆市市属高校前列；强化创新创业能力训练，增强高校学生的创新能力，2019年新增7项国家级和37项市级大学生创业训练计划项目；学生学科竞赛整体呈现稳中有进的态势，获国家级奖项146项，省部级以上奖项445项，在“宝冶杯”第十三届全国大学生结构设计竞赛获得全国结构设计竞赛二等奖，在全国数学建模竞赛获国家二等奖1项、重庆市一等奖7项。举行大学生微型企业申报会2次，立项28个，新增微型企业23家，两年孵化成功率达89.66%。

7．人才培养质量保障强有力，教学监控体系不断完善

重构同行评价、督导评价、学生评价和自我评价“3+1”课堂教学质量评价体系，重新修订和发布《课堂教学质量评价管理办法》，完善课堂教学质量评价机制，从制度层面上实现了课堂教学质量评价全覆盖。上报本科教学基本状态数据和《2018—2019学年重庆文理学院本科教学质量报告》，形成质量监控常态机制。开展课堂教学质量四方评价工作，组织校级督导委员开展教师课堂教学质量评价112人，通过沟通交流，帮助教师改进教学方法，提高教学能力。

强化教学规范巡查工作，组织开展全校实践教学专项检查、通识教育课堂教学专项检查、“微项目”研究与实践专项检查、调停课管理检查、二级教学督导工作与听课任务完成情况检查、毕业论文质量与管理规范检查、考试命题质量及试卷存档管理检查等，组织校级督导委员期末集中考试考风考纪专项巡查2次，进一步强化教师课堂教学规范意识，严格考试组织程序，营造良好的学习氛围，确保良好的教学状态。

8．实践教学管理更规范，制作第一份全校教学场地信息地图

按照“基础实验室共享共用、专业实验室归口专业、现有课程优先满足”

的原则，完成全校各专业实验室调整工作。全面摸排全校教室、实验实训室信息，制作了第一份全校教学场地信息地图，制作了第一份面向全校实验室的《重庆文理学院实验室安全手册》，强化实验室安全管理责任，确保全年零事故。

严控实践教学质量和实践基地质量，按时完成 2019 届学生毕业论文、毕业实习评优工作及 2020 届本科生毕业实习安排工作，保证 2020 届本科毕业实习顺利进行。教师教育类专业学生在实习派出前接受试讲考评工作，2019 年，对 2020 届的 932 名教师教育类专业毕业生进行了试讲验收，合格率为 100%。与实习单位制订实习计划 169 份，采用双导师制，共同指导学生的实习，明确实习目标、任务、考核标准等，共同组织实施学生实习。组织实施 2019 届毕业生实习考评活动，包括实习材料归档、实习成绩评定、实习优秀学生评选、实习优秀指导教师评选等。2019 年评选出 2019 届优秀实习生 283 名，优秀实习指导教师 14 名。组织开展 2020 届毕业实习巡视检查工作，对教师教育类专业集中实习的 24 家单位和非教师教育类及教师教育类专业分散实习的 6 家单位进行了巡视检查，遴选出学生优秀实习成果 21 件，优秀实践基地 5 个。

# 教学管理

1．严格教学管理

制（修）订《学科竞赛管理办法》《学生成绩管理办法》《学生学籍管理规定》《学士学位授予工作实施细则》《重庆文理学院教师课堂教学规范》《思想政治理论课教学整体改革方案 2.0》《“课程思政”建设项目工作方案》等一系列教学管理文件，有力地推动教学改革和管理规范。学籍异动，有章可循，处理及时。因休学期满，经审核符合复学资格的共有 94 人。

2．服务学生发展

青果教务系统维护工作到位，确保教学秩序正常。严格落实招标文件相关规定，经过与青果公司反复协商，签订《新教务系统合同》，新教务系统将投入使用。毕业资格、学位授予资格审核工作策划科学，工作周到细致，无投诉事件发生。完成“专升本”招生工作，录取学生 113 人。成绩管理认真、细致、公正、准确。积极为学生办理学位学历证明，为校友返校办理毕业证明书、学位证明书共计 13 人次；补办学生证 219 人次；火车票优惠卡办理平均 107 人次；毕业生电子信息采集 5 719 人次。

3．强化学生发展能力

与重庆市璧山区、荣昌区、江津区和永川区等签订共建教师教育共同体战略合作协议，探索建立权责明晰、稳定协调、合作共赢的“三位一体”协同育人机制，构建高校、地方政府、中小学多主体协同的教师教育共同体。学生自主训练、自主申请使用教师发展中心实训室，达 499 421 人时数。完成全国第 22 届普通话推广周活动，第 21 届推普工作被教育部语言文字应用管理司的资料汇编收录。举办第五届师范生教学技能竞赛，8 名选手参加最终的决赛。组织学生参加首届全国师范生微课大赛，30 名选手参赛，29 名选手获奖，获奖率 96.67%，获特等奖 2 名，一等奖 3 名，二等奖 5 名，三等奖 8 名，优秀奖 11 名。学校获优秀组织院校，李东平老师获优秀指导教师称号，参赛成绩在全国高校名列前茅。

4．强化教学基础，提高服务师生水平

做好教务管理信息化，推动人才培养质量持续提升，新版教务系统更换工作于3月初启动。前期历经网上调研，实地走访市内兄弟院校，邀请业内主要公司上门演示等7个月筹备，协同校信息化办公室、国有资产管理处等部门，对招标文件进行多轮专题研判。10月24日在重庆市政府采购中心完成现场招标，湖南青果软件有限公司中标。目前公司已入驻学校开展系统更新准备工作。

为适应教育部高校外语专业教学测试办公室关于英语专业测试（TEM）“报考分离”的考试管理方式，减轻外语专业学生赴校外考点的旅途疲劳和安全隐患，经多方协调，学校建成英语专业测试考试站。

# 工作特色

1．落实立德树人根本任务强有力

落实立德树人根本任务有抓手，课程思政和思政课程同向同行，形成合力，建立交叉融合协同育人新模式。

2．实现专业内涵质量建设新提升

全面完善学校“5+1”建设行动计划，构建学校教学建设的四梁八柱。本科专业对接产业更聚焦，专业内涵和建设水平持续提升，立项重庆市一流专业建设项目 14 项，教育部公布的省级一流本科专业建设点 10 个，数量在全市同类型高校排名第一。汉语言文学（师范）专业接受教育部师范类专业第二级认证现场考查，专家反馈效果好并获得高度评价。

3．打造“金课”淘汰“水课”新作为

“纪录片创作”入选国家精品在线开放课程（市属本科高校仅 2 门），实现了学校在该类国家级项目的历史性突破。“会展专业导论”“信息技术基础”“程序设计基础”等 8 门精品在线开放课程获得市级认定，1 项市级虚拟仿真实验教学项目获得认定，在重庆市属本科高校名列前茅。教学范式转变更系统，在重庆市首届课堂教学创新大赛获一等奖，获奖数量并列重庆市本科高校第一位，学校教师教学发展指数在全国新建本科院校排名第 11 位。

4．推进实践育人新进展

实践教学体系更完善，学科竞赛成绩喜人，获国家级奖项 146 项，省部级以上奖项 445 项，获第六届中国“互联网+”创新创业大赛 5 金 7 银，位居重庆市市属高校前列。第 21 届推普工作被教育部语言文字应用管理司的资料汇编收录。

5．服务学生全面发展新格局

以学生为中心，严格教学管理，制（修）订一系列教学管理文件，工作程序更加规范，流程更加清晰，服务意识更加到位，完成新教务系统采购工作。

6．创新生态圈建设取得重大突破

作为重庆市政府规划建设的首批6个环高校创新生态圈，环重庆文理学院创新生态圈空间布局为“一核”“一街”“一廊”。“一核”即重庆文理学院科技创新中心大厦、“一街”即重庆文理学院双创大街（简称文理创谷）、“一廊”主要立足凤凰湖产业园、软件产业园、职教产业园打造永川智创长廊。开展创新生态圈之“一街”的外观改造和内部各项功能建设，整合中关村天使百人会、赛伯乐基金等科技创新资源，打造“大学生创新创业基地—孵化器—加速器”，集“文化创意、科技研发成果转化、创业孵化”功能为一体的创新创业综合体。2019年园区总年产值4 315万元，带动就业541人，纳税户数为45家，占在孵企业71.43%，基地获2019年度市级创业孵化基地（园区）绩效评估优秀称号，获奖励资金30万元，是重庆市唯一一个连续两年获评优秀的高校大学生创业基地。沙坪坝区政协、永川区政协、重庆交通大学、重庆工商大学、重庆第二师范学院等10余批次高校来校学习考察创新创业工作，示范辐射效应突出。

# 学科与科研

XUEKE YU KEYAN

# 科研工作

1．概况

本年度，学校科研工作以“申硕”建设为统领，以机制建设、环境优化、项目申报、平台建设、成果培育、军民融合、产学研合作为重点，大力推进科研内涵建设，优化科研制度，着力提升服务经济社会高质量发展的能力。研发（R&D）经费稳步增长，2019 年学校科技总投入 1.914 亿元，纵向科研经费 2570 万元，横向 7272 万元，成果转化经费 3240 万元，外来项目经费增长 44.7%。

2．科研项目

2019 年，获批立项国家自然科学基金 13 项，其中面上项目 2 项，青年项目 11 项，项目直接经费 337 万元。立项项目数、经费数创历史新高。获国家社科基金项目 6 项，经费 120 万元，居重庆市属高校第 8 位。获教育部人文社会科学研究一般项目 11 项，其中规划项目 2 项，青年项目 3 项，西部项目 4 项，专项项目 2 项，进入全国高校百强。

首次获得重庆市杰出青年基金项目 1 项，立项经费 50 万，技术创新与应用发展专项重点项目 4 项，立项经费 350 万，2019 年累计立项重庆市科技局科技计划项目 64 项，项目总经费 775 万元。立项项目数相比去年增长 93.9%，经费数相比去年增长 154%。立项重庆市教委项目 79 项，其中重大项目 2 项，重点项目 5 项，立项总经费 318 万。较 2018 年项目立项数增长 27.4%。重庆市社科规划项目 5 项，以及其他省部级项目 14 项。立项永川区公益类项目 11 项，立项经费 28.5 万。

科研项目申报渠道不断拓展，联合国际合作处组织教育部 2019 年度“春晖计划”合作科研项目申报，开辟了国际合作项目新途径。组织参与永川区第四次全国经济普查研究课题申报工作，收到并报送项目申报材料 25 份，获批立项 4 项，资助经费 12 万。召开重庆城市科技管理创新工作座谈会，统筹学校创新资源。学校作为子课题承担单位参与北京工业大学牵头的国家科技重大专项“基于线结构光的齿轮快速测量新方法与新型基准级齿轮渐开线样板”（项目编号 2018YFB2001403）项目获批。

3．团队平台建设

“基于多组分反应的新药研制”入选首批重庆市高校创新研究群体，健康医疗大数据智能平台技术与服务创新创业团队和猕猴桃产业技术创新创业团队入选重庆英才·创新创业领军人才（科技领域），入选国家及重庆市科技特派员 40 余人，服务永川、大足、万州等 10 余个区县。

“创新靶向药物国家地方共建工程研究中心”获国家发改委批复立项，“微纳米材料工程与技术重庆市高校重点实验室”入选重庆市高校高水平科研创新平台培育计划（获批资助经费 100 万元/年，连续资助 3 年），学校现建有国家级平台 2 个，市级以上平台 23 个，自然科学相关二级学院实现市级平台全覆盖。

“微纳米光电材料与器件协同创新中心”综合绩效评估获“优秀”，获市财政 1 000 万的持续资助。“环境材料与修复技术重庆市重点实验室”“激酶类创新药物重庆市重点实验室”“经济植物生物技术重庆市重点实验室”获“优秀”等级；2016 年获准设立的“重庆高校新型储能器件及应用工程研究中心”“重庆市高校情绪与心理健康重点实验室”顺利通过验收。

按照学校机构改革的相关要求，依据二级学院学科专业设置和平台机构的研究领域及学科属性，对全校现有 90 个科研平台（机构）的依托单位进行全面清理和调整，强化科研平台（机构）的二级管理。

注重科研实验室安全规范，先后 6 次对科研实验室开展安全管理专项检查。注重平台管理规章制度建设，规范管理流程，特别是各级各类科研基地、实验研究场所、科研设施与装置、危险品储存处置场所等，均进行了安全检查。科研实验室危险废物收集、贮存、转移、处置等环节逐渐规范，安全隐患得以排除。

4．专职科研队伍建设

修订并完善专职科研人员管理办法，将专职科研队伍建设与学科建设、平台建设以及重大科研项目建设相结合，与学校教职工岗位聘任结合，实现聘任、管理、考核、绩效一体化。

5．科研成果

论文专利持续增长，2019 年学校发表 SCI/SSCI 论文 292 篇，EI/EI 会议论文30篇，核心期刊175篇。发明专利已授权55项，实用新型114项。徐志刚教授、陈中祝教授和美国维克森林大学林慧宽教授团队合作的学术论文“*Lactate Is a Natural Suppressor of RLR Signaling by Targeting MAVS*”在国际顶尖期刊*Cell*上发表，该成果首次揭示糖代谢过程中的乳酸在先天免疫RLR信号通路中的抑制作用，实现学校在*Cell*期刊论文零的突破。

2019年获重庆市、黑龙江省以及云南省等省级科学技术奖10项，其中一等奖4项。重庆市科技成果奖实现重大突破，首次获重庆市自然科学奖二等奖和重庆市科技进步奖一等奖，实现重庆市科技奖一等奖零的突破。

获中国表面工程协会、中国机械工业联合会、中国机械工程协会、中国产学研合作促进会和中国循环经济协会等科技部认定一级行业协会科研成果奖10项。

6．产学研合作

深入企业生产一线调研，促进企业需求与学校科技资源充分对接，深入推进产学研合作。2019年300余名教师与400余个企业开展合作，学校签订各类科技服务项目合同 930个，合同金额1.22亿元。其中创新券516个，合同金额 2 128万余元，较 2018 年创新券增长95.9%；横向科研项目合同414项，合同金额1.01亿元。

2019年，学校实现23项专利技术成果的转化落地，实现转化收益约3 240万余元。其中“抗ED和肺动脉一类新药”技术成果，以3 000万元金额转让与重庆迪康尔乐制药有限公司；注射成型技术、纳米绿色涂料等科技成果，依托学校成果转化公司“重庆地恩科技开发有限责任公司”自行量产销售，年转化收益230余万元。

7．军民融合

加强与军工企事业单位产学研用协同创新，积极融入国家军民融合发展战略。对标《武器装备科研生产单位三级保密资格标准》，建立健全国防科技项目保密工作体制机制。12月，通过武器装备科研生产单位三级保密资质的认定，成为重市第四所获得军工保密资质的高校。

# 研究生工作

1．学科建设

“以学科为引领，以申硕为根本目标”，强化学科建设与学位点建设的有机融合，结合学科评估指标和申硕条件指标制定各学科的建设任务，大幅提升学科建设工作质量，形成“学科学位点一体化建设”和“学科专业一体化建设”的良好局面。

效率优先，厉行节约，持续增加学科经费，投入2019年学校共计新增投入学科建设经费160余万元。统筹规划，提升学科内涵建设水平，依据《重庆市教育委员会办公室关于开展重点学科和一流学科建设中期检查的通知》，邀请30位校外知名专家组成6个专家组对学校6个市级重点（培育）学科开展中期检查，取得“5优1良好”成绩。

建成“五位一体”的成果转化与孵化平台，促进学校代表性科研成果——5型磷酸二酯酶（PDE5）抑制剂（DDCI-01）成功转化，治疗甲状腺癌、乳腺癌的RET和VEGFR2双靶标抑制剂进入临床前安全评价。纳米银线系列专利通过许可方式授权团队成员成立重庆柔纳科技有限公司并落户重庆高新区，“大尺寸柔性电子触控”获第十二届中国国际高新技术成果交易会优秀产品奖。特色植物研究院相关成果在重庆及周边9省市42区县广泛应用，累计推广种植面积达733平方千米，产值超过10亿元。学校成果转化金额逐年上升，2019年成果转化收益超过3 000万元。

2．研究生培养

制度先行，形成体系，全面制定研究生管理文件。出台《重庆文理学院联合培养研究生指导教师管理办法》，制定《重庆文理学院硕士研究生招生工作管理办法》《重庆文理学院学术学位硕士研究生教学管理办法》《重庆文理学院专业学位硕士研究生教学管理办法》《重庆文理学院全日制专业学位硕士研究生实践教学管理办法》《重庆文理学院硕士研究生导师遴选与管理办法》《重庆文理学院硕士研究生奖助学金管理办法》《重庆文理学院研究生就业管理办法》

等 17 个文件，形成学校研究生教育管理制度体系。

狠抓研究生科研管理，激励研究生科研创新，持续提升培养质量。要求研究生导师对研究生科研创新项目开展实际指导，二级单位为项目研究所需实验设备、场所、耗材等条件提供充分保障，并将项目开展情况与导师津贴挂钩。11 月，在正常研究周期内立项的 17 项研究生科研创新项目全部提出结项申请，结项率 100%。学校按自然科学类 4 000 元/项、社会哲学科学类 3 000 元/项，向结项的课题负责人发放科研奖励。

强化基地建设，拓展校企联合培养，提升研究生实践能力。在机械硕士、农业硕士、材料与化工等方面获批“重庆文理学院—重庆红江机械有限责任公司机械研究生联合培养基地”“重庆文理学院—重庆市天沛农业科技有限公司农业硕士研究生”“重庆文理学院—重庆植恩药业有限公司材料与化工研究生联合培养基地”等 3 个市级研究生联合培养基地，学校该类市级基地增加到 5 个。

提高指导水平，增加导师数量，扎实开展研究导师团队建设。与重庆工商大学、重庆三峡学院、宝鸡文理学院、烟台大学、济南大学、长江大学等高校积极沟通，新增兼职硕士生导师近 30 人次，新增博士生导师 1 名。

强化毕业论文质量控制，5 月，学校“联合招生、独立培养”的重庆理工大学 2 名研究生，优质完成毕业论文答辩。11 月，学校“联合招生、独立培养”的重庆理工大学、西南大学 8 位研究生完成开题答辩和中期检查。

# 期刊工作

1.《重庆高教研究》首次入选CSSCI扩展版

3月25日，南京大学中国社会科学研究评价中心发布CSSCI来源期刊和扩展版来源期刊（2019—2020年）目录，作为一般地方本科院校主办的学术期刊，《重庆高教研究》创刊仅6年，成功入选2019—2020年CSSCI扩展版来源期刊，成为西部地区唯一进入CSSCI的高等教育类核心学术刊物。

2．期刊影响力大幅提升

《中国学术期刊影响因子年报（2019年版）》显示，《重庆高教研究》复合影响因子由2018年的1.284提升到2.025，上升了0.741，学科排序由38位上升到28位；期刊综合影响因子由2018年的0.964上升到2019年的1.608，上升了0.644，学科排序由32位上升到18位；影响力指数由2018年60位提升到2019年44位，提升了16位，进入Q1区。《重庆文理学院学报（社会科学版）》2019年复合影响因子达到0.353。比2018年的0.290提升21.7%，排在436种人文社科综合的146位，处于前33.5%；影响力指数CI值排名167位，处于前38.3%，进入Q2区。

3．期刊获多项荣誉

在全国高等学校文科学报研究会2019年第六届高校社科期刊评优活动中，《重庆高教研究》被评为“全国高校社科精品期刊”，《重庆文理学院学报（社会科学版）》被评为“全国高校社科优秀期刊”，《重庆高教研究》“西部高教论坛”和《重庆文理学院学报（社会科学版）》“非物质文化遗产”栏目双双被评为全国高校社科期刊特色栏目。在编辑个人评优中，蔡宗模被评为“全国高校社科期刊优秀主编”，张海生和穆刚被评为“全国高校社科期刊优秀编辑”，《学术期刊媒体融合发展的逻辑、模式与实践》（作者：张海生等）被评为全国高校社科期刊优秀编辑学论文。

在全国理工农医院校社科学报联络中心举行的“四优”评比中，期刊社获优秀编辑部奖、优秀主编奖、优秀编辑奖和编辑学论著奖等多个奖项。《重庆高教研究》编辑部被评为重庆市高校期刊研究会成立20周年先进集体。

4．“西部高教论坛”栏目建设

3月1日，受中共中央委托，教育部高教司拟议“全面振兴中西部高等教育”方案，请《重庆高教研究》编辑部主办的西部高教论坛活动和专栏提供相关材料并推荐座谈会专家，引起教育部关注。

4月20日，由《重庆高教研究》编辑部、重庆文理学院西部高等教育研究中心和四川轻化工大学高教所联合主办的“第二届西部高教论坛”在四川轻化工大学自贡校区举行。来自北京理工大学、重庆大学、厦门大学、兰州大学、电子科技大学、南京邮电大学、西藏民族大学、贵州财经大学、临沂大学、重庆文理学院等高校的近200名专家学者和研究生代表参会。本次论坛引起了权威媒体的关注，中国社会科学网、中国发展网、今日头条、中国民族宗教网以《西部高等教育振兴：机遇与挑战》为题，人民网以《机遇与挑战并存　高校专家为西部高教发展支招》为题纷纷对本次论坛召开情况进行了学术报道，在业界引起极大关注。“西部高教论坛”特色栏目连续三次得到重庆市政府期刊出版资助。

# 学生教育

XUESHENG JIAOYU

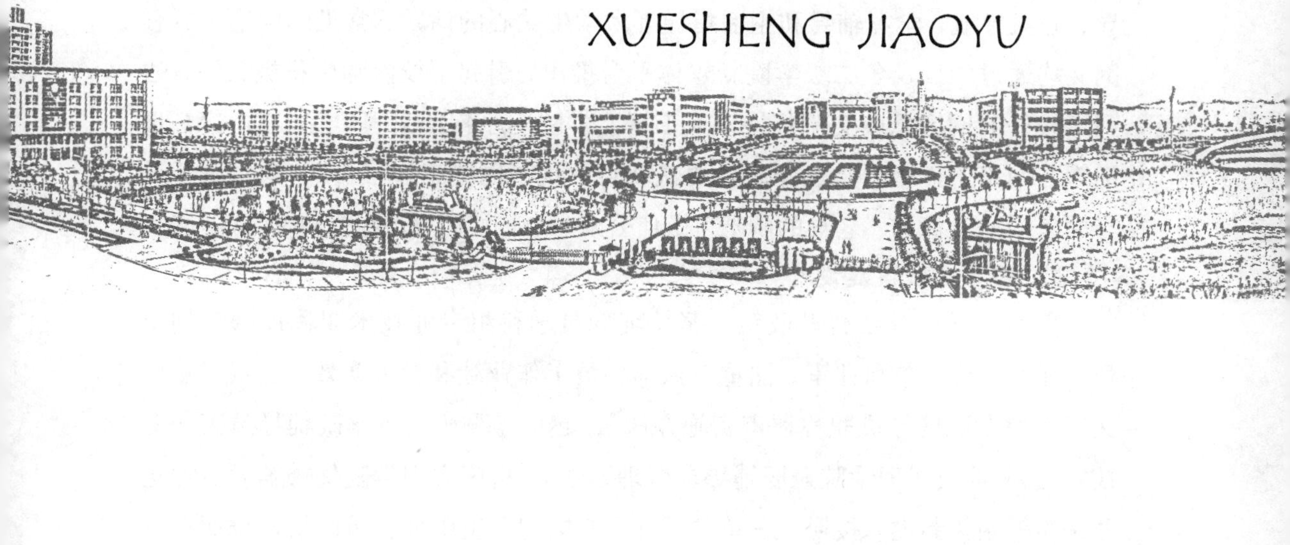

# 思想政治教育

1．大学生思政工作

根据《中共重庆文理学院委员会 重庆文理学院关于加强和改进新形势下思想政治工作的实施意见》《中共重庆文理学院委员会 思想政治工作质量提升工程实施方案》文件精神，坚持立德树人，把准培育中国特色社会主义合格建设者的大方向，依托学校“一院一品”平台和“大学生周末思想教育”课程、宿舍文化建设、网络新媒体等平台，积极引导大学生树立和践行社会主义核心价值观，培育大学生理性爱国理念，争做时代新人。

聚焦遵循学生成长规律，深入调研，指导二级学院发挥特色优势，形成大学生思政工作品牌。组织第七届辅导员工作网文大赛。收到工作网文 90 篇，内容涉及思想引领、理论教育、形势教育、就业指导、社会实践、人际关系指导、心灵导航、学习辅导和生活指导等大学生关心的话题、常见的问题，所有网文均通过学校及各二级学院新媒体平台推出，引起了校内师生积极关注，达到了较好的网络思政交流效果。人工智能学院（原软件工程学院）的“AI 日记簿”网络工作平台继去年之后再次获得“优秀网络工作平台”，马永甫开设与学生沟通交流的“老马的聊吧”微信公众号，12 篇工作网文获“优秀网文”。

2．辅导员队伍建设

落实辅导员双线晋升政策，坚持辅导员学科组专业技术职称评聘计划单列、标准单设、单独评审，注重考核辅导员工作业绩和育人实效，完成《重庆文理学院专职辅导员职称评审实施办法》，起草《重庆文理学院辅导员工作考核办法》《重庆文理学院兼职辅导员管理办法》《重庆文理学院优秀辅导员评选办法》等相关制度。按照“三单”标准，积极配合组织辅导员队伍职称职级评审工作，辅导员职称评审推荐比例上浮 15%，严格落实《重庆文理学院学工建设绩效核定办法》。

2019 年，引进博士辅导员 2 人。目前，有专、兼职辅导员 106 人，达到教育部关于辅导员配备师生比不低于 1∶200 的要求。从职称结构来看，中级职称以上 66 人；从性别结构来看，男性 44 人，女性 62 人；从学历结构来看，博士学历 13 人，硕士学历 88 人，本科学历 5 人。

组织校内外培训，提升队伍综合素质。邀请全国优秀辅导员、全国高校网络思政工作“新媒体达人”饶先发开展专题培训。组织学校第四届“大学生周末思想教育”课程教学竞赛一、二等奖获得者进行示范教学。组织开展学校第十八期国内高校辅导员交流挂职辅导员交流汇报，共计 3 次校内专题培训。组织 5 名辅导员参与重庆市高等教育学会普通高校招生专业委员会主办的未来教育创新学术活动、组织 20 名辅导员参加大学生心理危机预防与干预实战技术讲座、组织 5 名辅导员现场观摩重庆市第七届辅导员素质能力大赛，累计 30 名辅导员外出参与培训，推荐 2 名辅导员参加第二十期辅导员国内高校交流。创新辅导员沙龙开展方式，建好一线辅导员学习交流平台。

坚持“以赛促训、以赛促练”的理念，积极组织辅导员队伍参与和开展各类培训。一是精心选拔、大力支持辅导员参加重庆市第七届辅导员素质能力大赛。选派 2 位选手参赛，电子电气工程学院辅导员张立芳获本科院校组三等奖。组织开展学校第六届辅导员素质能力大赛，增设单项奖，为辅导员发挥专长、展示自我拓宽了舞台，达到了以赛促练的目的。

2019 年，1 名辅导员被评为重庆市 2018 年优秀辅导员，1 名辅导员成为全国“第十一届高校辅导员年度人物”入围候选人， 1 名辅导员获重庆市第七届辅导员素质能力大赛三等奖，1 名辅导员获“学习强国”重庆学习平台“I 学 I 行”（爱学爱行）风采展示活动高校组决赛一等奖。辅导员队伍积极参与申报国家级课题 1 项、教育部社科规划项目 3 项、省部级课题 12 项，成功立项省部级课题 8 项、地市级课题 1 项、校级课题 2 项，参与和发表科研论文 40 篇，其中核心刊物 4 篇。

3．创新工作理念

坚持“守正创新”，在大学生思想政治教育“4471”工程的基础上，进一步推进大学生思想政治工作理念的更新。“树立一个理念”，即树立“以学生为中心”的教育服务理念。“追求两种幸福”，即努力做到师生同成长，共进步，追求学生和辅导员的双重幸福。追求“三大目标”，即实现学生全面发展、实现学生工作高效落实、实现一流应用型本科教育的社会价值这三大目标。工作理念的更新，引导我们践行学校办学理念及宗旨，形成全校的学工共识，努力打造属于文理的学工品牌。

4．心理健康教育

多渠道开展心理健康知识教育，完善公共必修课“大学生周末思想教育”中心理健康教育内容，对全校学生开展“大学生常见心理异常识别”的心理健康讲座。组织开展“5·25”大学生心理健康节、重庆市第十届大学生心理成长论坛微课大赛永川片区赛、“12·12”心育运动会等活动。指导大学生心理成长协会组织开展5期青爱小屋电影展播、4期团体心理辅导活动，1次公益活动，在校园广播台播出心理健康时空车栏目28期、在今日校园发布文理心理晨报150余期。通过举办特色活动，在校园营造良好的心理氛围，借助心理社团资源，发挥大学生朋辈教育作用，取得良好成效。在重庆市第十届大学生成长论坛中，“青春健康与心理成长”微课大赛获学会一等奖1项、二等奖3项，三级心理之家等微作品获学会一等奖2项，二等奖5项，三等奖5项。在2019年重庆市大学生心理成长微课大赛中以第二名的成绩获一等奖。

加强心理咨询服务和宣传，通过新生入学适应教育及心理健康讲座，积极向辅导员和学生宣传心理咨询援助途径及预约热线，畅通学生心理求助途径，提高学生心理咨询的接受度，真正发挥了心理咨询服务在高校心理健康教育中的重要作用。

新生入学时开展新生心理普查建档工作，为每个学生建立个案登记表，第一时间了解新生心理健康状况。每学期定期组织开展心理危机排查和干预工作，及时组织有心理咨询意愿的学生到学校心理中心接受咨询，注重与二级学院的沟通，协助其开展心理危机干预帮扶工作。

# 教育管理

1．学生日常管理

改革早操单一形式，学生通过下载悦跑圈 App（应用程序）每日（不含周末）完成 15 分钟内跑完 1.5 公里的跑步任务，改变了以前单一的做操形式。坚持开展学生早晚自习，并严格日常考勤和纪律管理。2019 年各二级学院早晚自习平均出勤率均达到 95%以上。

构建“校领导、有关职能部门、学生辅导员”一体化的齐抓共管体系，确保考风考纪建设工作有序开展。拟定《重庆文理学院关于组织开展 2019 年重庆市高校文明寝室申报工作的通知》，指导学生开展寝室文化建设活动。

开展国家（励志）奖学金，市级先进个人（或集体）及标兵、市级优秀毕业生，校级“五四”评优、优秀优良毕业生等评选表彰活动。2019 年评选表彰国家奖学金获得者 41 名、国家励志奖学金获得者 613 名，市级优秀毕业生 57 名，校级先进班集体 47 个、文明寝室 227 个、三好学生 320 名、优秀学生干部 402 名、各类先进个人 505 名，以及校级优秀毕业生 529 名、校级优良毕业生 464 名。制发“成都校友会奖学金”评审办法，评选出 25 名获奖学生。

2．勤工助学管理

学校本学年认定为困难学生 7 363 人，占在校生的 37.5%，其中特别困难 2 641 人，占在校生的 13.45%。2019 年，发放国家奖助学金 2 059 万余元，为 1 352 人次发放全科教师生活补助 405 万余元，发放临时困难补助 1 957 人次 58 万余元。发放校设岗位勤工助学工资 2 334 人次 65 万余元，为全校学生购买校方责任险 10 万余元，为 3 368 名学生办理了生源地信用助学贷款，贷款金额达 2 429 万余元。节假日为特困学生 1 841 人次发放月饼、粽子等慰问品。从学校事业收入中提取支出资助金额 626 万余元，占当年事业收入的 6%，实现了对家庭经济困难学生资助的全覆盖，达到了不让一个学生因为家庭经济困难而失学的目标。

组织 2019 年学生暑期带薪实习，200 名学生参加 2019 年的暑期带薪实习社会实践活动，实习单位涉及24个区县的政府部门和企业。

3．民族学生服务

坚持尊重差异与包容多样。在日常管理工作中，充分尊重少数民族学生的民族心理、风俗习惯、学习基础和生活环境等差异，坚持“求同存异”“和而不同”“百花齐放”“和谐共生”，以更加开放包容的心态做好少数民族学生的日常管理服务工作。坚持“特殊照顾”和严格管理。在日常管理工作中，一般本科生和少数民族本科生需要统一标准、一视同仁、严格管理。但由于生活环境、风俗习惯等差异，在做少数民族学生教育管理工作时，又特别注意工作方式方法，坚持“爱、细、严”的工作原则，让少数民族学生感受到学校、师生的关怀和温暖。

# 就业工作

1．聚焦思想引领，切实做好毕业生就业教育

坚持把立德树人理念融入毕业生就业创业工作，引导毕业生树立科学的就业观和成才观。通过政策宣传、典型引领、氛围营造、奖励激励等方式，教育引导毕业生把个人理想融入国家和民族事业当中，增强毕业生对党和国家事业的使命感和认同感，鼓励更多毕业生到基层去、到西部去、到祖国最需要的地方去建功立业。深化就业指导教育。组织实施“大学生就业指导”2018—2019学年第二学期网络必选课学习和 2019 级新生北森职业生涯规划测评工作。举办“重庆文理学院第十八届大学生‘畅享文理’文化艺术节之职场模拟招聘大赛”“重庆市第五届大学生职业生涯规划大赛校级选拔赛”“‘就在山城·渝您位来’2019 年重庆市公共就业服务活动进校园活动”，市级就业创业专家进校园巡讲等就业教育活动。打造专业化的就业指导队伍。组织校、院两级一线就业工作人员及就业指导课程教师参加全国就业中心举办的“高校就业胜任力教练专题培训”，市教委组织的“2019 年重庆市高校毕业生就业创业工作培训”，以及专业机构组织的“生涯规划师双证（GCDF&BCF）培训”“职业规划教学（TTT）认证培训” ，同时开展毕业班辅导员校内就业工作业务培训。

2．聚焦充分就业，积极推动多渠道就业

积极开拓就业市场，为学生提供优质就业岗位。加强与长三角、珠三角及东部沿海地区政府和企业合作，通过“走出去、引进来”的方式先后组织了浙江绍兴市、台州市路桥区、东阳市建筑行业，福建晋江市的优质企业组团到校招聘，先后开展了“绍兴市 2019 招才引智高校行·春季专列（重庆文理学院站）专场招聘会”“‘智汇东阳 才聚三乡’浙江省东阳市建筑类企业专场招聘会”“‘青燕归巢 筑梦路桥’浙江省台州市路桥区 2019 招才引智 百校引才——重庆站推介会暨专场招聘会”等活动。举行大型双选会和专场招聘及宣讲会，为学生提供充足就业岗位。2019 年举行了“2019 届毕业生综合类春季专场招聘会”“2019 届毕业生 2020 届实习生春季双选会”“重庆市教委送岗位

进高校双选活动（永川专场）暨2020届毕业生秋季双选会”“第二届校友文化节校友企业专场招聘会”等大型双选活动，邀请了中铁隧道股份、中铁六局、中建三局、中国电建、国网新疆电力、葛洲坝集团、云南建投、三安光电、我武生物、浙江亚厦、广东东鹏控股、重庆长城汽车、龙湖智慧服务、新疆沙雅县教育局、阿克苏市教育局等央企、国企、上市公司及教育主管部门共950余家用人单位到校开展专场招聘和宣讲，提供招聘岗位 18 000 余个，岗位比为3.16∶1。

3．聚焦困难群体，扎实开展就业精准帮扶

重视对困难群体帮扶工作，从学生进校起就建立了困难学生台账，通过完善奖、助、贷体系，领导干部深入基层联系学生工作等多种途径对困难群体学生进行帮扶。加强困难群体学生观念教育和技能提升，在招聘会现场设立“求职关爱区”，帮助毕业生科学分析自身就业优势和短板，通过举办贫困毕业生考研、考公务员和事业单位、就业技能提升公益培训班，实现分类指导和精准帮扶。精准匹配专业及岗位需求，举办“重庆文理学院 2019 届贫困大学生专场招聘会”，组织开展团中央、团市委“千校万岗”就业精准帮扶活动，利用“以团引团”新模式促进学生充分就业。做好服务保障工作，指派专人专车带领学生赴重庆大学参加“国家开发银行定点扶贫县暨重庆市 18 个深度贫困乡镇学生专场双选会”和“2019 届全国普通高校残疾毕业生专场双选会（重庆专场）”。通过资助和帮扶体系对困难群体学生开展慰问和帮扶，发放慰问品、求职交通和通讯补贴，协助人社部门为 2019 届 813 名家庭困难毕业生、残疾毕业生、获得过国家助学贷款毕业生共发放求职创业补贴 64.05 万元。

4．聚焦信息化，实现就业精准服务

高度重视就业信息化建设，利用互联网、信息化办公平台、微信公众号等多种方式提高就业精准服务。将就业管理功能接入重庆市高校就业信息系统二期平台，实现毕业生就业协议网上签订、审批；实行大型双选活动网上报名、安排展位和短信、邮件通知参会；“大学生就业指导”课程实行网络在线学习和考试，开通职业生涯规划网络测评功能。联合当地知名人才网举办“2019届毕业生春季网络双选会”，参会招聘单位近 100 家，为毕业生提供如建筑类、电气机电类、园林类、财务管理类、体育文化类、法学类、行政管理类、教育类等岗位 2 000 余个。不断增强“重文理就业”微信公众号信息的针对性和时效性，在原有内容板块基础上，开辟世界 500 强和中国 500 强企业招聘信息展播、就业热门地区和城市展播、各地人才和就业政策介绍等专题栏目，2019 年度“重文理就业”微信公众号关注人数达 12 259 人。

5．聚焦组织管理，落实就业主体责任

学校建立就业创业工作目标责任制，完善绩效考核和定期督查机制。实施就业“一把手工程”，成立了以校长为组长，分管教学和就业校领导为副组长，招生就业处牵头，相关职能部门负责人及二级学院院长为成员的校级就业工作领导小组，二级学院成立党总支书记和院长为组长，分管教学和学生负责人为副组长，学工办主任、辅导员、专业教师为成员的院级就业工作领导小组。全校形成主要负责同志亲自部署，分管领导靠前指挥，院系领导落实责任，辅导员（班主任）密切关注毕业生就业进展情况的就业联动机制，制定年度毕业生就业实施方案，明确工作职责，校长与二级学院院长签订《就业创业工作目标责任书》。进一步规范就业管理服务工作。制定《关于加强毕业生就业创业工作规范的通知》《关于做好 2019 届毕业生就业工作的通知》《重庆文理学院学生档案管理办法》等管理文件。

截至 8 月 31 日，2019 届毕业生总人数 5 688 人，初次就业率为 84.97%；截至 12 月 30 日，就业人数 5 340 人，年底就业率 93.88%，创业人数 124 人，创业率为 2.18%。

# 招生工作

1．招生计划

根据近三年来各省市考生的报考意愿和一志愿报考率、报到率、巩固率、各专业的就业率，结合学校“十三五”专业建设的规划、办学条件、对接地方产业等情况，完成27个省（自治区、直辖市）分省分专业分科类招生计划编制。信息与计算科学、经济统计学、物理学（师范）、生物科学、行政管理五个专业暂停招生，启动数学与应用数学（中外合作办学）专业招生，增加智能制造工程、智能电网信息工程两个新专业招生。数学与应用数学（中外合作办学）项目，在重庆、四川、安徽、河北、河南、山西、山东七省、直辖市投放招生计划。国家体育总局科教司审定，获2020年运动训练专业单招和保送录取优秀运动员招生资格。

2．宣传咨询

在纸质刊物刊登学校、学院宣传图文，主要包括《2019艺术报考指南》《2019招生计划汇编》（文理科）、《高考—重庆特刊》《2019 填报志愿指南》等；在多家新媒体上推送宣传软文，主要包括教育科研网（中国教育在线）、重庆教育、新华网、华龙网、阳光高考及重庆文理学院官方微信等新媒体。开展线上线下招生咨询活动，主要包括参加重庆市和全国网上咨询会，参加重庆市南坪志愿填报咨询会及重庆市各区县中学招生现场咨询会。

开通青云汇招生问答系统，实现考生、家长与招生负责人线上语音咨询、交流。组织策划学校2019年招生微信推文活动，包括“院长带你读一本”“100秒认识一本专业”等主题微视频采集制作，开通招办主任来帮忙在线咨询，网站公布历年分数、招生计划、招生简章等内容，在学校官网微信平台、学在重文理、重文理学工、重文理小团团、校友微信以及广大教职工、学生及朋友圈等个人微信平台推送、转发学校办学特色亮点，校、院两级获奖等内容。

3．录取工作

组织重庆文理学院2019年高水平运动队专项测试，105人参加专项测试，其中一级运动员 26 人。切实做好普通高考录取工作，实际录取考生 4 933 人，重庆市普通文理科录取分数基本稳定，文科录取最低分 526 分，超二本线 68；理科录取最低分 493 分，超二本线 58 分；一本线上录取人数创历年新高，达到 664 人，较 2018 年增加 218 人，小学教育（全科教师）最低录取分数线全上一本线。

完成了机器人工程、材料科学与工程、数据科学与大数据技术 3 个专业重庆地区一本招生，电子信息类、计算机类的大类招生工作。数学与应用数学（中外合作办学）项目招生，录取新生 90 人，圆满完成招生任务。组织完成 2020 年全国硕士研究生招生考试，参考人数 2 027 人。

# 机构与人员

JIGOU YU RENYUAN

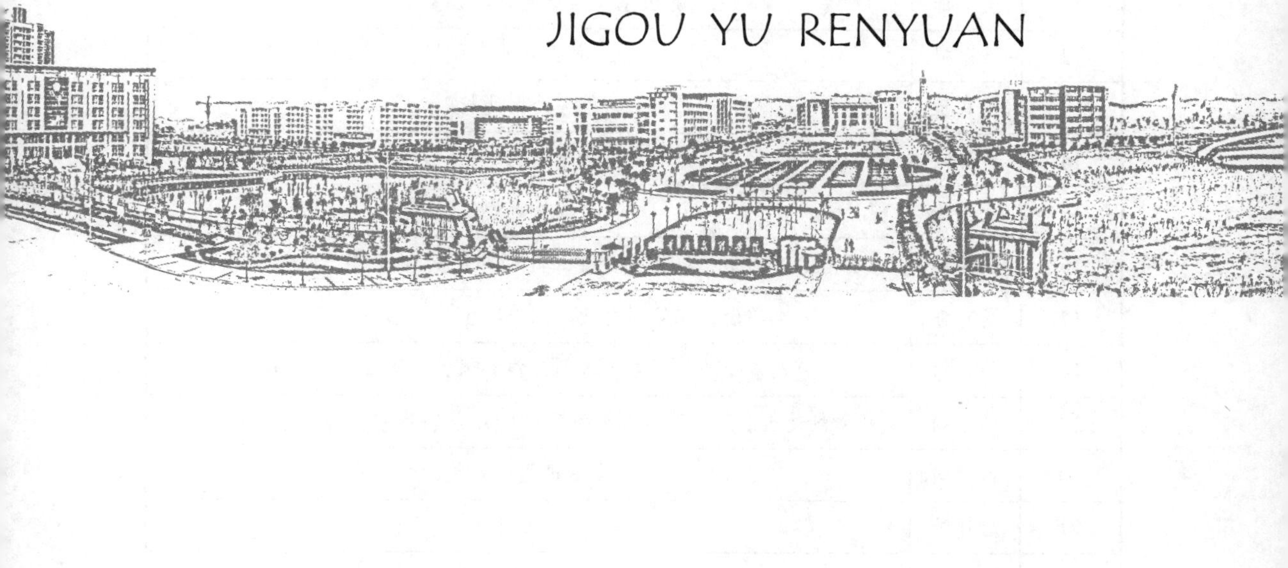

## 中层干部一览表

| 序号 | 姓名 | 职务 |
| --- | --- | --- |
| 1 | 黎　志 | 党政办公室主任（校地合作处处长）；学校申硕指挥部办公室副主任 |
| 2 | 曹荣誉 | 党政办公室副主任 |
| 3 | 韩贞禄 | 党政办公室副主任 |
| 4 | 杜孝田 | 党政办公室副主任（校地合作处副处长） |
| 5 | 周洪亮 | 党委常委、党委组织部部长 |
| 6 | 高一文 | 党委组织部副部长（党校办公室主任） |
| 7 | 周文东 | 党委常委；党委宣传部（党委网络工作部）部长、党委统战部部长 |
| 8 | 史甲庆 | 党委宣传部（党委网络工作部）副部长 |
| 9 | 杨正强 | 党委宣传部副部长、党委统战部副部长 |
| 10 | 蒋礼文 | 纪委副书记、纪委办公室（监察专员办公室）主任 |
| 11 | 皮　锋 | 纪委办公室（监察专员办公室）副主任 |
| 12 | 王东强 | 教务处处长 |
| 13 | 丁武泉 | 教务处副处长 |
| 14 | 李召红 | 教务处副处长 |
| 15 | 姜玉松 | 教务处副处长 |
| 16 | 钱间建 | 学生工作处处长（党委学生工作部部长）、机关第三党总支书记 |
| 17 | 夏　赟 | 学生工作处副处长（党委学生工作部副部长） |
| 18 | 吴小伟 | 人事处处长（党委教师工作部部长、职改办主任） |
| 19 | 刘小利 | 人事处副处长（党委教师工作部副部长）；学校申硕指挥部办公室副主任 |
| 20 | 何万国 | 发展规划处处长 |
| 21 | 唐建民 | 科研处处长 |
| 22 | 胡守敏 | 科研处副处长 |
| 23 | 何家洪 | 科研处副处长 |
| 24 | 卢成武 | 研究生处处长（学科建设办公室主任）；学校申硕指挥部办公室主任 |

| | | |
|---|---|---|
| 25 | 樊汶樵 | 研究生处副处长（学科建设办公室副主任）、<br>学校申硕指挥部办公室副主任；校团委兼职副书记 |
| 26 | 何独明 | 招生就业处处长 |
| 27 | 周道林 | 招生就业处副处长 |
| 28 | 杨　勇 | 审计处处长 |
| 29 | 余泽标 | 国际合作与交流处处长（港澳台事务办公室主任）、机关第二党总支书记 |
| 30 | 郑　立 | 计划财务处处长 |
| 31 | 王熙艳 | 计划财务处副处长 |
| 32 | 苏兴文 | 国有资产管理处处长（采购与招投标中心主任） |
| 33 | 李金宝 | 国有资产管理处副处长（采购与招投标中心副主任） |
| 34 | 周　仁 | 基建处处长 |
| 35 | 刘厚东 | 基建处副处长 |
| 36 | 黄贵懿 | 离退休党总支副书记、离退休工作处副处长 |
| 37 | 彭拥军 | 信息化办公室（现代教育技术中心）主任 |
| 38 | 李宗斌 | 信息化办公室（现代教育技术中心）副主任；智能制造工程学院副院长（兼） |
| 39 | 陈泽兵 | 安全管理处副处长（人民武装部副部长） |
| 40 | 谢云成 | 安全管理处副处长（人民武装部副部长） |
| 41 | 刘元勇 | 后勤管理处处长（后勤服务中心主任）、机关第四党总支书记 |
| 42 | 付　恩 | 后勤管理处副处长（后勤服务中心副主任） |
| 43 | 凌　伟 | 工会主席、机关第一党总支书记 |
| 44 | 向　明 | 团委副书记 |
| 45 | 周独奇 | 团委副书记 |
| 46 | 何云贵 | 文化与传媒学院党总支书记、副院长 |
| 47 | 李芹燕 | 文化与传媒学院副院长 |
| 48 | 邱　飞 | 文化与传媒学院党总支副书记 |
| 49 | 马纪成 | 数学与大数据学院党总支副书记、执行院长 |
| 50 | 余大鹏 | 数学与大数据学院党总支书记、副院长 |

| | | |
|---|---|---|
| 51 | 黄　华 | 数学与大数据学院党总支副书记 |
| 52 | 陈晓东 | 数学与大数据学院副院长 |
| 53 | 刘安洪 | 外国语学院党总支副书记、院长 |
| 54 | 杜　勇 | 外国语学院党总支书记 |
| 55 | 胡庆洪 | 外国语学院党总支副书记、副院长 |
| 56 | 刘俊玲 | 外国语学院副院长 |
| 57 | 谢志刚 | 化学与环境工程学院党总支副书记、院长 |
| 58 | 徐　强 | 化学与环境工程学院党总支书记、副院长 |
| 59 | 朱　江 | 化学与环境工程学院副院长 |
| 60 | 蔡艳华 | 化学与环境工程学院党总支副书记、副院长 |
| 61 | 唐建忠 | 体育学院党总支副书记、院长 |
| 62 | 李　旻 | 体育学院党总支书记、副院长 |
| 63 | 袁高燕 | 体育学院党总支副书记 |
| 64 | 王　勇 | 体育学院副院长 |
| 65 | 刘　嘉 | 园林与生命科学学院/特色植物研究院院长 |
| 66 | 谢荣成 | 园林与生命科学学院/特色植物研究院党总支书记 |
| 67 | 孙翰昌 | 园林与生命科学学院/特色植物研究院党总支副书记、副院长 |
| 68 | 陈泽雄 | 园林与生命科学学院/特色植物研究院副院长 |
| 69 | 李才俊 | 马克思主义学院党总支副书记、院长 |
| 70 | 刘明明 | 马克思主义学院党总支书记、副院长 |
| 71 | 张纬武 | 马克思主义学院副院长 |
| 72 | 张　莉 | 马克思主义学院副院长 |
| 73 | 石东平 | 电子信息与电气工程学院党总支副书记、执行院长 |
| 74 | 程正富 | 电子信息与电气工程学院党总支书记、副院长 |
| 75 | 杨守良 | 电子信息与电气工程学院副院长 |
| 76 | 梁康有 | 电子信息与电气工程学院党总支副书记 |
| 77 | 夏继宏 | 电子信息与电气工程学院副院长 |

| | | |
|---|---|---|
| 78 | 李劲松 | 音乐学院党总支副书记、院长 |
| 79 | 杨　桦 | 音乐学院党总支书记、副院长 |
| 80 | 隋剑飞 | 音乐学院党总支副书记、副院长 |
| 81 | 陈龙国 | 美术与设计学院党总支副书记、院长 |
| 82 | 肖宇窗 | 美术与设计学院党总支书记、副院长 |
| 83 | 阙　佼 | 美术与设计学院副院长 |
| 84 | 高小勇 | 美术与设计学院副院长 |
| 85 | 何华敏 | 教育学院院长 |
| 86 | 孔庆波 | 教育学院党总支书记 |
| 87 | 张艳辉 | 教育学院副院长 |
| 88 | 贺能坤 | 教育学院副院长 |
| 89 | 何玲玲 | 教育学院党总支副书记 |
| 90 | 陈天培 | 经济管理学院党总支副书记、院长 |
| 91 | 赵　锋 | 经济管理学院党总支书记 |
| 92 | 冯利朋 | 经济管理学院副院长 |
| 93 | 林　锐 | 经济管理学院副院长 |
| 94 | 王瑞胡 | 旅游学院党总支副书记、院长 |
| 95 | 代武春 | 旅游学院党总支书记 |
| 96 | 颜　珂 | 旅游学院党总支副书记 |
| 97 | 王爱忠 | 旅游学院副院长 |
| 98 | 罗代忠 | 人工智能学院/重庆服务外包学院院长 |
| 99 | 杨加强 | 人工智能学院/重庆服务外包学院党总支书记 |
| 100 | 马新强 | 人工智能学院/重庆服务外包学院党总支副书记、副院长 |
| 101 | 李　璐 | 材料科学与工程学院/新材料技术研究院党总支副书记、院长 |
| 102 | 雷　宇 | 材料科学与工程学院/新材料技术研究院党总支书记 |
| 103 | 韩　涛 | 材料科学与工程学院/新材料技术研究院党总支副书记、副院长 |
| 104 | 郭朝中 | 材料科学与工程学院/新材料技术研究院副院长 |

| | | |
|---|---|---|
| 105 | 罗天洪 | 智能制造工程学院党总支副书记、院长 |
| 106 | 曹　勇 | 智能制造工程学院党总支书记 |
| 107 | 赵华君 | 智能制造工程学院副院长 |
| 108 | 陈中祝 | 药学院/创新靶向药物国际研究院党总支副书记、院长 |
| 109 | 李忠彬 | 药学院/创新靶向药物国际研究院党总支书记、副院长 |
| 110 | 谢吉容 | 药学院/创新靶向药物国际研究院副院长 |
| 111 | 唐典勇 | 药学院/创新靶向药物国际研究院副院长 |
| 112 | 何小兵 | 土木工程学院党总支书记 |
| 113 | 张海龙 | 土木工程学院副院长 |
| 114 | 沈中友 | 土木工程学院副院长 |
| 115 | 刘　壮 | 国际学院/文化遗产学院/重庆文化遗产学院院长、非物质文化遗产研究中心主任 |
| 116 | 沈远川 | 国际学院/文化遗产学院/重庆文化遗产学院/非物质文化遗产研究中心党总支书记、副院长 |
| 117 | 李景国 | 国际学院/文化遗产学院/重庆文化遗产学院/非物质文化遗产研究中心党总支副书记、副院长 |
| 118 | 申传斌 | 图书馆馆长 |
| 119 | 肖　勇 | 图情信息党总支书记 |
| 120 | 吴中军 | 图书馆副馆长 |
| 121 | 蔡华锋 | 档案馆馆长 |
| 122 | 刘希东 | 星湖校区综合服务中心主任；材料科学与工程学院/新材料技术研究院副院长（兼） |
| 123 | 谢华琳 | 校友工作办公室（教育发展基金会办公室）主任 |
| 124 | 田永西 | 继续教育学院/培训学院院长 |
| 125 | 白成良 | 继续教育学院/培训学院党总支书记、副院长 |
| 126 | 陈盛兴 | 创新创业学院副院长 |

截止日期：2019 年 12 月 31 日

科岗人员一览表

| 序号 | 姓名 | 职务 |
|---|---|---|
| 1 | 乐万里 | 党政办公室督查科科长 |
| 2 | 傅万 | 党政办公室行政科科长 |
| 3 | 李云 | 党政办公室合作科科长 |
| 4 | 于大海 | 党委组织部组织科科长、党校办公室副主任 |
| 5 | 许浩然 | 党委组织部干部科科长 |
| 6 | 郑慧颖 | 党委宣传部宣传科副科长 |
| 7 | 许菲菲 | 党委宣传部融媒体中心主任 |
| 8 | 赵洁 | 党委宣传部网络信息科科长 |
| 9 | 张海容 | 党委统战部统战科科长 |
| 10 | 谭静 | 纪检监察室监督检查科科长 |
| 11 | 郭立 | 纪检监察室案件审理科科长 |
| 12 | 阮吉 | 教务处教学行政科副科长 |
| 13 | 陈本炎 | 教务处教学建设与研究科科长 |
| 14 | 唐家荣 | 教务处教学运行科科长 |
| 15 | 朱俊 | 教务处学务科科长 |
| 16 | 李杨 | 教务处实践教学科科长 |
| 17 | 程华 | 教务处教学督导科科长 |
| 18 | 蓝璘 | 教务处教师发展中心办公室副主任 |
| 19 | 胡在东 | 学生工作处学生事务科科长 |
| 20 | 何雯 | 学生工作处思想政治教育科科长 |
| 21 | 李志芳 | 学生工作处学生资助管理中心副主任 |
| 22 | 魏莉萍 | 学生工作处心理健康教育科科长 |
| 23 | 卢刚 | 人事处人事科科长 |
| 24 | 唐洪辉 | 人事处薪酬社保科科长 |

| | | |
|---|---|---|
| 25 | 崔瑞夫 | 人事处专技科副科长 |
| 26 | 熊丽 | 人事处人才交流服务中心主任 |
| 27 | 尚春雅 | 发展规划处规划科科长 |
| 28 | 郭霞 | 发展规划处统计与评估科科长 |
| 29 | 王东 | 科研处自然科学管理科科长 |
| 30 | 江松 | 科研处社会科学管理科副科长 |
| 31 | 谢睦琴 | 科研处科研条件与平台科科长 |
| 32 | 康阳 | 科研处成果转化科科长 |
| 33 | 吴朝平 | 期刊社办公室主任 |
| 34 | 伏春平 | 科研处学科建设与研究生科科长 |
| 35 | 程海军 | 招生就业处招生就业指导服务中心主任 |
| 36 | 周进 | 审计处综合审计科科长 |
| 37 | 阮明越 | 审计处基建审计科科长 |
| 38 | 蒲阳 | 国际合作与交流处涉外科科长 |
| 39 | 王家军 | 计划财务处财管科副科长 |
| 40 | 黄爱华 | 计划财务处计划科科长 |
| 41 | 蔡翔 | 计划财务处资金科科长 |
| 42 | 刘传会 | 计划财务处会计科科长 |
| 43 | 罗杰 | 国有资产管理处资产科科长 |
| 44 | 廖春美 | 国有资产管理处采购科副科长 |
| 45 | 冯宇 | 基建处工程规划科科长 |
| 46 | 夏明强 | 基建处工程质量科科长 |
| 47 | 蔡朋杞 | 基建处工程造价科副科长 |
| 48 | 罗富林 | 离退休工作处离退休科科长 |
| 49 | 江绍虎 | 信息化办公室网络运维科科长 |
| 50 | 明亮 | 信息化办公室系统建设科科长 |
| 51 | 周友兵 | 信息化办公室技术服务科科长 |

| | | |
|---|---|---|
| 52 | 汤金燕 | 安全管理处（人民武装部）政治保卫科科长 |
| 53 | 陈明勇 | 安全管理处（人民武装部）公共安全科科长 |
| 54 | 杨宏涛 | 安全管理处（人民武装部）国防教育科科长 |
| 55 | 黎军军 | 后勤管理处劳务科副科长 |
| 56 | 袁驰 | 后勤管理处质量监管科科长 |
| 57 | 程淦 | 后勤管理处餐饮服务中心主任 |
| 58 | 王平 | 后勤管理处能源服务中心主任 |
| 59 | 王立新 | 后勤管理处宿舍管理中心主任 |
| 60 | 杨文杰 | 后勤管理处星湖维修中心主任 |
| 61 | 邓旭东 | 后勤管理处红河维修中心主任 |
| 62 | 陈卫华 | 后勤管理处环卫绿化中心主任 |
| 63 | 龚吉淼 | 后勤管理处卫生防疫中心副主任 |
| 64 | 乐波 | 校医院院长 |
| 65 | 张沁 | 工会办公室主任 |
| 66 | 杨琪璐 | 团委办公室副主任 |
| 67 | 孙小媛 | 星湖校区分团委书记 |
| 68 | 刘贵玉 | 图书馆事务管理部主任 |
| 69 | 金济 | 图书馆资源与技术部主任 |
| 70 | 陈诗琴 | 图书馆信息服务部主任 |
| 71 | 唐洁 | 图书馆阅读推广部主任 |
| 72 | 徐小红 | 图书馆流通阅览部主任 |
| 73 | 李兴春 | 档案馆档案建设科科长 |
| 74 | 潘澜月 | 档案馆档案建设科副科长 |
| 75 | 张翼 | 校友工作办公室校友联络与服务科副科长 |
| 76 | 孙培春 | 继续教育学院（培训学院）综合办公室主任 |
| 77 | 张绍彬 | 继续教育学院（培训学院）学历教育办公室主任 |
| 78 | 姚晓兰 | 继续教育学院（培训学院）教师培训部主任 |

| | | |
|---|---|---|
| 79 | 周相宇 | 继续教育学院（培训学院）市场拓展部主任 |
| 80 | 李莉 | 创新创业学院创新创业指导中心主任 |
| 81 | 钟晓霞 | 文化与传媒学院党政办公室主任 |
| 82 | 钟聿新 | 文化与传媒学院教学办公室主任 |
| 83 | 孙绍慧 | 文化与传媒学院教学办公室副主任 |
| 84 | 刘友洪 | 文化与传媒学院学生工作办公室主任、团总支书记 |
| 85 | 李勇 | 数学与大数据学院党政办公室主任 |
| 86 | 罗章涛 | 数学与大数据学院教学办公室主任 |
| 87 | 邹佳桃 | 数学与大数据学院学生工作办公室副主任、团总支副书记 |
| 88 | 王德易 | 外国语学院党政办公室主任 |
| 89 | 张鹏 | 外国语学院教学办公室主任 |
| 90 | 邹盛瑜 | 外国语学院学生工作办公室主任、团总支书记 |
| 91 | 黄浩 | 化学与环境工程学院党政办公室副主任 |
| 92 | 杨和山 | 化学与环境工程学院教学办公室副主任 |
| 93 | 唐晓雪 | 化学与环境工程学院学生工作办公室主任、团总支书记 |
| 94 | 杨俊 | 化学与环境工程学院实验实训中心主任 |
| 95 | 匡志兵 | 体育学院党政办公室主任 |
| 96 | 刘田 | 体育学院教学办公室主任 |
| 97 | 邵志鹏 | 体育学院学生工作办公室副主任、团总支副书记 |
| 98 | 郑云峰 | 学校体育运动委员会办公室主任 |
| 99 | 刘静 | 园林与生命科学学院（特色植物研究院）党政办公室主任 |
| 100 | 冷进松 | 园林与生命科学学院（特色植物研究院）教学办公室主任 |
| 101 | 游玉明 | 园林与生命科学学院（特色植物研究院）实验实训中心主任 |
| 102 | 贺方云 | 园林与生命科学学院（特色植物研究院）学生工作办公室主任、团总支书记 |
| 103 | 宋亦薪 | 马克思主义学院党政办公室副主任 |
| 104 | 曾福文 | 马克思主义学院教学办公室副主任 |

| | | |
|---|---|---|
| 105 | 李华夏 | 马克思主义学院学生工作办公室主任、团总支书记 |
| 106 | 曾令刚 | 电子信息与电气工程学院党政办公室主任 |
| 107 | 包宋建 | 电子信息与电气工程学院教学办公室主任 |
| 108 | 张东 | 电子信息与电气工程学院实验实训中心主任 |
| 109 | 陈海峰 | 电子信息与电气工程学院学生工作办公室主任、团总支书记 |
| 110 | 毛君 | 音乐学院党政办公室副主任、团委兼职副书记 |
| 111 | 张薇 | 音乐学院教学办公室副主任 |
| 112 | 范宣辉 | 音乐学院学生工作办公室副主任、团总支副书记 |
| 113 | 蒋巧 | 音乐学院艺术交流中心主任 |
| 114 | 周小钦 | 美术与设计学院党政办公室副主任 |
| 115 | 刘春阳 | 美术与设计学院教学办公室副主任 |
| 116 | 赵勇 | 美术与设计学院学生工作办公室主任、团总支书记 |
| 117 | 谢应宽 | 教育学院党政办公室主任 |
| 118 | 刘波 | 教育学院教学办公室主任 |
| 119 | 吴波 | 教育学院学生工作办公室主任、团总支书记 |
| 120 | 胡春梅 | 蔚蓝心理健康教育与咨询中心办公室主任 |
| 121 | 左永艳 | 经济管理学院党政办公室主任 |
| 122 | 魏敬周 | 经济管理学院教学办公室主任 |
| 123 | 肖壮 | 经济管理学院教学办公室副主任 |
| 124 | 熊小伟 | 经济管理学院学生工作办公室主任、团总支书记 |
| 125 | 李朦 | 旅游学院党政办公室副主任 |
| 126 | 王春宝 | 旅游学院教学办公室主任 |
| 127 | 秦荣廷 | 旅游学院学生工作办公室副主任、团总支副书记 |
| 128 | 高峰 | 人工智能学院党政办公室主任 |
| 129 | 秦福建 | 人工智能学院教学办公室主任 |
| 130 | 邹永康 | 人工智能学院实验实训中心主任 |
| 131 | 余继军 | 人工智能学院学生工作办公室主任、团总支书记 |

| | | |
|---|---|---|
| 132 | 戴甄 | 材料科学与工程学院（新材料技术研究院）党政办公室副主任 |
| 133 | 敬小龙 | 材料科学与工程学院（新材料技术研究院）教学办公室副主任 |
| 134 | 王锦标 | 材料科学与工程学院（新材料技术研究院）学科科研办公室主任 |
| 135 | 孙凌涛 | 材料科学与工程学院（新材料技术研究院）学生工作办公室主任、团总支书记 |
| 136 | 张海鹰 | 智能制造工程学院党政办公室主任 |
| 137 | 陈庆 | 智能制造工程学院教学办公室副主任 |
| 138 | 刘辉 | 智能制造工程学院学科科研办公室主任 |
| 139 | 李兴成 | 智能制造工程学院学生工作办公室主任、团总支书记 |
| 140 | 孟江平 | 药学院（创新靶向药物国际研究院）党政办公室主任 |
| 141 | 罗洁 | 药学院（创新靶向药物国际研究院）教学办公室主任 |
| 142 | 黄政 | 药学院（创新靶向药物国际研究院）学科科研办公室主任 |
| 143 | 王俊 | 药学院（创新靶向药物国际研究院）学生工作办公室副主任、团总支副书记 |
| 144 | 冯桐 | 土木工程学院党政办公室副主任 |
| 145 | 周燕 | 土木工程学院教学办公室主任 |
| 146 | 兰洁 | 土木工程学院实验实训中心主任 |
| 147 | 左雨婷 | 土木工程学院学生工作办公室副主任、团总支副书记 |
| 148 | 邓颖卓 | 国际学院/文化遗产学院党政办公室主任 |
| 149 | 向冲 | 国际学院/文化遗产学院教学科研办公室主任 |
| 150 | 郑小芳 | 国际学院/文化遗产学院学生工作办公室主任、团总支书记 |

截止日期：2019年12月31日

# 专项机构

## 关于调整充实学校党建工作领导小组等 59个专项机构及其组成人员的通知

重文理委〔2020〕2号

一、本次实施调整的53个专项机构

1. 重庆文理学院党建工作领导小组

组　长：孙泽平

副组长：黄伟九　兰　刚　罗　茂

成　员：谭　宏　漆新贵　金　盛　李天福　周洪亮
周文东　黎　志　蒋礼文　钱闾建　吴小伟
向　明

办公室主任：周洪亮（兼）

2. 重庆文理学院党风廉政建设领导小组

组　长：孙泽平　黄伟九

副组长：罗　茂

成　员：兰　刚　谭　宏　漆新贵　王明华　金　盛
李天福　周洪亮　周文东　黎　志　蒋礼文

办公室主任：蒋礼文（兼）

3. 重庆文理学院党务校务公开领导小组

组　长：孙泽平　黄伟九

副组长：兰　刚

成　员：谭　宏　漆新贵　王明华　金　盛　罗　茂
李天福　周洪亮　周文东　黎　志　蒋礼文
凌　伟　王东强　钱闾建　吴小伟　唐建民

何独明　郑　立　周　仁　刘元勇

办公室主任：黎　志（兼）凌　伟（兼）

4. 重庆文理学院信息公开工作领导小组

组　长：孙泽平　黄伟九

副组长：兰　刚　谭　宏　漆新贵　王明华　金　盛

罗　茂　李天福

成　员：各二级单位行政负责人

办公室主任：黎　志（兼）

5. 重庆文理学院外事工作领导小组

组　长：孙泽平　黄伟九

副组长：谭　宏

成　员：周洪亮　周文东　黎　志　余泽标　王东强

吴小伟　唐建民　刘安洪　刘　壮　李劲松

李　璐　陈中祝　马纪成

办公室主任：余泽标（兼）

6. 重庆文理学院国家安全人民防线领导小组

组　长：孙泽平　黄伟九

副组长：谭　宏　李天福

成　员：周洪亮　周文东　黎　志　余泽标　吴小伟

王东强　唐建民　彭拥军　钱间建　陈泽兵

办公室主任：黎　志（兼）

7. 中共重庆文理学院委员会意识形态工作领导小组

组　长：孙泽平　黄伟九

副组长：兰　刚

成　员：谭　宏　漆新贵　金　盛　罗　茂　李天福

周洪亮　周文东　各党总支（直属支部）书记

办公室主任：周文东（兼）

8. 中共重庆文理学院委员会统一战线工作领导小组

组　长：孙泽平　黄伟九

副组长：兰　刚

成　员：谭　宏　漆新贵　金　盛　罗　茂　李天福
　　　　周洪亮　周文东　杨正强

各党总支（直属支部）书记

办公室主任：杨正强（兼）

9. 中共重庆文理学院委员会民族宗教工作领导小组

组　长：孙泽平

副组长：兰　刚　李天福

成　员：周洪亮　周文东　黎　志　蒋礼文　凌　伟
　　　　刘明明　钱间建　杨正强　向　明　谢云成

各党总支（直属支部）书记

办公室主任：杨正强（兼）

10. 重庆文理学院普法领导小组

组　长：黄伟九

副组长：兰　刚　罗　茂

成　员：周洪亮　周文东　黎　志　蒋礼文　何万国
　　　　王东强　钱间建　郑　立　周　仁　刘明明
　　　　史甲庆　各党总支（直属支部）书记

办公室主任：史甲庆（兼）

11. 重庆文理学院精神文明建设委员会

主　任：孙泽平　黄伟九

副主任：兰　刚

成　员：谭　宏　漆新贵　王明华　金　盛　罗　茂
　　　　李天福　周洪亮　周文东　蒋礼文　王东强
　　　　钱间建　唐建民　刘元勇　杨正强　向　明

各党总支（直属支部）书记

办公室主任：周文东（兼）

12. 重庆文理学院信访工作领导小组

组　长：孙泽平　黄伟九

副组长：罗　茂

成　员：周洪亮　周文东　黎　志　蒋礼文　王东强
　　　　钱闻建　吴小伟　唐建民　郑　立　苏兴文
　　　　周　仁　黄贵懿

办公室主任：黎　志（兼）

13. 重庆文理学院教师资格认定工作领导小组

组　长：黄伟九

副组长：漆新贵　金　盛

成　员：吴小伟　王东强　钱闻建　刘小利

办公室主任：刘小利（兼）

14. 重庆文理学院人才工作领导小组

组　长：孙泽平　黄伟九

副组长：金　盛

成　员：兰　刚　谭　宏　漆新贵　王明华　罗　茂
　　　　李天福　周洪亮　黎　志　吴小伟　郑　立
　　　　周　仁　刘元勇　刘小利

办公室主任：刘小利（兼）

15. 重庆文理学院离退休工作领导小组

组　长：孙泽平　黄伟九

副组长：谭　宏

成　员：周洪亮　周文东　黎　志　吴小伟　郑　立
　　　　周　仁　刘元勇　黄贵懿

办公室主任：黄贵懿（兼）

16. 重庆文理学院规划委员会

主　任：孙泽平　黄伟九

副主任：兰　刚　谭　宏　漆新贵　王明华　金　盛
　　　　罗　茂　李天福

成　员：周文东　周洪亮　黎　志　何万国　王东强
　　　　钱闾建　吴小伟　唐建民　卢成武　何独明
　　　　余泽标　郑　立　苏兴文　周　仁　彭拥军

办公室主任：何万国（兼）

17. 重庆文理学院安全稳定领导小组

组　长：孙泽平　黄伟九

副组长：李天福

成　员：兰　刚　谭　宏　漆新贵　王明华　金　盛
　　　　罗　茂　各二级单位党政主要负责人

办公室主任：陈泽兵（兼）

18. 中共重庆文理学院委员会反邪教工作领导小组

组　长：孙泽平

副组长：兰　刚　李天福

成　员：周洪亮　周文东　黎　志　凌　伟　钱闾建
　　　　刘元勇　黄贵懿　谢云成

各党总支（直属支部）书记

办公室主任：谢云成（兼）

19. 重庆文理学院安全生产领导小组

组　长：李天福

成　员：王东强　钱闾建　唐建民　周　仁　刘元勇
　　　　陈泽兵　谢云成

办公室主任：陈泽兵（兼）

20. 重庆文理学院关心下一代工作委员会

主　任：孙泽平

常务副主任：刘定云

副主任：李天福　米祖旭

顾　问：颜敬先　贺正一　胡文良

委　员：周洪亮　周文东　黎　志　王东强　钱间建
申传斌　刘元勇　向　明　黄贵懿

办公室主任：向　明（兼）

办公室副主任：黄贵懿（兼）　彭兴菊

秘书长：彭兴菊

副秘书长：龚大完　周独奇

信息员：罗富林　彭兴菊

21. 重庆文理学院知识分子工作委员会

主　任：孙泽平　黄伟九

副主任：兰　刚　金　盛

委　员：谭　宏　漆新贵　王明华　罗　茂　李天福
周洪亮　周文东　黎　志　蒋礼文　王东强
钱间建　吴小伟　唐建民　卢成武　郑　立
刘元勇　凌　伟　向　明

办公室主任：周洪亮（兼）

22. 重庆文理学院思想政治理论课建设工作领导小组

组　长：孙泽平　黄伟九

副组长：兰　刚　漆新贵

成　员：谭　宏　王明华　金　盛　罗　茂　李天福
周洪亮　周文东　王东强　钱间建　李才俊
刘明明　郑　立　周　仁　杨正强

办公室主任：周文东（兼）

23. 重庆文理学院教学委员会

主　任：漆新贵

副主任：王东强　李芹燕　朱　江

委　员：金　盛　李天福　钱间建　吴小伟　何万国
唐建民　田永西　丁武泉　周道林　马新强
刘　壮　易文德　张纬武　王玉英　王　勇
王爱忠　刘俊玲　沈中友　陈晓东　隋剑飞
赵华君　胡春梅　韩　涛　高小勇　谢吉容
林　锐　李东平　杨守良　贺能坤　廖长荣
孟江平

办公室主任：丁武泉（兼）

24. 重庆文理学院学士学位评定委员会

主　任：黄伟九

副主任：漆新贵

委　员：孙泽平　王明华　李天福　王东强　钱间建
马纪成　刘安洪　刘　嘉　唐建忠　王瑞胡
石东平　田永西　聂　智　刘　壮　李才俊
陈中祝　李　璐　何华敏　陈天培　陈龙国
李劲松　李芹燕　罗天洪　罗代忠　唐　英
谢志刚　徐敬明

办公室主任：王东强（兼）

25. 重庆文理学院体育运动委员会

主　任：黄伟九

副主任：漆新贵　李天福

委　员：各二级单位负责人

办公室主任：郑云峰

26. 重庆文理学院语言文字工作委员会

主　任：漆新贵

委　员：各二级单位负责人

办公室主任：王东强（兼）

27. 重庆文理学院实验室建设委员会

主　任：黄伟九

副主任：漆新贵　金　盛

委　员：王东强　吴小伟　唐建民　郑　立　苏兴文
　　　　周　仁　刘元勇　陈泽兵　姜玉松

各二级学院负责人

办公室主任：姜玉松（兼）

28. 重庆文理学院教材建设委员会

主　任：黄伟九

副主任：漆新贵

委　员：周文东　王东强　唐建民　苏兴文　丁武泉
　　　　李召红　各二级学院分管教学院长

办公室主任：李召红（兼）

29. 重庆文理学院招投标委员会

主　任：黄伟九

副主任：谭　宏　王明华　金　盛

成　员：苏兴文　黎　志　郑　立　王东强　唐建民
　　　　周　仁　刘元勇　杨　勇　凌　伟

办公室主任：苏兴文（兼）

30. 重庆文理学院学生工作领导小组

组　长：孙泽平　黄伟九

副组长：李天福

成　员：兰　刚　谭　宏　漆新贵　王明华　金　盛
　　　　罗　茂　各二级单位负责人

办公室主任：钱闾建（兼）

31. 重庆文理学院学生军训工作领导小组

组　长：黄伟九

副组长：李天福

成　员：漆新贵　王东强　钱间建　黎　志　刘元勇

　　　　陈泽兵　各二级学院负责人

办公室主任：陈泽兵（兼）

32. 重庆文理学院学生资助工作领导小组

组　长：李天福

副组长：钱间建　郑　立

成　员：夏　赟　王熙艳　邱　飞　黄　华　杜　勇

　　　　蔡艳华　袁高燕　谢荣成　刘明明　梁康有

　　　　杨　桦　肖宇窗　何玲玲　赵　锋　颜　珂

　　　　杨加强　韩　涛　曹　勇　李忠彬　何小兵

　　　　李景国

办公室主任：夏　赟（兼）

33. 重庆文理学院学生社会实践活动领导小组

组　长：李天福

成　员：周文东　王东强　钱间建　向　明　周独奇

各二级学院负责人

办公室主任：周独奇（兼）

34. 重庆文理学院招生工作领导小组

组　长：黄伟九

副组长：李天福

成　员：漆新贵　罗　茂　何独明　王东强　蒋礼文

　　　　郑　立　唐建忠　刘元勇　周道林

办公室主任：何独明（兼）

35. 重庆文理学院学生就业工作领导小组

组　长：孙泽平　黄伟九

副组长：李天福

成　员：何独明　王东强　钱间建　郑　立　陈泽兵

向　明　陈盛兴　周道林　各二级学院院长

办公室主任：周道林（兼）

36. 重庆文理学院学生申诉处理委员会

主　任：孙泽平

副主任：黎　志

成　员：皮运汤　刘定云　向　明　赵　锋　胡春梅

霍　波　学生会主席　社联理事长　校外专家

办公室主任：黎　志（兼）

37. 重庆文理学院学风建设工作领导小组（师生学术风气、学生学习风气）

组　长：孙泽平　黄伟九

副组长：漆新贵　王明华　李天福

成　员：周洪亮　周文东　蒋礼文　王东强　钱间建

唐建民　郑　立　周　仁　申传斌　彭拥军

刘元勇　胡守敏　易文德　罗万成

各二级学院的院长或分管学生工作的院领导

办公室主任：钱间建（兼）　胡守敏（兼）

38. 重庆文理学院大学生思想政治教育工作领导小组

组　长：孙泽平　黄伟九

副组长：兰　刚　漆新贵　谭　宏　金　盛　罗　茂

李天福

成　员：周洪亮　周文东　钱间建　王东强　刘明明

向　明　各二级学院党总支（直属支部）书记

办公室主任：钱间建（兼）

39. 重庆文理学院学生国家（励志）奖学金评审领导小组和评审委员会

组　长：李天福

副组长：钱间建　王东强　郑　立

成　员：蒋礼文　向　明　夏　赟　邱　飞　黄　华
杜　勇　蔡艳华　袁高燕　谢荣成　刘明明
梁康有　杨　桦　肖宇窗　何玲玲　赵　锋
颜　珂　杨加强　韩　涛　曹　勇　李忠彬
何小兵　李景国

办公室主任：夏　赟（兼）

40. 重庆文理学院大学生心理健康教育与咨询工作领导小组

组　长：李天福

副组长：钱间建　王东强　王　蕾

成　员：周洪亮　夏　赟　邱　飞　黄　华　杜　勇
蔡艳华　袁高燕　谢荣成　刘明明　梁康有
杨　桦　肖宇窗　何玲玲　赵　锋　颜　珂
杨加强　韩　涛　曹　勇　李忠彬　何小兵
李景国

办公室主任：夏　赟（兼）

41. 重庆文理学院防火委员会

主　任：黄伟九

副主任：李天福

成　员：各二级单位安全责任人

办公室主任：陈泽兵（兼）

42. 重庆文理学院校地合作工作委员会

主　任：黄伟九

副主任：漆新贵　王明华　金　盛　李天福

成　员：周洪亮　黎　志　王东强　钱间建　吴小伟
唐建民　卢成武　何独明　郑　立　苏兴文
周　仁　杜孝田　各二级学院行政负责人

办公室主任：黎　志（兼）

43. 重庆文理学院教育扶贫工作领导小组

组　长：孙泽平　黄伟九

副组长：兰　刚　金　盛

成　员：周洪亮　周文东　黎　志　蒋礼文　凌　伟

王东强　钱间建　吴小伟　唐建民　何独明

郑　立　苏兴文　周　仁　刘元勇　杜孝田

各党总支（直属支部）书记

办公室主任：黎　志（兼）

44. 重庆文理学院科技成果转化工作领导小组

组　长：黄伟九

副组长：漆新贵　王明华　金　盛　李天福

成　员：唐建民　王东强　钱间建　郑　立　苏兴文

陈中祝　李　璐　刘　嘉　罗天洪　谢志刚

石东平　罗代忠　陈盛兴

办公室主任：唐建民（兼）

45. 重庆文理学院基建工作领导小组

组　长：黄伟九

副组长：谭　宏

成　员：周　仁　郑　立　苏兴文　杨　勇　凌　伟

刘厚东　邓德学（技术总工）

办公室主任：周　仁（兼）

46. 重庆文理学院校园文化建设工作领导小组

组　长：孙泽平　黄伟九

副组长：兰　刚　谭　宏　漆新贵　王明华　金　盛

罗　茂　李天福

成　员：周洪亮　周文东　何万国　黎　志　蒋礼文

王东强　钱间建　郑　立　周　仁　刘元勇

李劲松　陈龙国　唐建忠　刘　壮　向　明

办公室主任：周文东（兼）

47. 重庆文理学院食品卫生安全工作领导小组

组　长：黄伟九

副组长：金　盛　李天福

成　员：刘元勇　周文东　王东强　钱间建　郑　立

周　仁　陈泽兵　付　恩　乐　波

办公室主任：刘元勇（兼）

48. 重庆文理学院节能减排工作领导小组

组　长：黄伟九

副组长：金　盛

成　员：谭　宏　漆新贵　王明华　罗　茂　李天福

各二级单位行政负责人

办公室主任：刘元勇（兼）

49. 重庆文理学院传染病及突发公共卫生事件防控领导小组

组　长：黄伟九

副组长：金　盛　李天福

成　员：刘元勇　周文东　王东强　钱间建　凌　伟

陈泽兵　乐　波

办公室主任：刘元勇（兼）

50. 重庆文理学院少数民族学生管理工作专班

组　长：孙泽平　黄伟九

副组长：李天福

成　员：周文东　何独明　王东强　钱间建　郑　立

刘元勇　陈泽兵　各二级学院分管学生工作的领导

办公室主任：夏　赟（兼）

51. 重庆文理学院教学督导委员会

主　任：漆新贵

委　员：曹成刚　胡文良　段昌平　苟本富　刘希东
米祖旭　王　蕾　王东强　徐敬明　李东平
袁　平　张纬武　张祖荣　邹　容　李召红
杨光绪　宋凡金　高志强　罗万成　胡庆洪
沈远川　郑士远　王俊祥　王　勇　包宋建
谢吉容　司桂松　林　锐　沈中友　王爱忠
杜　鹃　陈晓东　韩　涛　陈绪林　易文德

办公室主任：易文德（兼）

52. 重庆文理学院网络安全领导小组

组　长：孙泽平　黄伟九

副组长：兰　刚　漆新贵

成　员：周洪亮　周文东　彭拥军　黎　志　蒋礼文
王东强　钱间建　吴小伟　唐建民　郑　立
周　仁　刘元勇　申传斌　蔡华锋

办公室主任：周文东（兼）

办公室副主任：彭拥军（兼）

53. 重庆文理学院辐射安全管理领导小组

组　长：黄伟九

副组长：王明华　李天福

成　员：唐建民　周　仁　李　璐　伍太宾　张铁军

二、本次新增的 6 个专项机构

54. 重庆文理学院党风廉政建设和反腐败工作协调小组

组　长：罗　茂

成　员：周洪亮　蒋礼文　杨　勇　吴小伟　郑　立

办公室主任：皮　锋（兼）

55. 重庆文理学院国家安全工作领导小组

组　长：孙泽平　黄伟九

副组长：兰　刚　李天福

成　员：周洪亮　周文东　黎　志　王东强　钱间建
　　　　吴小伟　唐建民　卢成武　余泽标　周　仁
田永西　陈泽兵

办公室主任：李天福（兼）

办公室副主任：周文东（兼）　陈泽兵（兼）

56. 高等学校教师资格专家审查委员会重庆文理学院小组

组　长：漆新贵

副组长：王东强

成　员：吴小伟　刘小利　丁武泉　杨　帆　易文德
　　　　李芹燕　陈晓东　胡庆洪　朱　江　王　勇
　　　　谢吉容　张纬武　杨守良　隋剑飞　高小勇
　　　　贺能坤　林　锐　王爱忠　马新强　韩　涛
　　　　赵华君　沈中友　沈远川　唐　英　李东平
　　　　聂　智　徐敬明

办公室主任：刘小利（兼）

57. 教师教学发展指导委员会人员名单

主　任：漆新贵

副主任：王东强

委　员：丁武泉　王大平　王玉英　王　蕾　王俊祥
　　　　王维勋　付天贵　田书芹　杜　鹃　刘　壮
　　　　李东平　张　莉　李芹燕　贺能坤　张丹萍
　　　　张纬武　陈绪林　周健华　郑仕远　费秀芬
　　　　秦　杨　聂　智　徐敬明　蒋先平　覃海晶
　　　　廖长荣　任晓霞　韩　涛　孟江平　沈中友

办公室主任：教师发展中心办公室负责人

58. 重庆市第93号国家职业技能鉴定所人员名单

所　长：漆新贵

副所长：王东强

办公室主任：教务处教学行政科负责人

59. 重庆文理学院国有资产管理委员会

主　任：黄伟九

副主任：王明华

成　员：周文东　苏兴文　郑　立　黎　志　王东强
唐建民　杨　勇　周　仁　刘元勇　申传斌
彭拥军　刘希东

办公室主任：苏兴文（兼）

# 发展与管理

FAZHAN YU GUANLI

# 发展规划

1．深化学校综合改革

完成新一轮机构设置改革，建立与学校应用型深度转型发展相适应的新型机构职能体系。改革遵循学科专业设置规律，推进院所合一，有效激发二级学院办学活力和科研机构活力，为建设高水平应用型大学提供强有力的组织保证。

完成干部制度改革，完成基层组织换届调整、中层干部选拔任用及科级干部选拔任用工作，使干部队伍的年龄、学历、职称、学缘结构得到进一步优化，能上能下、能进能出、轮岗交流机制得到进一步完善。

完成职称制度改革，印发《重庆文理学院职称评审管理办法》，教代会通过《重庆文理学院职称申报条件》等文件，建立职称评聘应用导向机制。与学校“应用型”办学定位一致，制定分类分型标准。教学为主型突出教研教改、质量工程项目、教学竞赛奖、教学成果奖、指导学生获竞赛奖等教学业绩，获学校“说课程·教改课”比赛一等奖或重庆市教学比赛一等奖者科研业绩条件减半；辅导员双线晋升，标准单列；科研标准改过去重论文、著作等标准，增加发明专利、国家行业地方标准、横向项目与成果转化经费、研究报告等标准，艺术类则将作品创作与展（表）演及获奖纳入科研标准；未满 35 周岁的教师应具有半年至 1 年的行业企业实践工作经历，学科课程与教学论教师具备至少 1 年的基础教育全职工作经历，其科研业绩条件减半。

完成分配制度改革，坚持“教师为本、人才优先”发展理念，构建导向明确、体系完备、考核严格、优绩优酬、兼顾公平的绩效分配机制，绩效分配向教学、科研和一线倾斜，分配中各单位向关键岗位、高层次人才、专业技术骨干、优秀创新团队和做出突出成绩的教职工倾斜。

2．推进市级综合改革项目

获重庆市 2019 年度教育综合改革研究课题 2 项，“创新驱动背景下的创新创业教育综合改革试点成果”获重庆市第三届教育改革试点成果二等奖，在全市起到了辐射引领与示范作用。凝练形成《重庆文理学院师资队伍建设的探索与实践》《重庆文理学院“三三四”思政课育人模式》经验复制推广案例 2 个。12 月 20 日，在重庆市高校服务地方经济高质量发展经验复制推广会上，校长黄伟九作“聚英才 建团队 服务地方经济发展”交流发言，向与会人员介绍了学校“汇聚英才建团队、团队攻坚出成果、成果落地作贡献”的应用型转型发展之路，分享了学校在高层次人才引培、人才激励机制探索、创新团队创建的经验。

3．发布《2018—2019 学年本科教学质量报告》

指标全部达标，较上年均有增长。全校校舍建筑面积共有 69 万平方米，生均教学科研仪器设备值、体育场馆面积、宿舍面积、百名学生配教学用计算机台数，均达到了教育部规定的标准，其中生均教学科研仪器设备值达到 17 282 元，较上一学年增长 9%。学校有图书馆 2 个，图书馆总面积达到 24 078.41 平方米，阅览室座位数 2 306 个。纸质图书达到 196.54 万册，当年新增 1.81 万册，生均图书 98.81 册。电子期刊 63.94 万册，学位论文 334.83 万册，音视频 925.93 小时，电子图书 91 万册。

师资结构不断优化，生师比均达标。学校现有专任教师 1 224 人，其中具有博士学位人员 383 人，具有硕士学位人员 688 人，具有硕士学位以上人员占专任教师 87.5%，“双师型”教师 371 人，占 30.3%。学历结构和职称结构更趋合理。学校聘请 98 名校外专家学者、企业技术骨干及高级管理人员为兼职教师。新增国家“万人计划”科技创业领军人才 1 人、重庆市级各类人才共 21 人（“百人计划”2 人、百千万工程领军人才 1 人、青年拔尖人才 1 人、科技创新领军人才 1 人、学术技术带头人 2 人、学术技术带头人后备人选 11 人、巴渝学者 2 人、第四类高层次人才 1 人）、高校中青年骨干教师 3 人。

4．构建专业统计分析评价模型

选取各专业一志愿录取率、一专业报考率、专业报到率、初次就业率、年底就业率五个指标作为观测点，分别赋予各项指标权重 10%、10%、20%、25%、35%，计算出各专业的综合得分，探索建立了专业统计分析评价模型，撰写专题分析报告。

# 人事工作

1．师资队伍建设

设立人才专项经费，保障人才队伍建设。人才专项经费分设人才引进费、高层次人才培育费、巴渝海外引智计划经费、师资队伍培训费等，高度重视人才队伍建设。成立高层次人才服务交流中心，配备专职工作人员，强化高层次人才服务和保障工作。

2019年，现有专任教师1224人，其中具有博士学位人员383人，具有博士学位人员占专任教师31.3%。引进知名高校和具有海外留学经历的青年博士46人，全职外聘博士40人。引进大久保诚介教授、美国农业部首席科学家麦克教授等国内外知名专家、学者10余人来校工作。

新增市级人才称号人选35人次。其中，新增重庆英才计划创新领军人才2人、重庆英才计划创新创业示范团队3个、重庆市学术技术带头人3人、学术技术带头人后备人选10人、重庆市产业技术带头人后备人选1人巴渝学者特聘教授1人、巴渝学者讲座教授4人、巴渝学者青年学者10人、市级技能大师工作室1个。

新增创新靶向药物国家地方联合工程研究中心（国家级）1个、重庆市工程师创新能力培养训练基地1个、重庆市高校高水平科研创新平台-微纳米材料工程与技术重点实验室1个。

5月，新药团队成员徐志刚、陈中祝、徐嘉和美国维克森林大学林慧观教授团队合作在*Cell*上发表重要研究成果“*Lactate Is a Natural Suppressor of RLR Signaling by Targeting MAVS*”。陈中祝博士和徐志刚博士当选为国际期刊*Molecular Diversity*编委。本年度晋升正高职称11人，晋升副高职称26人。

2．职称评审制度改革

优化教师人事管理制度，落实“放管服”要求，制定出台《重庆文理学院职称评审管理办法》《重庆文理学院职称申报条件》。全面承接高校教师系列高级职称申报评审工作。根据新的职称评审管理办法，坚持思想政治素质、师德师风、业务能力多重考察，完成2019年中高级职称评审工作。

3．机构编制与设岗聘任工作

7月，完成党政内设机构和教学科研机构调整工作。11月，完成校内科级机构设置工作。调整岗位设置和岗位结构比例调整，优化岗位资源。加强编制机构日常管理。完善市委编办实名制编制系统在岗人员信息。12月，完成数万条人事信息的变更和补充完善工作，实现了工作台账与机构编制实名制系统保持一致。

严格按照第三聘期管理岗位、教师岗位和其他专业技术岗位设置与聘用实施细则，扎实开展了聘期考核工作。通过考核，全校60名专业技术人员未完成聘期职责，第三聘期考核不合格。

用好岗位资源，科学制定第四次岗位设置与聘用方案，完成学校第四次设岗聘任工作。本次设岗聘任工作，申请管理岗位晋升53人，通过资格审查和公开竞聘，35人晋升上一级岗位；申请专业技术岗位晋升284人，通过资格审查和评审，211人晋升上一级。10名教师由专业技术岗位向管理岗位转聘。

4．人才国际合作与交流

邀请多名专家学者来校交流，不断提升学校学术水平。以中欧文化遗产研究中心为平台，学校与佩鲁贾大学的学术交流和合作办学工作在持续稳步推进。Daniele Parbuono 教授来校开展常规研究工作的同时，积极开展专著汉译工作。10～12月，文化遗产学院院长刘壮作为佩鲁贾大学哲学社会学教育学系高级访问教授赴佩进行教学和科研活动。伊拉斯谟交流项目正式在学校启动，3名师生参加交流活动并在佩鲁贾大学进行学习和工作。

10月，学校承办2019重庆材料大会。邀请来自我国重庆大学、西南大学、电子科技大学、苏州科技大学以及俄罗斯托木斯克理工大学、新西兰奥克兰大学等高校、科研院所的专家学者和产业界人士300余人，围绕材料领域的建设与发展展开研讨交流。邀请我国香港城市大学于欣格教授和美国加州大学洛杉矶分校裴启兵教授等13位国内外专家教授来学院为教师和学生做学术报告。

# 校务管理

1．概况

2019 年，坚持以习近平新时代中国特色社会主义思想为指导，持续深入学习贯彻党的十九大精神，把政治建设摆在首位，大力营造良好的政治生态，严格落实意识形态工作责任制，防范化解意识形态领域安全风险，围绕学校中心工作与发展大局，沟通上下，锐意进取，用心服务，组织开展永川职教 24 条申报工作，获永川新专业奖励、引进人才住房补贴、学生实习补贴等 150 余万元。

修订《重庆文理学院公务接待管理办法》，优化 OA 系统会议管理模块，狠抓会风会纪，开展会风督查。落实《重庆文理学院公文处理办法》等相关文件精神，严格控制文件数量，强化文件审核力度，审核、送签、编号、制作、分发等各个环节专人负责，管理规范有序。督查督办学校重要工作、重大事项 129 项，查看校领导留言板，处理、回复师生留言 100 余条，重点督办师生热切关注留言事项 20 余项。

根据学校机构改革调整方案，完成各二级部门行政印章的刻制及发放工作，完成废旧印章的收回。刻制印章 34 枚，收回废旧印章 150 枚。2019 年综合用印 3 000 余人次、159 000 余份，合同用印 2 700 余人次、13 500 余份，开具介绍信 118 份。

2．校地合作与精准扶贫

与永川区政府、重庆大学等发起成立重庆市大数据产业人才联盟，推动校地合作走深走实；进一步深化与璧山、长寿、合川、大足、荣昌、铜梁等的合作；深化与成都迪康药业股份有限公司的校企合作，促成学校拥有自主知识产权的一类新药以 3 000 万元成功转让。邀请企业行业专家进校开展专题讲座 75 人次、参与指导人才培养过程 179 次，企业课程（项目）植入各专业人才培养方案的数量为 26 门（项），校企合作编写教材（讲义）6 本。截至 12 月底，学校签订的校地（企）合作协议（仍在合作期限内）421 项。

扎实做好对口帮扶各项工作，助力打赢打好脱贫攻坚战。健全完善工作机制，实行党委书记、校长双组长制，先后选派 5 名干部担任贫困村第一书记、驻乡工作队干部，专题研讨扶贫工作 8 次。利用“食堂扶贫”“电商扶贫”“消费扶贫”等形式搭建帮扶平台，促进学校结对帮扶的 20 户天元乡香源村贫困户全部脱贫，香源村实现整村脱贫销号。为贫困乡镇和贫困村搭建扶贫爱心专柜，为云阳县泥溪小学捐赠冬装校服 262 套，为彭水县农村中小学捐赠中国教育报 100 份，免费为 100 余名贫困残疾人传授手工技能。

全面筹备军工三级保密资质认定工作，学校顺利通过国家武器装备科研生产单位三级保密资质的认定，并成为重庆市第 4 所获得军工保密资格的非军高校。

3．信息化建设与法务工作

稳步推进办公信息化建设工作，协调完成学校智能会议室系统集成并正式投入使用，初步实现了党政决策性会议无纸化。OA 办公系统新增中层干部请假模块，实现干部请假网络审批。

按照学校合同管理办法等制度，加强合同审签管理力度，全年完成 516 件合同的审签备案，2 872 件合同用印备案，以及 2018 年 35 卷共 1444 件合计 10 336 页合同的归档工作。

有序开展面对面交流工作，组织策划并高质量开展校领导（部门负责人）与大学生面对面交流 15 期，及时协调相关部门回应和落实学生重大关切，交流效果获得一致好评。

4．校务公开

成立校院两级层面的校务公开工作领导小组，学校及各二级单位的党政一把手担任相应的组长，明确相关职能部门及人员的校务公开工作职能职责，明确分工，责任到人，确保校务公开工作有组织、有领导、有计划。

及时编制并发布《重庆文理学院 2018—2019 学年度信息公开工作年度报告》，公开学校基本情况、统计数据、与师生员工利益密切相关和社会比较关注的重要事项，仪器设备、图书、教材等物资设备采购和重大基建工程招投标等信息，切实保证教职工的知情权、管理权，提高决策的透明度、清晰度。

2018—2019学年，通过学校门户网站主动公开信息2 789条，通过信息公开平台主动公开信息1 823条，通过办公内网主动公开信息392条，通过学校官方微博、微信主动公开信息1 356条，主动公开《高等学校信息公开事项清单》所列内容共786条。

通过校园网“信息公开”专栏、教代会、工代会、校发文件、学校年鉴、校领导接待日、校领导留言板、校园广播、宣传橱窗等渠道，及时向校内师生员工和社会公众主动公开相关信息；不定期组织人员对全校各单位校务公开相关工作进行督促检查，对发现的问题跟踪验证，确保及时关闭；按时将学校财务工作年报等重要事项提交教代会、工代会讨论，主动接受监督，师生员工和社会公众对学校能及时地提供各种学校信息表示满意。

5．星湖校区综合服务

积极参与并及时协调星湖校区学府路段违规停车、规划停车位、学府路段路灯昏暗、夜间无人巡逻、树枝过于繁茂、校区内污水管道整改等问题的解决。主持校区工作协调会，对星湖校区各单位在教育教学、后勤服务、基础建设、资产管理和安全管理等方面提出的问题，进行汇总梳理并督促相关责任单位及时整改或提出解决方案，发挥星湖校区管委会的综合协调、质量监管等职能作用。

坚持教学运行情况的常规督查，开展后勤保障和生活环境的常规督查，对发现的问题提出整改建议。为配合永川区“三城同创”工作，针对星湖校区教职工宿舍区域违规搭建、房屋楼道等公共区域堆放杂物以及在校区内违规种养殖等问题，协同相关责任部门开展联合整治。召开星湖校区常驻机构工作协调会，汇总梳理问题并对问题逐条落实责任，明确分工，统一协调，督促责任部门整改或提出解决方案，相关问题整改落实到位。

# 国际合作与交流

1．概况

开展“一带一路”国际合作交流，发挥“中俄青少年发展研究中心”（中俄人文合作工作机制）作用，在伊万诺沃化工大学和伊万诺沃国际教育中心开设了汉语教学中心，加强“微纳米光电材料与器件”国际科技合作基地建设，加大与托木斯克理工大学等高校的科研合作和学术交流，两校科研人员交流互访近 20 人次。与意大利佩鲁贾大学合作开展互派交换生项目。2019 年选派 8 名中国学生赴意交换学习一个学期，其中有 2 名广播电视编导学生继续攻读研究生。意大利佩鲁贾大学 4 名学生来校进行一学期的汉语进修。拓宽教师赴海外研修渠道，18 名教师获 3 个月及以上留学期限的公派留学资格。公派留学专业主要涉及材料科学、植物保护、数学、网球、教育学等。聘有长期外籍教师 9 名，涉及语言、艺术、材料科技等专业，来自美国、俄罗斯、白俄罗斯和奥地利等国家，其中博士学历 2 人。2019 年全职在聘外籍博士 50 多人。首次申报教育部“春晖计划”项目 13 项。通过各类海外引智项目，来学校短期交流和工作的海外（境外）高水平专家或博士 80 多人次。

2019 年，招收 18 名来华留学生，留学生总人数 96 人，分别来自泰国、哈萨克斯坦、老挝、俄罗斯、肯尼亚、印度尼西亚、塔吉克斯坦、土库曼斯坦、乌兹别克斯坦、蒙古、马来西亚、意大利等 12 个国家。

2．国际合作平台建设

与美国加州州立理工大学波莫纳分校、马来西亚斯特雅大学和精英大学、泰国国家发展管理学院和宣素那他皇家大学、英国哈德斯菲尔德大学和伯明翰城市大学、匈牙利佩齐大学和塞格德大学等 10 多所大学达成合作意向或签订协议，与托木斯克理工大学、永川区共建重庆托木斯克工业技术研究院。

3．中外合作办学

学校第一个经教育部批准的与美国北卡罗来纳大学威尔明顿分校合作开展数学与应用数学本科教育合作办学项目，6 月开始招生，招收 80 名学生。

与俄罗斯托木斯克理工大学合开展材料科学与工程专业本科联合培养教育2+2项目，16名学生到俄罗斯留学，新组建2019级留俄国际班，招收15名学生。

4．学生公派出国留学

组织学校材料科学与工程专业学生申报公派出国留学俄罗斯项目，9名同学经国家留基委审核通过并获得公派出国留学录取，每人获20万的资助。

5．教师出国留学

深度利用国家级、市级和校级三条渠道的公派留学项目，18 名教师获 3 个月及以上留学期限的公派留学资格。15 名教师自费到马来西亚、俄罗斯等国家留学攻读博士学位。

# 创新创业

1．创新创业项目建设

实施系统化创新创业课程，完善人才培养体系，“大学生创新创业基础”面向 2018 级 4 742 名学生、2016 级以及 2017 级重修学生开放。开展第十期创业先锋班教育，采用分段淘汰制，最终 100 余名学生获得课程结业资格。开展创新创业奖学金评选，评选出 24 个团队（个人），发放奖金 12 万元，树立典型示范引领。

开展创新创业科学研究，完成“一书一项目一试点”“创新创业生态体系构建研究”获永川区软科学研究计划项目立项，以“创新驱动背景下的创新创业教育综合改革试点”申报重庆市第三届教育综合改革试点，试点成果获重庆市二等奖，典型经验在全市范围内推广。

推进创新创业基地平台建设，打造升级版孵化基地，新增孵化场地面积 500 平方米，于 11 月份交付学生使用。举行大学生微型企业申报会 2 次，立项 28 个，新增微型企业 23 家，两年孵化成功率达 86.04%。通过项目培育、导师指导、融资对接，重庆市比火科技有限公司等 4 家学生企业获 4 次融资，融资金额 36 万元。2019 届毕业生初始自主创业率 1.81%，年底自主创业率 2.18%，在校生自主创业率 2.5%。

2．环重庆文理学院创新生态圈建设

作为重庆市政府规划建设的首批 6 个环高校创新生态圈，环重庆文理学院创新生态圈空间布局为“一核”“一街”“一廊”。“一核”即重庆文理学院科技创新中心大厦，“一街”即重庆文理学院双创大街（简称文理创谷），“一廊”主要立足凤凰湖产业园、软件产业园、职教产业园打造永川智创长廊。学校开展创新生态圈之“一街”的外观改造和内部各项功能建设，整合中关村天使百人会、赛伯乐基金等科技创新资源，打造“大学生创新创业基地—孵化器—加速器”，集“文化创意、科技研发、成果转化、创业孵化”功能为一体的创新创业综合体。2019 年园区总年产值 4 315 万元，带动就业 541 人，纳税户数为

45家，占在孵企业71.43%，基地获2019年度市级创业孵化基地（园区）绩效评估优秀称号，获奖励资金30万元，是重庆市唯一一个连续两年获评优秀的高校大学生创业基地。重庆交通大学、重庆工商大学、重庆第二师范学院等10余批次高校来校学习考察创新创业工作，示范辐射效应突出。

3．赛事成果

开展多元化创新创业活动，营造良好双创氛围，在第五届中国“互联网+”大学生创新创业大赛重庆赛区选拔赛和重庆市第七届大学生创新创业大赛中成绩显著，成果丰硕。其中第五届中国“互联网+”大学生创新创业大赛重庆赛区选拔赛中获5金7银，学校获优秀组织单位、“青年红色筑梦之旅”先进集体称号，学校入围国赛数量创造历史新高。在重庆市第七届大学生创新创业大赛中，学校“铣锋者——国内高端精密刀具践行者”项目和重庆大学“模谷云——三维CAD云时代开创者”项目并列第一，大众评审阶段学校获第二名。

# 校友会

1．校友会建设

成立“校友会与基金会联合党支部”，提升校友服务能力与水平，完善校院两级校友工作机制。成立创业校友会，加强校友分会建设，走访 15 个地方校友会，汇聚校友力量。办好校友论坛活动，邀请 20 余位校友返校举办校友讲座报告 15 场，服务学校人才培养，为学生树立榜样，传承文理精神。举办校友企业专场招聘会，组织 30 余家校友企业为毕业生提供 500 余个工作岗位。推荐 18 名优秀校友担任创新创业导师。推进校友信息库建设，累计新增校友信息 1 000 余条。强化宣传基础，凝聚校友力量。校友会官网和微信公众号累计编（转）母校动态、校友活动等各类信息 300 余条，关注校友累计达 3 万余人。聘任 146 人为毕业班校友联络员。20 多个不同年级、班级 800 余名校友返校聚会。校友累计捐赠金额 89.94 万元，占基金会所有捐赠协议金额的 83.56%。

2．基金会工作

2019 年签署捐赠协议 15 项，募集捐赠资 107 万余元，实际到账 97 万余元，其中实物捐赠 2 万余元，公益项目共奖励资助学生 182 人。

修改《教育发展基金会限定性基金项目经费使用立项申请表》《教育发展基金会捐赠工作流程》，做好捐资项目的评选和管理工作。开展“金果源教师奖励基金”“成都校友会奖学金”等 6 个项目的评审和颁发工作。

3．举办第二届校友文化节

11 月，举办主题为“母校缘 · 校友情 · 蓉城风”的第二届校友文化节，成立创业校友会，组织首届校友企业专场招聘会，发动校友积极支持学校招生、就业、人才培养、校地合作，汇聚校友资源，凝聚校友智慧，引资引智全力助推学校申硕工作。

4．爱心捐赠平台建设

初步建立校院两级筹资机制，推出“11 · 7 我爱母校校庆日年度捐赠”及

“体育学院建院 40 周年捐赠”微捐赠筹资项目，为广大校友感恩母校、回馈母校提供了平台，提升了基金会在校内外的知名度，为基金会进一步开展筹资工作打下了基础。2019 年小额捐赠筹资总额 29 万余元。以校友文化和捐赠文化为引领，推进毕业校友和应届毕业生感恩母校、捐资助力母校发展工作，开展“感恩母校——校友树认捐”“情留母校——毕业季成长树认捐”活动。外语学院、数学学院、旅游学院等毕业校友和应届毕业生向基金会捐款认捐校友树。

# 保障与服务

BAOZHANG YU FUWU

# 基建工作

1．概况

2019 年，基建工作围绕学校中心工作，努力加强基层党组织建设，有效开展校园基本建设，并通过制度化管理，标准化推进和精细化落实，为学校的建设与发展提供了坚强有力的后勤保障。

2．合作共建永川新区体育馆

本着共建共享节约的原则，主动推进学校与永川区人民政府共建“新区体育馆”项目。该项目由上海宝怡集团有限公司承建，总建筑面积 22 180 平方米，总投资约 2.1 亿元，为国家乙级体育场馆设计标准，建成后将成为 2020 年重庆市第六届市运会的主承办场地。该项目 2020 年 6 月竣工并投入使用，既有效解决了学校室内体育场馆严重不足的问题，又全面解决了学校大型活动不能室内全天候举办的问题。永川区政府对该项目支持力度非常大，预计投入约超过 1.6 亿元的建设资金，有效解决了学校独立建设体育馆资金不足的问题。

3．人和居中庭地面防滑处理

践行“主题教育”为民服务解难题，对人和居中庭 1 350 平方米的地面进行安装花岗石防滑处理，有效解决教职工雨天出行地面湿滑容易摔倒的问题。

4．校园基本建设工作

根据学校基本建设三年分期规划及完善基本建设三年分期规划项目库要求，规范开展基建招投标工作，完成人和居给水加压系统建设工程，红河 B 区实验楼、教学楼消防系统检测调试及整改，联合实验室建设项目等工程招标项目 15 项，建立中介审计机构及完善更新招标代理机构动态备选库，完成征集招标代理机构 23 家，中介审计机构 14 家。

完成人和居 3 号教工住宅项目，1 月中旬完成验收，3 月 30 日完成教职工选房。星湖校区格物楼实验室改造工程 9 月 20 日开工建设。

完成维修改造项目 60 余项，校园基本条件得到进一步改善和提升。4 月、6 月、9 月及 12 月对学校在建项目进行安全大检查，11 月优化全校校舍安全检查台账。

加强工程结合同管理和结算复核工作，2019年，签订合同32份，涉及金额6 430万元。完成付款申报210项，涉及金额9 800万元（其中体育馆支付工程款7 000余万元）。整理报送竣工结算审核71项。收方、核图总计186项，完成186项，复核结算71项，编制星湖校区增容用电工程预算等9项。

# 计划财务工作

1．概况

2019 年，计划财务工作秉持服务教学、服务科研、服务管理的工作理念，竭诚为学校、二级单位和师生员工提供涉及财务的各项服务，为学校建设发展提供保障。

2．经营创收

深入二级单位调研，挖潜资源，合理理财。实施了鼓励各部门积极进行社会培训和社会服务等多项增收举措。主动到市财政局、市教委汇报情况，争取财政支持。通过多种方式，参与学校与永川区的深度合作，获区政府的支持。服务横向科研项目管理，参与学校科技成果转化和社会服务。学校 2019 年部门决算收入 76 639.95 万元，完全达到申硕的生均经费指标，比原定的 6 个亿指标，超出近 2 个亿。

3．“放管服”工作

立足全心全意为师生服务的思想，结合国家相关部委最新的政策精神，落实“放管服”，重新修订经费审批、差旅费、学科科研经费等文件，为师生营造更好的财务政策环境。

4．筹资工作

应对学校财力紧张的困境，多次与主管部门沟通，为学校争取到流动贷款 5000 万。积极组织协调，主动推进地方政府专项债券发行工作，尽最大可能缓解学校的资金紧张状况。

5．财务信息化建设

充分发挥互联网、手机 App 等技术，上线新的网上缴费系统，建立支持银行卡、微信、支付宝等多种形式的缴纳平台。实现校园车闸的微信支付宝扫码支付，与市财政局的非税电子发票平台实现对接，完善金融平台及增新支付渠道，用户可以通过支付宝、微信、银联、工行 E 支付渠道缴纳各种费用和充值一卡通，实现非税发票的全电子化。

6．经费管理

2019 年部门决算收入总额 76 639.95 万元，其中财政拨款收入 34 023.77 万元，教育事业收入 12 899.88 万元（其中：学费收入 10 537.51 万元、住宿费 2 001.43 万元），科研事业收入 12 417.94 万元，其他事业收入 9 479.71 万元，经营收入 4 140.30 万元，其他收入 3 678.35 万元。全年支出 75 236.30 万元。

# 审计工作

1．概况

2019年，审计工作认真贯彻落实《审计署关于内部审计工作的规定》《党政主要领导干部和国有企事业单位主要领导人员经济责任审计规定》等文件精神，紧紧围绕学校中心工作，大胆探索，主动作为，认真履行审计监督职责，完成了全年审计工作任务，在促进学校规范管理等方面取得了较好的成绩。

2．制度建设

建立干部经济责任审计联席会议制度，联席会议由党委组织部、纪检监察室、人事处、计划财务处、国有资产管理处、审计处组成，进一步壮大监督合力。进一步修订和完善《重庆文理学院干部经济责任审计实施办法》《重庆文理学院内部控制审计实施办法》《重庆文理学院财务审计实施办法》《重庆文理学院工程项目结算审计实施办法》等9个内部审计的规章制度。

3．审计工作

开展领导干部任中和部分离任经济责任审计。2018年电费专项绩效审计，严把工程结算关，开展结算资料完备符合结算审计的52个工程项目的结算审计工作，送审金额5 538.36万元，审定金额5 096.47万元，审减441.89万元，审减率为7.98%。其中：自审工程项目28项，送审金额129.73万元，审减8.95万元，审减率6.90%；委托外审工程项目24项，送审金额5 408.63万元，审减432.94万元，审减率8.00%。审签采购合同、办学协议、建设工程合同、绿化合同、维修改造等各类经济合同422份，审签金额15 556.88万元。审签过程中发现合同条款缺失或存在争议的经济合同13份，通过与合同经办部门沟通和协调，13份经济合同中的相关条款都予以修改和纠正。

4．整改跟踪

对2018年审计中查出的问题进行综合分析、分类梳理，实行“台账”式编号管理，加大整改跟踪力度。根据“台账”及时向有审计问题的单位制发审计整改通知书，要求限期予以整改，对反馈的整改结果进行跟踪验证并销号。截至6月22日，2018年度审计发现的所有问题都得以全部整改完备。

# 国有资产管理

1．概况

2019 年，围绕“不忘初心、牢记使命”主题教育活动，按照“守初心、担使命，找差距、抓落实”总要求，国有资产管理工作秉持服务教学、服务科研、服务管理工作理念，竭诚为师生员工服务，依法采购，优化资源配置，提升资源效益，为学校改革发展提供保障和服务。

2．设备共享

为了促进学校教学科研用仪器设备的开放共享和有偿使用，不断提高仪器设备的使用效率，充分发挥仪器设备的作用，出台《重庆文理学院仪器设备有偿使用管理办法》，发布《关于推进教学科研设备开放共享的通知》。

3．采购工作

根据《中华人民共和国政府采购法》《重庆市 2019—2020 年政府集中采购目录及限额标准》等有关文件精神，落实“放管服”改革，减少办事环节，提高工作效率，出台了《重庆文理学院自主采购操作规程（试行）》。

根据市财政局在全市试运行在“云平台”系统中进行货物及服务采购的要求，积极联系试点部门进行尝试，有序开展云平台试运行采购工作，为后续全面铺开此项工作积累经验，总结流程，有效推动整个工作的进度。2019 年，完成招标采购 102 个项目，实现采购成交金额约 1 922.2 万元，其中公开招标 681 万元，竞争性谈判 696.9 万元，询价 22 万元，电子交易平台 452.7 万元，竞价网等 69.6 万元。2018 年中央专项项目 580 万元采购付款任务全部完成。完成 2019 年新生军训服装项目、2019—2020 年食堂大宗生活物资项目和 2019 年—2022 学年教材供应商项目的采购。

4．资产经营

开展学校机构改革后的资产账目调整。学校机构改革后，机构和人员变动较大，涉及大量资产调拨变更。为加强学校资产管理，推动学校资产管理工作有序进行，确保资产信息准确、完整，国有资产管理处把资产账目的调整作为首要工作，制发《关于开展固定资产清查的通知》，要求各单位加强宣传和动员，提高资产使用人和管理人的责任意识，做到账实相符，保证国有资产不流失。同时，每位教职工也可通过校园网查询个人领用的资产，适时核对资产现状和信息。

为更好推动学校办学相关条件建设工作，保证数据准确性，组织完成固定资产的全面清查工作。学校固定资产、无形资产总量达 21.11 亿元。2019 年累计新增资产 4 606 万元。资产价值增长幅度达 2.16%，保持了国有资产的持续增长。逐步理顺资产出租出借工作，经营性资产管理上台阶，促使资产出租流程更加规范，确保经营性资产保值增值。2019 年实现租金收益收入 200 万元。

# 图书情报工作

1．概况

2019 年，图书情报工作本着“读者第一、服务育人”的办馆宗旨，紧紧围绕学校的工作重心和办学方针，优化图书馆教育和信息服务功能，从党的建设、班子建设、内部管理、文献资源建设、自动化与网络建设、人性化服务、阅读推广、馆际协作等方面入手，将各项工作扎实推进，取得了富有成效的工作业绩。

2．馆藏资源建设

截至 12 月 31 日，全校分编图书 3 023 种、典藏图书 4 571 册，完成过刊编目 3 348 册，接收捐赠图书 3 613 册。完成 2020 年中文报纸期刊征订 448 种；完成 2019—2020 年外文数据库“古藤云数据平台”的招标与使用；完成 2020 年度维普考试系统、联图非书资料等数据库的招标和合同签订；完成中国期刊全文数据库、中国博士硕士论文全文数据库、维普期刊、北大法宝、EBSCO 等数据库的更新。积极联系并开通《软件通计算机软件学习数据库》《爱学术（Iresearch）外文电子书平台》《百度学术》《文泉学堂数据库》《中华数字书苑》《EBSCO 共建共享外文数据库》等 32 个数据库的免费试用，有力服务了学校的科研和教学工作的开展。

为读者提供足够的开放时间和空间，最大限度地满足读者在时间、空间上对图书文献的利用，周开放达到 98 小时，外借书室周开放时间近 77 小时。截至 12 月 29 日，纸质图书外借及续借量 11.7 万册，接待读者 88 万余人次。

3．文化建设

通过开展读书文化月活动和服务宣传月活动等阅读推广活动，广泛宣传图书馆各类资源，引导广大读者爱读书、多读书、读好书，提升学生的学习热情，增强学风建设。同时，通过系列读书活动的开展，锻炼了大学生文化协会和图书馆学生管理委员会等社团的活动组织能力，提升了他们的素质。

4．信息化建设

完成金盘图书系统与一卡通系统的对接，达到读者无须带卡只需通过手机即可办理借阅手续的目标；做好金盘系统的校园统一登录修改，使读者信息查询一号登录即可使用；调整金盘系统用户机构名称和馆藏地址名称；完成图书馆网站新生专栏栏目内容规划与修改；全面升级全馆计算机，并做好日常维护，保证业务的正常运行。

5．服务创新

在传统业务基础上主动调研学校层面和各二级单位层面教学科研及申硕需求，找准定位，编制《重庆文理学院学科分析（2009—2018）报告——基于Web Of Science》《学科快报》，为学校科学决策提供信息服务，受到学校的高度评价。

# 档案工作

1．概况

2019 年，学校档案工作以习近平新时代中国特色社会主义思想为指导，全面贯彻落实党的十九大精神，全面遵循学校十三五发展规划目标，务实工作，开拓创新，锐意进取，学校档案工作有了新的进步，新的发展，新的提升。

2．发挥档案优势，助力脱贫攻坚

利用自身优势，投入脱贫攻坚工作。在人员非常紧张的情况下，支持部门业务骨干李兴春同志赴永川区宝峰镇龙凤桥市级贫困村担任第一书记兼驻村工作队队长。成立扶贫工作组，赴松溉镇政府、打鱼河村、龙凤桥村开展精准扶贫档案建设帮扶工作。在松溉镇政府和打鱼河村，工作组对精准扶贫档案进行了全面调研，在充分论证基础上，提出了建设性方案并得到认可和执行。在宝峰镇龙凤桥市级贫困村便民服务中心，工作组利用自己的专业和特长，对该村建卡贫困户、扶贫项目等相关档案进行了整理和现场指导，并对该村乡情陈列馆文化建设提出了建设性意见和建议。利用暑假期间，组织勤工助学学生吃住在镇上，开展近 40 天的蹲点帮扶精准扶贫档案建设工作，得到当地政府的高度认可和充分肯定。11 月中旬，部门代表重庆高校在西南地区高校档案工作会上就档案助力脱贫攻坚进行了大会交流，反响强烈，得到充分认可。

3．主动服务，创新开展国际档案日活动

5 月 29 日，与教学部共同开展 “卓越教师教育实验班”学员走进档案馆活动。本次活动以“档案记录人生、卓越铸就辉煌”为主题，分为展览、参观和分享三个阶段进行。展览阶段，学员们怀着崇敬的心情，小心翼翼翻阅了档案馆收藏的学校向琢之老师生前珍贵教案，这批教案手稿书写工整、记录翔实、保存完好，距今已有近 40 年的历史；参观阶段，学员们现场参观了档案数字化加工设施设备，仔细观看了档案整理工序和流程，亲身体验了方便快捷的档案查询利用服务；分享阶段在草坪进行，通过生动活泼的形式，档案馆老师讲解了学生档案的重要作用，学员们畅谈了走进档案的深切感受。

学校党委常委、副校长漆新贵在总结中寄语学校“卓越教师教育实验班”学员：档案记录人生，要有亮点不要有污点；卓越成就梦想，要努力而不留遗憾。

4．启动口述档案采集工作

在中华人民共和国成立 70 周年之际，正式启动文理记忆——学校老同志口述档案专访活动，通过老同志的回忆再现学校的发展历程，让文理人铭记一代又一代教育工作者的奋斗历程。积极协调学校新媒体中心，利用该中心设施设备优势，联合开展此项工作。

# 信息化工作

1．概况

2019 年，学校信息化工作以“以人为本、服务为先”为目标，以“不忘初心、牢记使命”主题教育为抓手，加强规范管理、狠抓工作落实。开展系统集成及碎片化服务优化，完善一站式服务大厅，开发急需的移动应用服务。开展数据治理，优化主数据中心，优化校园金融服务平台。优化网络安全保障体系，保障了全年无网络安全事件发生。在重庆市智慧校园建设试点验收评审中取得了较好的成绩。

2．信息化建设

通过基础数据管理平台的应用、智慧校园总体架构的优化、多种数据集成工具的启用、流程设计的全局化再造，从技术架构上解决了校内信息孤岛难于消除、数据生产难于一体化、数据标准难于统一、数据集成无法开展、个性化数据服务难于实现的问题，形成了校内任何信息化项目建设都按照统一规范开展，形成了信息化建设统一管理、全校一盘棋的机制。

3．智慧校园建设

智慧校园基础性建设以开放、融合为准则，实现了平台开放、应用开放、协议开放和接口开放，实现了基础平台 3 ~ 5 年不落伍、支撑平台架构先进、业务系统够用、碎片化应用覆盖范围广泛的建设目标：建有扁平化大二层网络基础、中心化的云计算基础，建有平台化智慧校园平台（含网上办事大厅、应用管理平台、主数据中心、开放能力平台、数据交换平台）、智能感知平台、支付业务中台等，建有 10 余个业务系统、180 余个碎片化应用。

对组织机构、专业、班级、学生、教师、课程、课表、新生、入住、奖惩、校园卡、缴费、图书、科研等数据开展治理工作，形成数据共享目录 20 余项。完成迎新系统的移动化改造工作，新生网上报到全面实现移动化。完成学校会议室系统集成工作，实现党委常委会和校长办公会的无纸化。支付业务中台全面启用并完成与财务系统、学工系统、迎新系统、一卡通系统、车闸系统、图书馆系统等多个系统的对接工作，实现支付业务的集中统一管理。完成中干请假在线申请流程开发并上线运行，实现中干请假流程的电子化和信息化。

4．数据服务开发体系

开展主数据建设，通过数据转换、清洗和集成，形成标准化的组织机构、人员基本信息、用户账号、业务系统核心数据等基础数据 20 余项。建成数据决策系统。系统支持多种数据源、多种图表及控件、支持导出为多种类型的数据文件、支持零客户端打印，提供类 EXCEL 报表远程协同设计。自主开发接口服务器。支持多数据源配置，支持配置化的基于 SQL 语句的查询接口设计，支持将接口发布为 API 接口和应用，能自动生成 API 接口文档，能通过上传 CSS 样式表自定义用户端样式，支持用户端的数据导出，用户端实现多终端自适应。

实现 API 接口的无代码快速生成，实现用户数据服务的快速开发和上线，API 查询接口和数据服务应用发布最快可在 1 小时内完成。

# 后勤管理

1．概况

2019 年，学校后勤管理工作以习近平新时代中国特色社会主义思想为指引，扎实开展“不忘初心、牢记使命”主题教育和“美丽校园、洁净文理”以及全面质量监管等系列活动，以学校机构改革对“大后勤”进行整合为契机，服务学校有担当，服务师生尽职责，为学校深入推进高水平应用型大学建设做出积极的努力和贡献。

2．主要工作成效

7 月份以来，整合大后勤，集聚后勤力量。9 月份，后勤管理处坚持每周一次处务会，形成每周处务工作例会重点事项清单责任制。截至 2019 年年底，清单事项共 165 条，各项清单事项完成率累计近 99%。10 月份，启动后勤全面质量监管体系，将“做后勤”逐步转变到“管后勤”的现代后勤思路。初步构建融后勤工作内容、工作规范、工作标准、工作考核的全面质量监管体系，成效逐步显现。其中，餐饮打造“食材来源安全”“加工安全”“监管安全”，实施食品不涨价、不降质、不减量“三不”原则。下半年，食堂营业额同比增长 44.3%，全年营业额同比增长 20.6%，教工餐厅用餐人次增加 10 000 余人次。同时，编印《后勤服务工作简报》，引领后勤主动、自发推进工作。10 月底，启动“美丽校园、洁净文理”和“星级人和居”等活动，处理多年来遗留的卫生死角 20 余处。持续加大网络报修管理，实施维修项目到人、网上派单、限时（15 分钟内）到场、结果反馈、责任倒查机制，及时高效完成网络维修任务 1.8 万余件次，师生报事报修处理率 100%，维修满意度 99%。

在全校师生员工中开展的后勤服务满意度测评显示（抽样样本达 1453 名），满意度较历史最高时期 2010 年增加了 1 个百分点，超过国家一级物业公司服务标准 6.58 个百分点。

3．获取荣誉

1 月，获“重庆市高校伙食工作先进集体”；12 月，重庆市教委主导的重庆教育后勤协会召开表彰大会，学校获“重庆市高校能源管理先进集体”“重庆市高校绿化管理先进集体”“重庆市高校学生公寓先进集体”，学校成为重庆市高校中少有的“全能冠”获奖单位之一。

4．社会活动

为配合永川区“三城同创”，积极推行绿色低碳工作生活方式，强化节能减排，推进垃圾分类和厨余垃圾处置等重点举措。在定点扶贫工作中，先后4次组织人力物力到松溉镇打鱼河村，慰问特困户，送去油、米等慰问品，帮助5户特困户改造照明线路和修造生活污水排放池。7月以来，学校食堂主动认购永川区松溉镇贫困村的辣椒500千克，花椒150千克，认购来苏镇贫困村南瓜2 850千克，在知善楼二楼开设巫溪农产品特色窗口，联合党政办在教工食堂新增巫溪农产品售货专柜，购销巫溪农贸产品，助力巫溪脱贫。12月4日，后勤管理处25名党员，再次走进松溉镇打鱼河村，慰问扶贫干部，为合作社修剪桑枝，帮扶困难户改造鸡舍等，受到当地干部和群众称赞。

# 安全管理

1．概况

2019 年，按照学校党政的工作部署，在上级业务主管部门的指导、帮助下，认真贯彻“安全第一、预防为主”的方针，坚持以确保校园安全稳定为重点，创建良好的育人环境为目标，全校各单位共同努力、齐抓共管，营造全校师生员工关心和支持学校安全工作的局面，维护了学校正常的教育教学秩序，全年无安全责任事故。

2．校园安全管理

加强校门管理，对外来人员实行核查和登记制度，对外来车辆实行实名登记和后备箱开箱检查制度。禁止外卖摩托车和自行车进校，要求外卖人员到公安机关出具无犯罪证明，对于维护校园治安，保障广大师生的人身安全及正常的教学秩序，营造和谐的校园环境都发挥了重要作用。

3．交通秩序整治

开展校园交通整治工作，大力宣传《重庆文理学院校园摩托车管理规定》，规范校内摩托车、电瓶车管理，清理不具备校内行驶条件的摩托车和自行车。两校区清查 1 000 余人次，不定期、不定点开展交通整治 50 余次，重点治理校内机动摩托车、电瓶车无牌无证驾驶、电动车载人、车辆超速行驶、乱停乱放等违章行为，累计查处锁车 200 余次，为师生创建了良好的交通环境。

4．消防工作

全年开展全校性消防安全隐患排查 30 余次，包括学生宿舍、食堂、教学楼等重点部位，完成“消防安全户籍化管理系统”的每日相关记录、填写工作。完成红河校区 2019 年消防维保及消防评估、检测工作，两校区更换干粉灭火器 1 500 具、灭火器箱 180 个、疏散指示牌 220 块、水枪头 40 个。利用“5.12 防灾减灾”宣传周、“119”消防安全宣传月等时段，围绕消防活动主题，大力开展消防宣传、实战演练工作。承办“重庆（永川）第二届高校消防知识竞赛”活动，9 所在永高校共计 500 余名师生代表参加，学校荣获优秀组织奖、重庆

（永川）第二届高校消防知识竞赛二等奖。

5．军训工作

组织开展了2019级学生军训工作，分星湖、红河两校区进行，历时14天，受训学生4 933人，参训教官73人，参训队伍共分8团22营70连，训练项目包括队列训练、军体拳、战术训练、应急演练、寝室内务整理等方面。

# 二级学院

# ERJI XUEYUAN

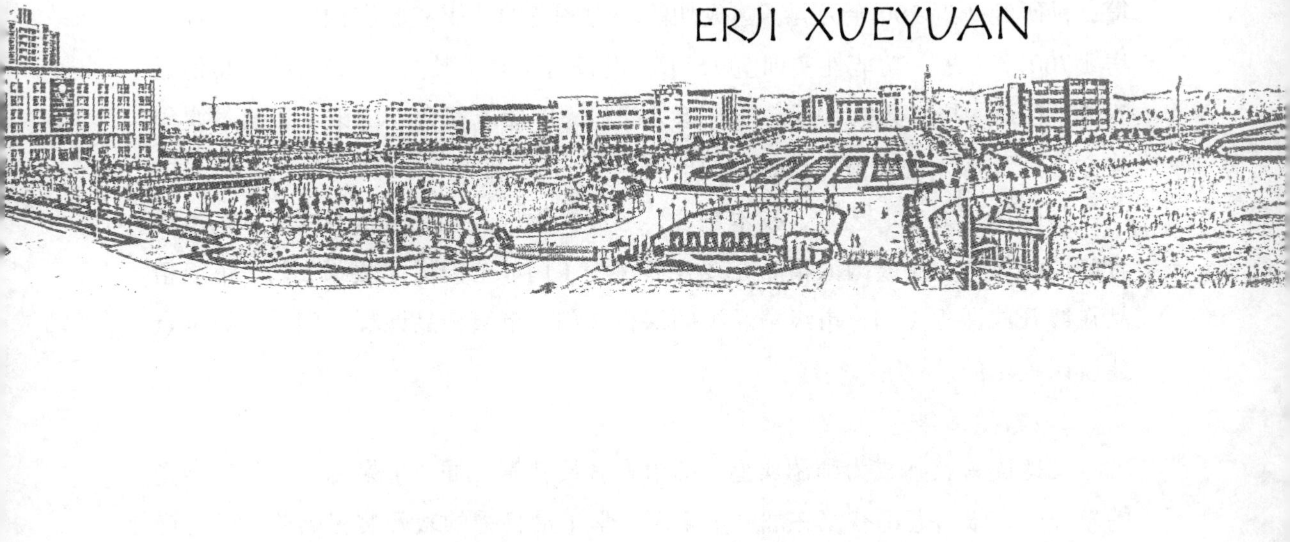

# 文化与传媒学院

1．概况

学院始建于1976年，下设中文系、文秘系、传媒系。办有汉语言文学（师范）、汉语言文学、广播电视编导、广播电视学等本科专业，现有全日制在校本科学生1 400余人。“中国语言文学”为校级重点建设学科，广播电视编导专业是校级特色专业、重庆市一流专业建设点，汉语言文学专业是校级示范专业。

现有专任教师77人，其中教授14人、副教授16人、博士24人、兼职硕士研究生导师4人、“双师型”教师26人。聘请了一批业界专家主讲专业技术课、专业导论课或参与实践教学环节指导。近年来，教师承担国家社科基金、省部级项目50余项，出版学术著作40多部，在核心期刊发表学术论文300余篇，科研经费近200余万元。建成功能较为齐备的传媒实验实训中心，实训用房1 700平方米，功能性实训室15个，设备台（套）数为1 380，设备总值近2 000 万元。与区县教科所、政府相关部门、广播电视台、腾讯、凤凰数媒等建立了广泛深入的交流与合作。

学院注重人文、艺术、技术融合，形成文学、文化、语言、传媒、艺术融合的课程体系。建成国家精品在线开放课程1门、全国优秀微课2门、市级精品在线开放课程1门、市级精品视频课程3门、市级精品课程1门、市级重点建设课程1门。

2．教学工作

支持优秀教师成为师德典型，韩永青教授获第三届“金果源”学生最喜爱的教师奖，张雪老师获第三届“金果源”学生最喜爱的教师奖提名奖，杨忠谦教授、秦媛老师、王荣珍老师获2017—2018年学校“优秀教师”称号，刘宏梁老师获2017—2018年学校“优秀教育工作者”称号。在重庆市永川区第35个庆祝表彰大会上，唐霞副教授获“永川区优秀教师”称号。

“纪录片创作”课程被认定为 2018 年国家精品在线开放课程（教高函

〔2019〕1 号），成为学校首门国家精品在线开放课程，也成为重庆市属高校首批 2 门国家精品在线开放课程之一。

与校外单位合作交流不断增加，与山东曲阜孔子学院、中国音乐学院等多所校、企交流洽谈，促进协同发展。邀请到清华大学新闻与传播学院影视传播研究中心主任、博导雷建军教授，纪录片导演、博士生杨植淳一行，莅临学院开展讲学。汉语言文学（师范）专业接受现场验证，完成认证工作。广播电视编导专业获 2019 年重庆市高校一流本科专业立项建设。

推行毕业论文（设计）多样化改革工作，在 2019 届 347 名学生中，有 234 名学生选作毕业论文，112 名学生选作毕业设计，毕业设计占学生总数的 32.3%。广播电视编导专业学生创作 36 部作品，涉及纪录片、剧情片、广告片、宣传片、实验片以及报纸杂志等 7 个门类。广电专业举行 2019 届优秀毕业设计展播周活动。

3．科研工作

教师发表学术论文 31 篇，其中双核期刊 6 篇，EI 会议论文 1 篇，CSSCI 期刊 1 篇，其他期刊 23 篇，出版学术专著 10 部，其中教材 1 部，编著 1 部，参编 1 部，修订 1 部，专著 6 部，王荣珍老师获批 2019 年度国家社科青年项目，秦媛老师获批重庆市教委人文社科一般项目，李东平教授获中国盐文化研究中心 2019 年度科研项目，李微、杨钊、秦媛老师获重庆市高教学会高等教育教学改革项目，刘光明老师获重庆市教育科学规划项目，傅钱余老师获重庆文理学院塔尖计划项目，平瑶、窦新光老师获校级引进人才项目，贾秋晨、刘海燕老师获校级一般科研项目等充分挖掘各类资源，横向项目立项多，累计到账经费 173 万元。

4．学生工作

为学生排忧解难，帮助学生解决实际问题，做好学生成长指导工作，举办各种师生交流会，了解学生实际困难，为有困难的学生进行帮扶指导和心理援助。2019 年，45 人获国家励志奖学金、418 人获国家助学金、13 人获勤工助学岗位。为学生开展心理援助，缓解学生心理压力。

举办各种精彩活动，为学生搭建发展平台。举办渝西第二届金话筒主持人比赛、周末文化广场活动、第二届寝室风采大赛、第二届学霸评选活动、“寻找最美笔记本”活动、“大手拉小手”志愿服务活动、暑假“三下乡”活动、新生辩论赛、篮球赛、社会实践报告大赛、学生科研论文写作培训会、校友讲学、就业创业创新讲座等，调动学生参与活动的积极性，不断提升品牌学生社团和品牌学生活动的社会影响力。学院建立目标管理、过程管理、成果管理、数据管理、动态管理五结合的科学管理体系，学生在学科专业竞赛及综合素质竞赛中获多个奖项，2019 届毕业生就业率约 95%。

# 数学与大数据学院

1．概况

学院创建于 1976 年，由原重庆师范高等专科学校数学系与原渝州教育学院数学系合并组建。2002 年更名为渝西学院数学与计算机科学系，2005 年更名为重庆文理学院数学与计算机科学系，2008 年后经过几次专业调整后分别更名为数学与统计学院（2008 年 7 月—2011 年 12 月），数学与财经学院（2012 年 1 月—2019 年 7 月），2019 年 7 月更名数学与大数据学院。学院下设数学系与大数据系，开办有数学与应用数学（师范）、数学与应用数学（国际合作）、数据科学与大数据技术、信息与计算科学、金融数学 5 个本科专业，在校学生 1 000 余人。

学院现有专任教师 50 余人，其中教授 9 人、副教授 19 人，博士 23 人、硕士研究生导师 8 人、巴渝学者特聘教授 1 人，巴渝学者青年学者 1 人，重庆市学术技术带头人后备人选 1 人、海外特聘教授 2 人、海归人才 11 人、“双师型”教师 10 人，已形成一支学历职称结构合理、专业素质过硬、科研实力较强的师资队伍。

“数学”学科被列为重庆市“十三五”重点培育学科。学院拥有 1 个“复杂数据分析与人工智能”重庆市重点实验室、1 个重庆市高校“群与图的理论及应用”重点实验室、1 个重庆市“群与图的结构理论及其在信息与决策中的应用”创新团队、1 个重庆市“数学与应用数学”教学团队。近年来，承担主持国家自然科学基金项目 15 项、省部级科研项目 40 余项，纵向科研经费 800 余万元，获得重庆市自然科学奖 1 项、重庆市科技进步奖 1 项，发表科研学术论文 400 余篇，其中被 SCI 收录近 200 余篇。

2．教学工作

针对一本专业、普本专业、国际合作专业三类不同层次的学生的实际情况，着力构建符合学院实际的教育管理体制，努力实践“以情感管理为基础，以制度管理促规范，以过程管理为关键”的管理思路，明确“以人为本、自主发展”

的教育理念，强化内部管理，健全和完善学院教学管理制度。强化常规教学管理，采取“重点检查与平时检查相结合”方针，教学工作有序进行，2015 级毕业生 609 名。

围绕核心能力培养，重构人才培养方案，2020 版人才培养方案架构体系的设计充分体现“五个对接”：专业与产业对接、课程内容与行业标准对接、教学过程与生产过程对接、学历证书与职业资格证书对接、教育与终身学习对接的要求。凸显“三个特色”：行业背景突出、职业岗位具体；岗位任务明确，能力要求针对性强；课程体系合理，基础课程牢固，核心课程突出。

以专业核心课程改革为抓手，从“教学内容”“教学范式”“教学团队”“教研教改项目”“教学评价”五方面，实施“项目+团队+内容+范式+考核”的“五位一体”金课工程。公共数学改革以专业需求为导向，在全校 8 个学院，10 余个专业，1200 余名学生中开展了线上线下混合式教学改革，逐步形成“教师导学 + 学生自主学习+师生合作研讨”的学习方式，逐步建立起多元化的、注重过程的以及与专业学习相结合的考核评价方式。学生在学科竞赛等方面取得较好的成绩。在参加全国大学生数学建模竞赛、全国大学生数学竞赛、全国大学生金融精英挑战赛等赛事中，获全国二等奖 5 项，全国三等奖 7 项；重庆市一、二等奖 30 余项。

3．学科科研

着力完善《学术团队绩效考核激励》《学术交流报告激励》《弹性学术休假激励》《海外送培支持激励》《科研服务教学激励》各项科研管理制度，组织教师集体参加了 2019 重庆市数学学会年会、重庆市工业与应用数学学会年会、重庆市运筹学会年会等相关学术会议。邀请国内外专家到校访问 20 余人次，院内成员到国内外高校访问 40 余人次。

凝练出群与图的理论及应用、图像处理建模理论与算法、金融建模理论及应用、优化与决策理论及应用 4 个稳定的学科研究方向，涵盖基础数学、应用数学、运筹学与控制论等 3 个二级学科，提高各学科方向之间的关联度。深化科研改革，学科科研成果显著，立项国家自科基金项目 2 项，占学校立项总数的 17%，省部级项目 6 项，其中 3 项重庆科委自科基金项目，3 项重庆市教委科技项目，立项横向项目 26 项，共计科研到账经费 361.6 万。在人才称号方面获得突破，获批“巴渝学者青年学者”1 人，“重庆市学术技术带头人（后备人选）”1 人。2019 年度公开发表学术论文 30 余篇，其中 SCI 收录论文 14 篇。

4．学生工作

加强辅导员队伍建设，引导辅导员走专业化道路，逐步向专业思想教育、职业规划、创新创业等方面发展。积极引导辅导员参加校内外辅导员技能大赛和辅导员网文大赛，王毅磊老师的网文浏览、转载近 2 000 次，在师生中引起强烈反响。李亚老师结合所带学生专业，积极提升专业调研，完成多项横项课题。

抓好示范效应，推进师德师风建设，学院获 2018—2019 学年三育人先进集体。重视树立典型，党员施武杰获重庆市自然科学三等奖、杨树成获金果源学生最喜爱老师提名。

狠抓学生常规教育管理和能力素质培养，深入推进学院学风建设，学生教育管理工作取得新进展。2 名学生获国家奖学金，30 名学生获国家励志奖学金，获重庆市教育委员会专利 1 项，国家级团体奖项 29 项、个人奖项 1 项，市级团体奖项 16 项、个人奖项 1 项等 64 项；在学校五四评优中，获 2 个红旗团支部，2 个社会实践先进集体，3 个先进班集体，13 个文明寝室；8 人获先进个人标兵荣誉称号，248 人获先进个人荣誉称号。认定贫困学生 376 名，其中评选出 323 名学生获国家助学金、1 名学生获“成都校友奖学金”、2 名学生减免学费，推荐 9 名困难学生参加教师资格证培训。

# 外国语学院

1．概况

学院创建于 1978 年，历经江津师范专科学校外语系、重庆师范专科学校外语系。2001 年重庆师专外语系与渝州教育学院英语系合并组建为渝西学院外国语系，2005 年更名为重庆文理学院外国语系，2008 年更名为重庆文理学院外国语学院。外国语学院主要培养中小学英语教师、从事国际商务工作的英语人才和翻译人才，并承担全校本科生的大学外语教学任务。

2001 年开始开办英语（师范方向）本科专业，2004 年增设英语（商务方向）本科专业，2014 年开设商务英语专业。英语专业（师范方向）、商务英语专业面向全国 20 余个省（自治区、直辖市）招生，在校本科学生 903 人。

学院下设英语师范系、商务英语系和大学外语教学部等 3 个教学系部。现有教职工 86 人，其中教授 5 人，副教授 21 人，博士 1 人，在读博士 1 人，90%以上的教师有硕士学位；有市级中青年骨干教师资助人选 3 人，校级教学名师 1 人，校级优秀主讲教师 1 人，校级学生最喜爱的教师 1 人，“金果源”学生最喜爱的教师 2 人，校级学术骨干 5 人，校级中青年骨干教师 9 人，校级教学示范岗教师 5 人，校级双师型教师 7 人，80%以上的教师曾在国外进修、学习和工作。常年聘有来自美国、英国、加拿大、澳大利亚、新西兰等主要英语国家的外籍教师来校任教或合作研究。

2．教学工作

教师在职攻读博士 1 名，派出 20 余名教师参加由外研社主办的 2019 年暑期全国高校英语教学研究与教师发展系列研修、20 余名教师参加各类学术会议、1 名教师上海外国语大学访学。承接永川区人社局 2019 年 GYB 培训项目、重庆乐教科技集团（高教社）委培项目、永川区教科所 2019 年区培项目、长寿区教师培训项目，加强师资队伍建设，提高教学质量。

完成 2018—2019 学年第二学期考试试卷的复查和归档工作，完成 2019 届本科毕业论文的全面复查及毕业论文答辩工作。开展教学活动 12 次、教学民主生活会 2 次。抓好课程建设工作，安排校外一线专家深入导论课课堂讲学 4 人次。2019 年“课程思政”建设项目申报立项 4 项，一流课程申报 6 项，高等教育教学成果奖培育申报 2 项，其中吕娥娥的《培养英语专业学生课外阅读习惯的行动研究》获校课程建设与教学改革优秀论文一等奖。

加强学生技能培养工作，保障晨读晚练的训练效果，组织好英语口语角活动。组织开展读书活动、英文歌曲大赛、英文辩论赛、新闻大赛、图书分享会、社会实践报告大赛等形式多样的技能比赛活动 7 场。2017 级英语专业四级一次通过率 62.10%， 2016 级英语专业四级一次通过率 55.91%。

实施卓越人才校院协同培养机制，启动 2020 版人才培养方案制订工作。商务英语专业学生中实施“合格+”多元人才培养模式改革，以特色班为平台，开展第四届重庆文理学院 POCIB 大学生外贸从业能力大赛和 2019 年“亿学杯”全国商务英语实践技能大赛（西南赛区），并取得较好成绩。

3．科研工作

开展项目的评审打造，申报各级各类科研项目 19 项，获国家社科基金西部项目立项 1 项，省部级项目立项 5 项，校级项目立项 1 项，到账科研经费 37 万元。发表各类科研论文 50 余篇，其中核刊 7 篇，著作类 4 部。

4．学生工作

发挥周末教育课主阵地作用，加强爱国主义教育。通过组织学生观看“纪念五四运动大会”直播、中华人民共和国成立 70 周年庆典等爱国节目，做好思想教育的引领示范。以活动为载体炼就学生干部过硬素质，通过开展以“弘扬五四精神，争做时代先锋”为主题的团干部能力大比武、组织团支书参加“学社衔接”视频工作培训会等活动，全方面提升学生综合素质。定时开展巡教及早晚自习检查的相关工作，早晚自习出勤率多次在全校排名位列前三。

营造良好寝室氛围，加大寝室检查力度。学院获“文明寝室”称号的寝室数量越来越多，其中桃苑 629、561 等寝室被确定为环境优美型宿舍，桃苑 650、562 等寝室被确定为知行合一型宿舍，桃苑 653、517 确定为求真学问型宿舍。以体育活动增强凝聚力，组织 120 余人参加重庆文理学院第十九届田径运动会入场式方队，100 余人次的项目参赛。组织第一届“新星杯”篮球赛、乒乓球赛等赛事 10 余项。

开展“四困生”的结对帮扶，学院领导班子对学生干部、班级等开展了对接，总计人数 100 余人。在 2019 届毕业生考研工作中，20 名学生被北京师范大学、四川大学、广东外语外贸大学以及澳大利亚昆士兰大学等高校录取。组织学生参加各级各类校外技能竞赛，学生获省部级以上奖励 11 项，其中一等奖 1 项，3 等奖 10 项，2019 届毕业生年终就业率 95.85%。

# 化学与环境工程学院

1．概况

学院始建于 1979 年，2019 年学校内设机构和专业调整后，现开设化学（师范）、环境科学、环境科学与工程、化学工程与工艺 4 个本科专业，在校学生 770 余人。

学院拥有全国优秀教师 1 人、省级百千万人才计划 1 人、省级百人计划人选 1 人、省级巴渝学者特聘教授 1 人、省级巴渝青年学者 2 人、省级学术技术带头人及后备人选 2 人、省级中青年骨干教师 3 人、省级先进工作者 1 人。现有专任教师 59 人，其中教授 18 人、副教授 18 人，博士学位 36 人，硕士生导师 20 人，海外留学归国人员 10 人，另有外聘兼职教授、高级工程师 25 人。

学院拥有 2 个省级重点学科，环境科学与工程、无机化学；1 个省级研发平台，环境材料与修复技术重点实验室（重庆市科技局）；1 个省级博士后科研工作站；1 个省级众创空间，水族空间（重庆市科技局）；1 个省级实验教学中心：化学与环境实验教学示范中心；1 个省级创新团队：环境材料与修复技术创新团队；1 个省级研究生联合培养基地：重庆文理学院-重庆中明港桥环保有限责任公司资源与环境研究生联合培养基地；1 个省级一流专业、特色专业：环境科学；1 个省级特色专业学科群，林学与生态环境学科专业群。2 门省级精品课程：无机化学、化学实验基本技能、1 门省级精品在线开放课程，创造发明学导论。

学院拥有当今世界先进水平的 X 射线衍射仪、电化学综合测试系统等大型仪器设备，设备总值超 4 000 余万元，实验室面积 16 000 余平方米。

2．教学工作

深化五大教学改革，扎实推进本科毕业论文（设计）多样化改革，进一步完善学院本科毕业论文（设计）多样化改革实施办法和替代办法。重点开展课程考核方式改革工作，推进专业课程教学内容、教学方式改革，进一步加强考试规范化管理。申报教育教学改革研究项目，立项市级教育教学改革项目2项、校级6项。

重视学科技能竞赛，获国家级奖项12项，西南片区奖项1项，省部级奖项2项，其中：第九届国药工程东富龙杯全国大学生制药工程设计竞赛二等奖1项；首钢京唐杯第十二届全国大学生节能减排社会实践与科技竞赛二等奖1项、三等奖1项；重庆市第二届大学生商战大赛总决赛一等奖1项；第十三届全国大学生化工设计竞赛全国二等奖1项，西南赛区一等奖一项；第三届全国大学生化工实验大赛二等奖1项、三等奖8项；第十六届“挑战杯”全国大学生课外学术科技作品竞赛省部级一等奖2项、三等奖2项。

拓展校地（企）合作平台，与重庆市环保产业投资建设集团有限公司、重庆科蓝环保实业有限公司、重庆市环卫集团有限公司等单位签订学生实习基地合作协议，学院实习基地达到40余个。实验中心已有校地（企）合作有序推进，与相关企业签订5项横向项目，到账经费达100余万，实验中心教师出版教材4部。

3．科研工作

科研成果屡获佳绩，申报重庆市政府奖和行业协会奖6项。关伟教授牵头申报的“智能化旋转电芬顿同步氧化电镀废水中次磷酸盐及磷回收技术”获中国表面工程协会科学技术奖一等奖，牵头申报2019年度中国有色金属工业科学技术奖获二等奖；谢云成副教授牵头申报的“西部地区土壤污染现状与防控机制研究” 获重庆土壤学会2018年学术年会优秀论文一等奖。陈炜博士团队研发的低污染高水力负荷自然水体生态修复、“耦联—削减—强化”梯级原位水体净化集成等技术，应用于渝西地区12条河段污染源解析及生态修复，水体质量得到全面提升，团队成员获永川区政府2018年度“水环境治理突出贡献奖”。朱江教授牵头的团队研发的“非开挖用高抗冲改性聚丙烯电力电缆导管的开发与产业化”等研究成果被重庆永高塑业发展有限公司等企业采纳并投入实际生产应用，填补了重庆地区非开挖用高抗冲MPP电力电缆导管的技术攻关和产品研发的空白；优化后的新型MPP电力电缆导管生产线，能使管材的废品率降低2%，成本每吨节约200元，新增产值3 000余万元，利税1 000余万元。巴渝学者青年学者司万童博士牵头的团队，针对雅江流域土地沙化问题，在西藏生态敏感区开展了长达5年的生态监测工作，提出一套流动沙丘的防风治沙技术，效果显著，得到了西藏环保厅的认可。王书敏博士针对山地城市的环境特点，开发了以阶梯式生物滞留系统为代表的暴雨径流调控技术体系，研究成果鉴定为国内先进水平。环境材料与修复技术创新团队先后主办、承办或协办5次国际国内学术会议。

2019年，获批立项纵向科研项目33项，其中国家自科基金2项，省部级项目20余项，合计拨经费337万元。签约横向项目经费金额突破1 500万，在地方生态文明建设和地方经济服务方面发挥了重要作用。兑现创新券经费合计达200余万元，占横向经费的14.2%。发表科研论文86篇，SCI收录60篇，其中一区11篇，二区20篇，EI收录4篇。授权实用新型专利5项，申请发明专利24项，申请实用新型专利3项，出版专著1本、编著1本、教材4本、工具书1本。

4．学生工作

常规工作有序推进，坚持辅导员深入课堂听课、深入宿舍及与学生谈话制度。“学生发展记录单”“消费记录单”记录执行到位；早操、早自习、晚自习出勤率≥99%；学工人员（以学院为单位）到场督查每周≥2次。辅导员唐晓雪、黄浩、陈胜男分别获重庆文理学院第七届辅导员工作网文大赛二等奖一项、三等奖2项。2019年，学生初次就业率达91.7%，年底就业率达到95.7%。

实践活动形式多样，4月，举行以“奋斗正当时，莫负好时光”为主题的第658期周末文化广场活动；6月，举办2019届毕业生毕业典礼；7月组织学生到永川区松溉镇参加大学生暑期“三下乡”社会实践活动；11月开展大学生社会实践汇报大会；12月学生梁程参加重庆文理学院社会实践汇报大赛，获一等奖。

学科竞赛成绩显著，2019年获第九届国药工程东富龙杯全国大学生制药工程设计竞赛二等奖1项；首钢京唐杯第十二届全国大学生节能减排社会实践与科技竞赛二等奖 1 项、三等奖 1 项；重庆市第二届大学生商战大赛总决赛一等奖 1 项；第十三届全国大学生化工设计竞赛全国二等奖 1 项，西南赛区一等奖一项；第三届全国大学生化工实验大赛二等奖 1 项、三等奖 8 项；第十六届“挑战杯”全国大学生课外学术科技作品竞赛省部级一等奖 2 项、三等奖 2 项。

# 体育学院

1．概况

学院成立于 1979 年，开设有体育教育、社会体育指导与管理、运动康复三个本科专业，其中体育教育专业是“重庆市特色专业”。

学院设有体育教育系、社会体育系、运动康复系、公体教学部 4 个系部，有在编在岗教职工 58 人，双师型教师 20 余人，其中教授 9 人，副教授 18 人；博士 2 人，硕士 38 人。面向全国近 20 个省（自治区、直辖市）招生，在校本科学生 1 000 余人。

学院有市级精品视频公开课 1 门，市级精品课程 1 门、市级人才培养模式创新实验区 1 项、市级本科“专业综合改革试点”1 项、市级教学团队 1 个，创办了“健行未来体育名师”卓越班、凯健班。

2．教学工作

提出“以赛促教”的大学体育教学理念，并在实践中取得了很好的效果，调动了学生体育参与的积极性。2019 年，学校学生体质健康测试合格率 95% 以上。学院开展“劲松杯”足球联赛、网球比赛、羽毛球比赛、篮球联赛、7 人制足球赛等赛事等丰富多彩的校园体育活动。11 月 13 日，2019 年田径运动会在永川体育中心举行。

质量工程效果显著，学生技能稳步提升。体育教育专业获批重庆市级一流专业、运动训练专业获教育部批准招生、运动训练专业足球高水平体育教育“卓越教师班”、运动康复“护力特班”、社会体育“凯健班”成绩喜人，师范生技能大赛、运动康复技能大赛、社会体育技能大赛、体操比赛成效明显；男子篮球再次代表重庆参加西南赛区比赛；跆拳道在市级和全国比赛有重大进步；田径参加全国高水平比赛成绩喜人；健美操、武术、瑜伽风采依旧；足球借国家倡导东风欲跃上新台阶。拳击比赛获得重大突破，在全国大学生拳击锦标赛，斩获 4 金 4 银 13 铜，取得女子 A 组团体总分第一，女子 C 组、男子 C 组团体总分第二的优异成绩。运动康复学子在第三届全国高校运动康复专业学生技能大赛再次获得二等奖。

11 月 18—20 日，在南京大学仙林校区举办的首届全国高校体育教师校园足球教学与指导技能大赛中，教师金京元获竞训组二等奖。学院教师在重庆市大学生体协主办的第七届高校教师排球比赛中获一等奖。

9 月 14 日—12 月 14 日，李冰琼老师前往美国进行交流，在交流期间，李冰琼老师做专题学术讲座。1 月 22 日—10 月 23 日，郑云峰老师在英国德比大学进修学习。11 月 26 日，体育学院邀请福建警察学院苏肖晴教授作“邮票上的中国体育”的专题讲座。

3．科研工作

教师积极参与各级各类科研项目的申报，2019 年完成国家社会科学基金项目申报 4 项，教育部人文社科项目申报 3 项，教育部产学研协同育人项目 2 项，重庆市各级各类项目申报 10 余项。截止到 12 月 17 日，获批国家社会科学基金项目 1 项，重庆市教委人文社科项目 1 项，项目总经费 22 万元。推动和鼓励学院教师与校外企业、单位开展合作，签订横向项目合同 6 项，总经费 120 余万元，签订社会服务合同项目总金额达 250 余万元。

完成科研项目结题 4 项，完成横向项目 1 项。教师共发表论文 10 篇，其中 SCI/CSSCI/CSSCD 论文 2 篇，B 类核心期刊论文 2 篇，其他类型核心期刊论文 4 篇；出版著作 5 部，其中教材 2 部，专著 3 部；获批新型发明专利 1 项。

与重庆市莱茵达足球俱乐部有限公司、重庆市民族事务宗教委员会、重庆市足球协会、重庆市永川区文化委、永川区残疾人联合会等单位签订社会服务合同，总金额达 250 余万元。10 月 5—7 日，经过前期策划，学院举行建院四十周年庆典。

4．学生工作

提升学生综合能力，推荐参加或自行开展每月团组织生活、周末文化广场、“健康小分队”、军训演讲比赛、社会实践汇报大会、文明寝室建设大赛、主持人大赛、篮球比赛、网球比赛、武术比赛、羽毛球比赛、迎新舞会等各类校内外活动，给予学院学生充分展示自己的平台，并涌现出了一批又一批优秀的参赛者、组织者，学院参加的比赛取得历史性突破。

开展校企合作，社会体育专业与重庆凯健体育文化有限公司一起开设的“凯健班”已持续运行近五年，累计为企业输送人才 60 人。运动康复专业与永川多家医院建立实习合作模式，2016 级已有 20 余人签约西南各区县医院康复科。2019 届毕业生考研北京体育大学 4 人，2019 届学生年终就业率 94.92%。2020 届运动康复专业就业签约医院 20 余人。

# 园林与生命科学学院/特色植物研究院

1．概况

学院前身是1983年创建的重庆师范高等专科学校生物系。2001年更名为渝西学院生命科学系，2005年更名为重庆文理学院生命科学系，2008年更名为重庆文理学院生命科学与技术学院。2012年重庆高校园林花卉工程中心并入，更名为林学与生命科学学院。2016年原重庆高校园林花卉工程中心独立建制成专职科研机构，更名为特色植物研究院。2019年6月学院与研究院合并，更名为园林与生命科学学院/特色植物研究院。

学院设园林、风景园林、园艺、生物技术、食品科学与工程5个本科专业。其中，园林专业为国家级特色专业、全国排名第五，园艺学是重庆市重点学科。

学院现有专职教师79人，其中教授21人，副教授17人，正高级实验师2人，高级实验师3人，博士37人。其中，国家“万人计划”1人、国家教指委委员1人、重庆市首席专家工作室及重庆市劳模创新示范工作室领衔专家1人、重庆市“百人计划”1人、省级学术技术带头人及后备人选4人、巴渝学者2人，重庆市调味品产业体系岗位科学家1人、硕士研究生导师9人、国家“三区”科技人才8人、省级科技特派员14人。拥有“特色植物种苗工程”、重庆高校创新团队、“重庆市特色效益农业调味品产业技术体系”创新团队、重庆市科技特派员创新创业团队及重庆高校硕士研究生导师团队4个省级团队。

2．教学工作

学院在应用型深度转型发展中，狠抓本科教学质量，注重专业内涵建设，稳步推进“合格+”多元人才培养模式改革。制定完整的一流专业建设方案将国家级特色专业——园林专业获批重庆市一流专业，积极将其打造为国家级一流专业，并已提交申请。园冶杯景观设计大赛获奖等级和人次大大提升，专业排名不断跃升。林学与生态环境学科专业群项目完成验收。谋划农业硕士所涉学科的建设，开展“新农科”“新工科”建设研讨和实践。

遵循“两性一度”标准，倾力打造五大“金课”，进行课程内容改革，出版教材 1 部。获得以课程内容改革为主题的市级教改项目 3 门，校级教改项目 4 项，思政课程改革项目 10 项。推进园林实用技能型卓越农林人才培养模式改革，广泛采用分段式、顶岗实习式育人新模式，采用订单式培养，培养出“下得去、上手快、留得住、后劲足”的园林人才。

举办 2019 年“生态文明杯”校园景观设计大赛，评出一等奖 1 项，二等奖 2 项，三等奖 5 项，组织学生参加 2019 年园冶杯景观设计大赛，获二等奖 4 项，三等奖 2 项，荣誉奖 2 项。第 18 届韩国国际压花比赛，获二等奖 1 项，三等奖 2 项，参赛学生 300 余人次。参加 2019 年中国花境大赛，获三等奖 1 项。中国园林竞赛——健康与水景 2019 年首届国际水景设计大赛“大观楼杯”，获最佳组织奖。2019 年第二届长江上游城市花卉艺术博览会“首届大学生建造季”建造比赛，获三等奖 1 项。

在原有的 39 个校企合作共建的实践教学基地基础上，2019 年与光辉城市（重庆）科技有限公司、重庆汇达柠檬科技集团有限公司等单位签署校企合作协议，其中，新增 5 个研究生联合培养实践基地。

3．科研工作

2019 年，组织教师申报各级各类科技成果奖 3 项，其中，重庆市科技进步奖 1 项、农业部丰收奖 1 项、中国产学研合作促进会成果奖 1 项。由学院陈泽雄教授领衔申报的“金银花良种细胞工程繁育技术及产业化应用”获中国产学研合作促进会二等奖。

立项各类纵向科研项目 29 项，到账经费 383 万元，其中国家级项目 2 项（国家自然科学基金面上项目 1 项、青年基金 1 项），省部级项目 27 项，横向科研项目 63 项，到账经费 648 万元。

2019 年，发表各级各类论文 58 篇。其中，SCI 期刊论文 28 篇，EI 会议论文 1 篇，B 类核心期刊论文 6 篇，一般核心期刊论文 12 篇。

邀请国内外专家、学者到学院进行了近 10 场次学术交流和专题讲座，9 月，举办第二届“园艺学科高层次人才论坛暨农业硕士点建设研讨会”，邀请中国科学院微生物研究所研究员蔡磊研究员等“国家自然科学基金优秀青年基金项目”获得者出席论坛。10—12 月份邀请中国林科院首席科学家齐力旺研究员、奥地利格拉茨技术大学格拉斯夫教授等来校讲学。

4．学生工作

组织学生参加全国第五届“互联网+”大学生创新创业大赛，获全国铜奖一项。组织学生参与2019年第十届园冶杯大学生国际竞赛，获二等奖6个。

邀请实习就业基地和校友企业等单位进校园，6月，组织园林专场招聘会，邀请公司10家，为2016级学生提供实习和就业平台。2019年，学院毕业生473人，200人参加研究生入学考试，上线128人，录取72人。2015级毕业生就业工作稳步推进，年底就业率92%。

# 马克思主义学院

1．概况

学院前身是1984年成立的重庆师专政史系和1986年成立的渝州教育学院政教系，2001 年两校合并升本时，由两系及重庆师专社科部组建成立政法与经管系，2005 年 3 月政法与经管系撤分成立法政系与经管系，2008 年 7 月院系调整组建重庆文理学院政法学院，2011 年 12 月，学校机构调整组建重庆文理学院马克思主义学院/公共管理学院，2015 年 12 月，马克思主义学院与公共管理学院分设，成为独立设置的学院，2019 年 6 月，公共管理学院与马克思主义学院合并组建新的马克思主义学院。

学院现有思想政治教育（师范）、法学、行政管理三个全日制本科专业，设有思想政治教育系、法学系、行政管理系等三个院内教学单位。学院同时承担全校的思想政治理论课，并设有“马克思主义基本原理概论”“毛泽东思想和中国特色社会主义理论体系概论”“思想道德修养与法律基础”“中国近现代史纲要”“形势与政策” 5 个教研室。

学院现有专任教师 52 人，其中教授 8 人，副教授 14 人；具有硕士学位以上人员 39 人，其中具有博士学位教师 14 人。获校级以上荣誉称号超过 60 人次，其中，2 名教师获全国“优秀教师”称号，3 名教师获重庆市“优秀共产党员”“优秀教育工作者”称号。学院教学科研成效突出，思想政治教育专业被确定为重庆市一流专业，马克思主义理论学科被确定为校级重点建设学科。

2．教学工作

邀请永川中学、文理附中、北山中学等专业人士参加 2019 版思想政治教育专业的人才培养方案制定研讨会，对于新的人才培养方案的思想内涵、培养目标、课程设计、实践教学等进行系统讨论，提出合理化建议。三个教研室申报 6 项课程思政专业课，4 项获立项。7 位老师申报一流课程建设，1 位老师获立项。

2020 届思想政治教育、法学、行政管理专业毕业生 180 人，已经进入实习环节。

学院思想政治教育、法学、行政管理三个专业，有186名毕业生，参加答辩的学生183人，其中思想政治教育和行政管理专业答辩学生人数100%，法学专业有3名学生因故没有参加答辩。三个专业总答辩通过率98%，其中思政专业有2名学生没有通过答辩，其余两个专业通过率100%。

3．科研工作

四本校本教材已经完善付梓，即将正式印刷出版。组织打造教学研究项目，杨启莲的课程思政教改项目在重庆市人文社科项目中立为重点项目。王少阳“社会治理视野下的民国时期公共卫生运动研究”、米丽娟“基于实证的抗战电视剧价值导向研究”获学校塔尖计划立项。

组织2019年立项的重大项目开题工作，分别是文晓波的国家社会科学基金项目一般项目“失地农民城市融入的社会风险问题研究”（19BSH027）、国家其他部委项目“费孝通民族理论及其当代价值研究”（2019-GMD-007），李才俊的教育部人文社会科学研究项目规划项目“建立高校‘八维一体’思想政治教育生态共同体的路径研究”（19YJA710016），邓江凌的教育部人文社会科学研究项目西部规划项目“共享发展理念下农村土地增值收益分配问题研究”（19XJA820001），龙骁的教育部人文社会科学研究项目规划项目“区域性金融中心法治比较研究”（19YJA820032）。

4．学生工作

思政专业4名学生在中国教育技术协会微格教学专业委员会主办的第九届“华文杯”全国师范院校教学设计比赛中成绩优秀，教学设计比赛中获二等奖4项、三等奖1项，在教学技能比赛评选中获二等奖1项、三等奖4项。在第六届“漾翅杯”法律实践能力大赛中学院法学专业刘畅同学获得分量最重的唯一一个杰出审判能力一等奖，张海涛同学获唯一一个杰出书记员一等奖，李倩同学获杰出助理第三名。张纬武老师获杰出指导能力一等奖。学院行政管理专业学生在第四届全国大学生人力资源管理知识技能竞赛（精创教育杯）西南赛区暨高峰论坛获得团体二等奖，文晓波和陈眉月老师被评为优秀指导老师。

开展“不忘初心、牢记使命”主题教育活动、“寝室文化大赛”活动、

“12·4”宪法宣传日活动、“3·15”消费者权益维护活动、新生辩论赛、讲课比赛、“校友模拟教师招聘”比赛、大学生创新创业“GYB”培训等，学生参与面广，热情度高，专业性强，全面提高学生综合能力。知行学会被校团委评为四星社团，知行学会社长王小奉被评为“优秀社长”。

重实效、重过程，搭建平台服务大众。两委会开展社区“市民学校”4次，分别联系社区敬老院、幼儿园、兴龙湖小学开展义务劳动；与永川维多利亚幼儿园、永川恒凰教育联合开展义务活动互动4次；7月，深入永川区双石镇开展“三下乡”活动，学生获校级社会实践汇报大赛二等奖。学院学子在第四届全国学生“学宪法讲宪法”活动重庆市级选拔赛、校级新生辩论赛、演讲比赛、社会实践汇报大赛、重庆市青少年模拟政协提案比赛、校男子篮球、女子篮球比赛中均取得优异成绩。

# 电子信息与电气工程学院

1．概况

学院始建于1986年，设有电子信息科学与技术（含对口本科）、电气工程及其自动化、微电子科学与工程、信息工程、智能电网信息工程、物理学（师范）等六个本科专业。建有重庆市高校新型储能器件及应用工程研究中心、电子信息工程实验教学中心（市级）、超级电容器工程化平台（株洲宏达电子股份有限公司投资300余万元，校企共建）等科研和工程教学实践平台。学院与东软集团股份有限公司共建“重庆文理学院-东软智能硬件学院”，校企全方位深度合作培养“软硬融合”智能硬件复合型新工科人才。

学院现有专任教师60余人，其中教育部教学指导委员会成员1人，博士生导师2人，硕士生导师3人，教授11人，副教授及相当专业技术职务的教师10余人，具有博士、硕士学位教师占80%以上，1名教师获全国优秀教育工作者称号，2名教师获“重庆市优秀中青年骨干教师”称号，6名教师成为校级中青年骨干教师。

2．教学工作

2018年，电子信息科学与技术专业获重庆市大数据智能化类特色专业立项以来，2019年，电气工程及其自动化与电子信息科学与技术两个专业获重庆市本科高校一流专业立项建设项目。积极鼓励青年教师参加“双师双能型”教师培训，支持与帮助老师参加各级各类教学比赛，教师教学能力得到极大的提高。

东软集团与学院签署《重庆文理学院-东软“合格+多元”智能硬件卓越工程师联合培养协议》，双方将在电子信息科学与技术专业学生联合招生、共同培养、课程置换、毕业设计指导、实习及就业推荐等方面展开交流与合作。2019年，有20位同学参加“软硬融合类”智能硬件工程师人才培养实验班。

3．实验室工作

承担电子信息与电气工程学院电子信息科学与技术等5个专业、40多门专业课程 17.34 万人时数的教学任务。承担材料成型、材料科学、机械工程、信息工程、高分子材料等 10 余个专业开出的大学物理、电工电子技术、电工实训等公共实验实训课程，完成实验实训人时数约 3.06 万人时数，年度总计实验室开放约 3.4 万人时数。完成实验耗材的采购、实验室国有资产清理任务，开展 5 次安全专项检查工作，完成国家一流专业和智能虚拟仿真实验室申报工作。新建嵌入式实验室，总经费 50 万元。新建电子信息类专业智能虚拟仿真中心，总经费 35 万元。

4．科研工作

2019 年，学院致力于中心平台硬件建设。启动与株洲宏达电子科技有限公司校企合作建设超级电容器工程化平台的工程项目，由株洲宏达电子科技有限公司出资 300 万元采购设备在中心建设校内中试线，该中试线已完成设备安装和调试。随着该中试线投入使用，学院工程中心具备了超级电容器研发、生产、检测能力，研发的超级电容器有望 2020 年上市。

为高层次技术人才建设大师工作室。学院教师欧汉文（正高级工程师）被中共重庆市委组织部、重庆市人力资源和社会保障局授予“技能大师”称号，学院建设“欧汉文电子设备装接工市级技能大师工作室”。

在独立开展各项工作的基础上支持教师大力开展校校合作、校企合作的项目、成果申报模式，针对遴选出来的优质项目申报实行重点打造、专利申请经费重点资助，取得了一批高水平科研成果。与国外利物浦大学合作，发表 *Nature* 子刊（IF≥10）论文 1 篇，与重庆大学合作，获 2019 年度中国有色金属工业科学技术奖 1 项。另外，还发表一区论文 3 篇，自科基金项目立项 2 项（独立申报 1 项、合作申报 1 项），获授权发明专利 2 项。

5．学生工作

着重培养学生科技创新与创业能力，积极组织学生参加各级各类学科竞赛及创新创业大赛。在第五届“互联网+”全国大学生创新创业大赛中，四支队伍进入校级复赛，两支队伍进入重庆市复赛，获得重庆市银奖 2 项。第十六届“挑战杯”全国大学生课外科技学术作品竞赛，两件作品进入重庆市复赛，获得重庆市二等奖 1 项。2019 年全国大学生电子设计竞赛，获得重庆市一等奖 1

项。第四届重庆市大学生物理创新竞赛，获得市级一等奖 2 项，二等奖 6 项，三等奖 1 项。第十一届全国大学生数学竞赛（非数学类）重庆赛区，一等奖 3 项，二等奖 3 项，三等奖 1 项，此外还组织学生参加了中国大学生创新互联竞赛、FPGA 创新竞赛、“合泰杯”单片机竞赛等。通过组织比赛，加强学生实践动手能力的培养，增强学生在新工科背景下的创新意识。

组织学工队伍参加竞赛，张立芳获重庆市第七届高校辅导员素质能力大赛本科院校组三等奖、重庆文理学院第五届“大学生周末思想政治教育”课教学竞赛笔试第二名，靳娟荣获重庆文理学院第五届“大学生周末思想政治教育”课教学竞赛理论宣讲第二名的好成绩。下半年学院举行 11 场专场，共计 16 家企业招聘会，做好来校招聘各企业的接待工作，确保了 2019 届毕业生年底就业率 96.58%。

# 音乐学院

1．概况

学院始建于 1987 年，历经重庆师范高等专科学校音乐系（1987 年）、渝西学院音乐系（2001 年）、重庆文理学院音乐系（2005 年）、重庆文理学院音乐学院（2008 年），已有 30 多年的办学历史。1987 年面向四川省招收首届音乐教育专业专科学生， 2002 年面向全国招收音乐学（师范）专业本科学生，2004 年招收舞蹈学（师范）专业本科学生，2009 年招收音乐学（音乐表演）专业本科学生，2011 年音乐教育专科专业停止招生。

学院坐落在景色秀丽的星湖校区，现设音乐系、表演系、舞蹈系 3 个教学系，有理论、声乐、钢琴、器乐、舞蹈 5 个教研室。现有教职工 64 人，其中教授 6 人，副教授 17 人，讲师 32 人，博士、硕士比例达 69%。有文化部“文华音乐创作奖”和“五个一工程”奖获得者 1 人，重庆市舞台艺术创作专家委员会成员 1 人（重庆市高校唯一一位委员），国家二级编导 1 人，博士 6 人，常年聘有白俄罗斯、乌克兰外教 2 人，校内兼职教师、外聘专业院团专业教师 20 余人，外聘国内知名专家为客座教授 8 人，省（市）级中青年骨干教师资助人选 2 人，校级教学示范岗 4 人、教学新秀 2 人。学院现有音乐学（师范）、音乐学（音乐表演）、舞蹈学 3 个本科专业，面向全国 10 余个省（自治区、直辖市）招生，在校全日制本科学生 1 000 余人。

2．教学工作

学院秉承“博学诚信、德艺双馨”的院训，改革发展，求真务实，突出重点，狠抓落实，实行“教学、实训、比赛”一体化建设，坚持“以赛促训、以赛促教、以赛促学”，实现专业技能训练“课程化”，以赛促训，开展音乐学院师范生基本功技能大赛，教学、学工联动，促进学风建设。

深入推进“五大”教学改革，在遵循专业特点和课程基本要素的基础上，在课程教学内容、教学方式、课程考核方式、毕业论文（设计）方面持续改进，精心策划、组织实施音乐学院教学督导工作，全面推进同行评教工作，创造性开展毕业生从业技能验收工作，实现学院“基础工作有新举措，重点工作有新突破，常规工作有新发展”，在制度建设、教学改革、艺术实践、学科竞赛、党团工作等方面取得了优异成绩。开展“教学示范岗”教师上示范课、“教学新秀”教师上展示课活动。

由学院舞蹈系主任、国家二级编导黎丙松，舞蹈青年教师陈怡萱（北京舞蹈学院硕士研究生）、吴司祺（云南艺术学院硕士研究生）创编、指导的女子群舞作品《卡布·擂茶》赴浙江音乐学院与来自北京舞蹈学院、中央民族大学舞蹈学院、上海戏剧学院等国内顶级艺术（舞蹈）院校的 34 个群舞类节目同台竞技、展演。音乐学专业获批重庆市一流专业立项建设项目。学院获学校 2019 年“三育人先进集体”奖。

3．科研工作

大力加强产学研合作，助力培养应用型人才。组织师生参加中共南宁市委宣传部、文化广电和旅游局出品的大型舞剧《刘三姐》全国巡演，用经典人物的舞台形象塑造向中华人民共和国成立 70 周年献礼。应邀参加由重庆陆军预备役高射炮兵师外训部组织的“我和我的祖国”快闪活动，学院师生 320 余人参加演出。

以学科和专业技能大赛为载体，促进学生应用型能力提升。组织师生参加重庆市第十一届青少年国际标准舞锦标赛音乐学院体育舞蹈队，获一等奖 1 项、二等奖 1 项，第三名、第四名各 1 项。在第 38 届重庆市大学生“校园之春”之大学生校园十佳歌手大赛决赛中，学院选手获专业组第二名和第三名，获“十佳歌手”称号。第六届重庆市舞蹈比赛决赛，学院与永川区文化与旅游发展委员会联合选送的三人舞《戏凳游龙》获“独双三”组创作三等奖、表演三等奖，学院选送的男子群舞《雪域天路》获群舞组创作三等奖、表演三等奖，女子群舞《祖孙情味》获群舞组创作三等奖，与重庆大学艺术学院、重庆演艺集团等六家单位同时获“优秀组织奖”。

邀请中国音乐学院声歌系声乐博士、男高音歌唱家、周强副教授来校讲学。陈亚芳老师的“重庆大足石刻造像中唐宋舞蹈考察与研究”获立 2019 年度重庆市社会科学基金项目，苏豫晟老师的“西方室内乐在我校发展路径探索”和沈鹤雪老师的“当代音乐诠释研究”分别立项校级科研项目。学院宋广亮、彭琰、陈晶老师分别获学校横向科研项目立项，合计项目经费超50万元。

4．学生工作

结合学生专业特点，拓展艺术实践渠道，通过社会实践、校内外演出、参加各类专业比赛、举办各类专场音乐会、邀请名家作报告等艺术实践途径，提升学生专业技能，提高学生综合素养。学院以学校申硕核心指标服务地方为契机，不断加大对外产学研艺术实践力度，与西安天蕴文化传播有限公司、陕西观山水文化传媒有限公司、南宁文化艺术剧院、永川文化与旅游发展委员会、重庆渝南文化有限公司、江北区文化馆、永川区文化馆、重庆扬然文化传播公司、四川浩越文化传播公司、湖南省歌舞剧院、重庆春声教育文化有限公司、永川区电视台、永川区茶山竹海旅游有限责任公司等单位合作，锻炼提高学生专业能力，取得良好的经济和社会效益。截至12月25日，服务地方艺术实践项目20项，项目到账经费360余万元。截至12月31日，2019届毕业生就业率95.3%，15人考上硕士研究生。

# 美术与设计学院

1．概况

学院创办于1992年，现开办有美术学（版画、国画、油画专业方向）、环境设计、视觉传达设计、动画、服装设计与工程等5个本科专业。

学院下设美术学系、环境设计系、视觉传达系、动画系、服装设计与工程系五个系和造型基础教学部。现有专任教师58人，其中教授8人，副教授15人；具有博士、硕士学位的教师43人。特聘请著名雕塑家、美术教育家江碧波教授担任学院名誉院长，引进韩国江原大学张乃千博士、韩国国立群山大学韩清波博士、英国爱丁堡大学刘源源博士以及我国江南大学张静博士等5人，聘请行业双师型教师20余人，长期聘任俄罗斯、乌克兰、意大利、马来西亚等外籍教师来校任教。

学院拥有校级现代视觉艺术实训中心。已建成空间场景感知与体验实训室、三维虚拟仿真设计实训室、室内外光环境仿真设计实训室、无纸动画实训室、版画制作与印刷实训室、服装专机实训室、安陶传承与创新实训室、雕塑等专业实训室18个。建有“巴渝文化与环境设计”等专家教授工作室（坊）20个。建成学生成果孵化中心14个、创新创业实训基地12个。设备数近658余台件，设备价值一千万余元，实训教学用房2244平方米。构建起“认知实训、课题实作、 仿真实战、工程实创”四位一体的美术与设计专业实践教学体系。

2．教学工作

开展和推动美术与设计学院的学科建设，6月，环境设计专业成功申报重庆市一流专业，12月，“乡村景观规划设计”课程申报国家级一流课程。9—12月，全院教师开展了2020版人才培养方案的调研和教学研讨，初步完成了2020版人才培养方案的初稿。申报校级“课程思政”建设项目8项，获教育部合同协同育人项目立项3项，完成学术专著及教材3部。

在全国大学生广告学院奖大赛中，视觉传达专业学生获银奖1项，等级奖

41 项，优秀奖 23 项，入围奖 17 项；在中国大学生广告大赛中，视觉传达和动画专业获全国三等奖 1 项，优秀奖 4 项，重庆赛获奖 44 项，一等奖 3 项，二等奖 3 项，三等奖 13 项，优秀奖 25 项；中国建筑装饰协会 CBDA 大赛中，环境设计专业获金奖 2 项，等级奖 25 项；重庆市服装行业制板师技能大赛获十佳 2 项，优秀奖 5 项，学校获优秀组织奖。

学院与中国乡建院、奥雅设计股份有限公司等行业龙头合作，新建实践教学基地 10 个。动画专业学生参与制作达瓦未来影像公司“数字阅兵”任务中三维可视化和 VR 虚拟仿真模块；环境设计专业学生参与重庆市荣昌区远觉镇人民政府乡村景观规划项目，把知识转化为生产力；视觉传达设计专业学生参与杨勇老师乡村振兴项目，横向资金达 277 万余元，与达内集团进行教学合作，教学成果显著；美术学专业学生参与重庆尤孚少儿培训机构校企合作项目，学生的专业知识得以应用和拓展。

3．科研工作

举办项目的知识产权挖掘与成果转换愿景、英国伯恩茅斯艺术大学访学汇报、2019 年度教育部人文社会科学研究项目“古代巴蜀地区摩崖石窟造像群的空间观研究”开题报告会、广告行业经验分享会等活动。举办或参加了 8 项各类级别的艺术设计作品展。新建重庆大侗文化传媒有限公司等 7 个教学科研基地。获 7 项省部级、地市级课题立项。

2019 年，学院教师公开发表科研论文 26 篇，其中核心期刊 2 篇，A 类期刊 1 篇；入选获奖各级展览近 200 幅；美术设计品收录至《中国高等院校设计作品精选年鉴（2019 卷）》，获二等奖 2 幅、优秀奖 1 幅；设计作品参加第九届中国国际空间设计大赛设计作品获三等奖 1 幅、优秀奖 1 幅；成功出版学术专著 2 部、教材 1 部；获地方横向项目 43 项，到位资金近 1150 万元，预计最后到账资金达 1 250 万元。

4．学生工作

开展“不忘初心、牢记使命”主题画展、“纪念新中国成立 70 周年”主题书画展、“我和我的祖国”主题摄影展、第三届公益广告大赛等主题活动，结合专业特点，通过创作把党的理论思想和国家建设成果用艺术作品呈现出来，把德育和美育结合起来，实现艺术与思政的有机融合，做到学习教育入脑入心、有效有用，提升主题教育效果，营造了学院良好的主题教育氛围。

依托学院优秀教育资源，参与国庆阅兵虚拟项目制作等，精心策划“讲革命精神，讲红色故事”主题宣讲活动，建设学生党员学习室，搭建专门的学习场所，完善学生骨干理论学习制度。通过建设文创中心，运营“重文理美院”微信公众号和重文理美院 QQ，创作革命精神漫话系列、学习漫话系列、榜样力量等原创作品 120 余篇，网络总阅读超过 13 000 余次。

开展 2020 版人才培养方案改革，推进主题教育常态化。在 2019 年“中华魂”征文活动中，学院获多项荣誉，刘宝蓓和申亭 2 名同学获征文一等奖，赵勇同志获优秀辅导员称号。2019 年度，师生获市级以上奖项累计超过 200 人次。深入永川区五间镇、江津区四屏镇、爱颐养老院等单位，通过艺术扶贫，深入群众，积极开展社会实践和志愿服务活动。

# 教育学院

1．概况

学院始建于 1998 年，现有小学教育、学前教育、应用心理学三个本科专业，全日制在校学生 1 700 余人。

学院现有教职工 78 人，其中教授 11 人，副教授 17 人，博士 22 人，硕士 41 人。学院建有市级重点实验室"情绪与心理健康实验室"、教育创新研究院、教师发展研究所、职业教育研究所、脑与认知神经科学研究所、蔚蓝心理健康教育与咨询中心。

学院"心理学"是市级重点建设课程，"中小学教育科研方法"是市级精品课程，教育学课程群是市级教学团队，重庆市脑科学协同创新中心核心协同单位，"心理学"和"教育学"是校级重点学科，"应用心理学"和"学前教育"是校级特色专业，学院是重庆市幼儿骨干教师培训基地和重庆市幼儿园园长二级培训基地。

2．教学工作

学院根据教学运行情况，进一步修改完善了教学管理制度。主要有《教育学院调停课管理办法》，保障正常教学秩序，严肃教学纪律；《教育学院外聘教师管理办法》，进一步规范和完善校外教师的聘用与管理；《教育学院党政领导联系教研室制度》，促进学院党政领导与教研室的沟通，强化对教研室工作的指导和监督力度，进一步加强教研室的建设；《教育学院学籍预警管理办法》，进一步强化对学生的学业管理，加强学风建设，改革传统的"事后处理型"管理为"事前预防型"管理。

学院有 15 门课程获得学校专业核心课程改革立项，占全院专业核心课程的 44%，其中 7 门课程已结项。"班队工作与活动设计""音乐基础""音乐与小学音乐教学"3 门课程获得重庆文理学院"课程思政"建设项目立项，"音乐与幼儿歌曲创编 3"正在积极申报国家线下一流课程。

方京英老师获重庆市普通本科高校课堂教学创新大赛第一名，叶静获全国

“中华魂”主题教学活动一等奖，向晋辉获第三届“金果源”“学生最喜爱的教师”称号，周昆老师的《卓越小学教师职前职后协同培养机制的研究与实践——基于教育部“卓越教师培养计划 2.0”的视角》获重庆市 2019 年高等学校教学改革研究项目立项，葛缨老师的《虚拟现实技术在心理健康类课程中的应用》、田兴江和邓亚萍老师的《基于儿童生活世界的绘本解读、教学设计与师资培训》获 2019 年第一批产学合作协同育人项目立项。

3．科研工作

学院围绕教育硕士申报这一中心工作，对院内院外资源进行了有机整合。将教育学重点建设学科的四个研究方向和教育创新研究院设立的研究中心的研究方向进行整合，使之全部聚焦于基础教育研究。将原来的学科方向调整为小学教育和学科教学（语文）2 个方向。

引进高光、丁秀英 2 名博士。葛缨获教育部留学基金委出国进修西部地区人才培养特别项目资助，赴澳大利亚纽卡斯尔大学访学交流 1 年，崔淑静赴布拉格查理大学教育学院攻读博士学位，费秀芬赴马来西亚沙巴大学教育学院攻读教育学博士学位。陆宇润和冉晓芹在西南大学攻读博士学位，田兴江在四川师范大学攻读博士学位。2019 年，学院柔性引进的美国威奇塔州立大学何吉波博士，获重庆市教委“巴渝学者”讲座教授人才称号。2019 年，学院 50 余人次参加了各种类型的会议及研修班培训。

2019 年，学院教师发表各级各类论文 37 篇，其中葛缨在 *The Journal of Positive Psychology* 发表 SCI 一区论文 1 篇，胡媛艳在 Plos One 发表 SCI 二区论文 1 篇，何华敏在《中国教育学刊》发表 B 类刊物论文 1 篇，其他教师在北核及以上刊物发表论文 19 篇。2019 年，葛缨、贺能坤分别出版学术著作《眼动追踪：用户体验优化操作指南》《内地西藏班教育成效研究（1985—2015）》；曹荣誉出版教材《小学班级管理》，谭佳出版教材《学前儿童健康教育》。2019 年获各级各类项目 12 项。其中孔庆波的“我国乡村体育文化发展评价与振兴战略实施研究”和王蕾的“互联网时代藏传佛教信众心理危机预警及干预机制研究”获国家社会科学基金项目立项支持。2019 年，学院横向科研经费到账 310 万。

4．学生工作

2019 年，学院举办主题为“栉风沐雨七十载，砥砺奋进再扬帆”原创诗歌朗诵大赛，活动紧扣纪念中华人民共和国成立七十周年这一主题，同学们表达了对祖国的美好祝福，充分展示了当代大学生的精神风貌。

以“学生工作品牌”建设为契机，经过团总支的认真策划和精心组织，成功举办了“学生技能大赛”“原创诗歌朗诵大赛”“儿童情景剧表演大赛”“教具制作比赛”“音乐技能展示”“2019 届毕业生欢送晚会”“2019 级新生迎新晚会”等第七届“教育节”系列活动。学生参与率达到 90%以上，充分达到了“以赛促训”的效果。

在全国心理学专业本科生心理辅导课教学比赛、第十六届“挑战杯”全国大学生课外学术科技作品竞赛、上海国际青少年钢琴大赛、2019“央音”全国青少年艺术展演原创歌曲大赛等国家级比赛中，5 人获得一等奖，6 人次获二等奖，23 人次获三等奖。第五届中国“互联网+”大学生创新创业大赛、大学生“爱我国防”主题演讲比赛等市级比赛中，45 人次获一等奖，68 人次获二等奖，28 人次获三等奖。在学校第十九届田径运动会中，学院获甲组总成绩第一名和甲组女子团体总分第一名，实现了四连冠。学院 300 余人在学校各级各类活动和比赛中获奖。

学院 2019 届本科毕业生 395 名，就业人数 368 人，就业率 93.16%。其中，286 人（含小学教育全科教师专业）实现对口就业，17 人考上研究生。

# 经济管理学院

1．概况

学院前身是1984年成立的重庆师专政史系以及马列主义教研室和1986年成立的渝州教育学院政教系，1994年开设工商管理专业；2001年两校合并升本，成立政法与经管系。2005年3月，成立经济与管理系，2008年7月，更名为经济与管理学院，2011年12月更名为经济管理学院，2014年4月成立建筑工程学院，更名为经济管理学院/建筑工程学院，实行两个学院一套班子合署办公。2019年7月经济管理学院/建筑工程学院分离，并将数财学院的财务管理专业划转，成立经济管理学院。

学院开设有工商管理、物流工程、财务管理三个本科专业，其中工商管理专业是学校特色专业，拥有各国留学生20余人，培养国际化管理人才；财务管理专业实施“合格+”人才培养，与广州中博教育合作进行ACCA、CMA人才培养，提升人才培养质量，增强专业竞争力。各专业报考率、就业率都位居学校前列，学生规模近1300人。

学院现有教职工51人，其中，教授11人，副教授10人、兼职教授3人，博士19人，硕士28人，留学（访学）归国教师11人。学院拥有一支学历结构以博士、硕士为主体，年龄结构以中青年为主体，“双师型”教师能力突出的师资队伍。

开设“统计学”“品牌管理”2门省（市）级精品课程和“市场营销”“财政与金融”“宏观经济学”3门校级重点课程及“国际金融”校级双语课程，有1个市（省）级教学团队——品牌管理系列课程教学团队。

2．教学工作

本着“经世济民、厚德尚能”的院训，完成了2020版人才培养方案初稿编制工作。根据学校机构调整，整合学校原数学与财经学院财务管理专业到学院，谋划审计学、供应链管理、跨界电子商务等相关新商科专业，着力构建新商科专业优化集群建设。扎实推进课程教学改革，在全校仅有5门课程的指标下，打造出 1 门课程申报国家级一流课程，获校级一流课程建设 2 门。学院教师申报课程思政项目立项 5 项，教育部协同育人项目 7 项，发表教研教改论文多篇。

与大数据学院进行协调沟通，为学院划转 4 间教学用实验室，增加实验实训资源，保障实验教学。完成第五轮跨专业综合仿真实训教学。2019 年实验室开放 9 000 余时数，计 30 余门课程 1 000 余学生完成实验实训教学。重视实验室安全，强化实验室责任，落实检查职责，完成 4 次集中检查。启动 2020 届毕业生的毕业实习和毕业论文工作，搭建校企合作平台，积极拓展校外学生实践实习基地 2 个。

组织学生 100 人次参加各类省部级以上学科竞赛，成效良好，有 50 人次获奖。其中新增的全国高校企业价值创造实战竞赛、全国大学生物流设计大赛两个项目获得学校支持。

3．科研工作

2019 年，横向项目立项 29 项，科研经费达 1 200 多万元，位居全校第二，超额完成学校申硕指标。在纵向项目中获立项的省部级以上项目 6 项，其中教育部人文社科西部青年项目 1 项，市发展改革委重大项目前期工作专项 1 项。

2019 年，发表文章 57 篇，其中教师以第一作者发表的有 43 篇，31 篇是北大核心以上。SCI 一区的文章 2 篇，SCI 四区的文章 1 篇，EI 期刊论文 5 篇，双核期刊文章 7 篇。

2019 年，5 位教师参与撰写 11 个研究报告，其中第一作者有 5 项，有 2 篇获重庆市领导的重要批示，相关内容成果在重庆市政府物流口岸办、重庆市科技局得到应用转化；有 2 篇获重庆市副市长批示，1 篇获贵州省文化和旅游厅的采纳应用。学院教师主持或参与的成果喜获丰收，《关于提升对“一带一路”国家高性价比人才来渝工作吸引力的建议》获重庆市人民政府人民建议奖三等奖，《建议我市在全国率先增开 2 条拓展中亚-中欧市场的南线班列》获重庆市人民政府人民建议奖优秀奖；《职业教育校企联合办学模式研究》获重庆市第六届优秀教育科研成果奖二等奖，《统筹城乡发展中新生代农民职业教育培训模式比较研究》《喻茂坚“忠孝读耕”思想与现代社会治理》获重庆市第六届优秀教育科研成果奖三等奖；《人民政协视域下新的社会阶层政治参与机制研究》获市委办公厅人民政协理论研究优秀论文二等奖1项。

4．学生工作

通过周末思想政治教育课等途径开展学生诚信主题教育，组织开展诚信主题教育活动10余场，主动宣传学校的相关学生管理制度。开展“不忘初心、牢记使命”资助诚信教育主题征文、视频比赛，评选一等奖6名、二等奖10名、三等奖13名、优秀奖16名，通过活动的开展，全面提高学生的遵章守纪的意识，营造良好的诚信氛围。

召开以“逐梦青春七十载，山水一城‘寓’见你”为主题的寝室文化大赛、学生的社会实践汇报大会、市场营销大赛、“创青春”“学创杯”“互联网+”创新创业大赛等系列活动，学生学习风气进一步好转。组织学生参加课内外体育锻炼活动，引导学生在课外加强身体锻炼，让学生体育运动与学习劳逸结合，学院在学校运动会取得男子总分第二、女子总分第三、团体总分第三的佳绩，荣获优秀组织奖。

组织开展“讲红色故事、讲革命精神”线上线下宣讲活动，充分运用红色资源，传承红色基因，提升学生思想政治素质，凝聚学生为实现中华民族伟大复兴中国梦的蓬勃力量。组织第667期“星火”周末文化广场暨2019级迎新晚会，展现经管学生的风采和魅力，为学生在学习之外能够展示自身特长提供良好的平台。组织开展“回忆杂货铺”“以公心听，以学心辩”“‘乒’搏正当时”等活动，努力培养学生团结协作的能力。组织开展迎新足球、迎新篮球赛等集体活动，让学生在运动中得以成长，收获友谊，让2019级新生深切感受到经管大家庭的温暖，增强集体荣誉感。

# 旅游学院

1．概况

学院成立于 2008 年，是学校首批示范性应用型二级学院，中国会展经济研究会和中国会展教育论坛“产教融合示范基地”，全国会展教育优秀院校。学院现有专职教师 31 人，其中教授、副教授 6 人、博士 12 人（含在读 5 人），9 名教师有国外留学经历，1 名教师具有澳大利亚 TAFE 院校Ⅳ级教师授课资格。聘有著名专家学者、企业家 10 余人为兼职教授。学院是中国会展经济研究会、中国旅游饭店业协会、中国旅游协会旅游教育分会、重庆市旅游商会、重庆市导游协会会员单位，重庆会展行业协会理事单位，重庆市高等教育自学考试会展专业、旅游专业主考单位，世界研学旅游组织（WRTO）会员单位。

学院设有会展经济与管理、旅游管理与服务教育、旅游管理与服务教育（对口-本科）、旅游管理与服务教育（对口-长航）、旅游管理与服务教育（对口-洲际）五个本科专业（或专业方向）。现有 19 门立项建设的校级核心课程、5 门校级精品（在线）课程、2 门重庆市高校精品在线开放课程，获教育部高教司产学合作协同育人项目 7 项。会展经济与管理专业是全国举办会展本科教育的 50 多所高校中第一个在中国西部地区率先开办的本科专业，专业竞争力排名一直保持在全国前 15 位，2015 年立项为重庆市本科高校“三特行动计划”特色专业，2019 年进入重庆市本科一流专业立项建设项目。旅游管理与服务教育本科专业在全国 19 所举办该专业的院校中排名第 2 位。

学院设有“三系一中心（三所）”，即会展系、旅游系、饭店管理系，旅游发展研究中心（下设会展经济研究所、旅游经济研究所、饭店管理研究所）等教育科研机构。“旅游管理”学科下设 5 个研究方向，分别为区域旅游规划与管理、旅游产业经济与效能管理、旅游文化与企业服务管理、会展经济与管理、旅游大数据与服务营销管理。

学院教师先后主持国家级课题 2 项、省部级课题 63 项、地市级课题 12 项，横向课题 42 项，指导学生科研立项 92 项，出版学术著作 34 部，获得专利 7

项，在核心期刊发表学术论文 86 篇，纵向科研课题经费总额达 306 万，横向课题经费总额达 469 万。2019 年获洲际酒店集团英才培养学院“最佳校企合作管理奖”，最佳东方高峰论坛 2019 年度“优秀人才培养院校”奖。

2．教学工作

开设第三届卓越英语专项技能提升班，在 2017 级学生中录取 21 名同学，培养和造就一批既有丰富理论基础知识的专业人才，又具有宏观视野的国际化、信息化复合型人才。已有 3 人赴马尔代夫开展海外实习，有 10 人申请赴马来西亚攻读硕士学位。开设卓越导游培训班，在 2016 级、2017 级、2018 级三个年级学生中进行选拔，为学生提供了实习岗位，帮助学生与行业、岗位实现零距离对接。有序推进会展职业经理人实验班建设。

2019 年，学院会展经济与管理专业成为重庆市 2019 年本科一流专业立项建设项目，3 项教育部产学合作协同育人项目立项，1 项重庆市级教改项目立项、3 项校级教改项目立项，7 项“课程思政”项目立项。

在全国商科教育实践教学大赛中，学院教师获课程建设实践教学方案设计一等奖一项、二等奖一项、三等奖一项，学校获“最佳院校组织奖”。获 2019 年全国高校商业精英赛挑战赛暨第十三届全国高校会展创新创业实践竞赛会展项目策划赛、会展项目调研赛两个一等奖；获第十六届“挑战杯”全国大学生课外学术科技作品竞赛重庆市选拔赛二等奖一项；获永川区第十届旅游服务技能大赛二等奖一项，三等奖两项；获永川区第五届创新创业大赛三等奖一项。获最佳东方高峰论坛 2019 年度“优秀人才培养院校”奖、洲际酒店集团英才培养学院 2019 年度“最佳校企合作管理奖”、被中国会展经济研究会和中国会展教育论坛授予“产教融合示范基地”。新增华为安朴酒店、浙江绍兴饭店等 7 家实习基地，涵盖旅游、酒店和会展三个专业，新增新业态实习基地。

3．科研工作

旅游发展研究中心自 2009 年成立以来，已从单一的旅游研究扩展到旅游、酒店、会展等多领域研究，机构成员增加至 14 人。2019 年，新增承担课题 29 项，发表相关论文 31 篇，出版专著 2 部，编著 1 部，主编教材 1 部。

学院成立学术委员会，院长担任学术委员会主任。11 月 26 日，召开 2019

年学术委员会全体委员会议，会议初步确定，在旅游管理学科下设 5 个学科方向，分别为会展经济与管理、旅游文化与教育管理、旅游经济与管理、乡村旅游规划与管理、旅游经营与大数据营销。

教师申报科研课题 32 项，包含国家社科基金项目 3 项，国家自然科学基金项目 1 项，教育部人文社会科学研究项目 4 项，文化和旅游局项目 2 项，市级项目 18 项，永川区经济普查课题 9 项，校级科研项目 2 项。其中立项纵向课题 11 项，金额 23.95 万元；承担横向课题 15 项，合同金额 334.3 万元。

教师公开发表学术论文 31 篇，其中一般期刊 24 篇，EI 会议论文 4 篇，中文核心期刊 1 篇，CSSCI 类期刊 2 篇。2019 年旅游学院出版专著 2 部，编著 1 部，教材 1 部。

4．学生工作

重视大学生思想政治工作队伍的建设，依托魏良福名师工作室，积极打造职业型、专家型辅导员，结合成员的各自优势和特点，针对性的分类送培，送培辅导员外出学习进修 3 人次；鼓励成员进行大学生思想政治科学研究，2019 年，学院老师出版专著一部，1 名辅导员获批重庆市级思政课题项目。鼓励辅导员积极参加辅导员职业技能大赛、辅导员网文大赛、就业指导课程大赛等各级各类比赛，获校级、永川区级奖励 3 人次。

举办第十届旅游文化节，开展导游之星大赛、中餐宴会服务技能大赛、饭店服务情景剧大赛、会展方案策划大赛、旅游线路策划大赛等众多专业技能大赛，强化学生专业技能，倡导实践动手能力培养，达到学以致用，以赛促学的目的。

落实“一把手”工程，认真进行择业观教育，鼓励学生“先就业，再择业”，积极为毕业生提供就业岗位。10 月 25 日，学院组织 20 余家景区、旅行社、酒店、会展公司、邮轮、OTA 等企业来校开展专场双选会，为学院 2020 届学生提供就业实习岗位 300 余个。强化创业培训，申报大学生微型企业，孵化大学生创业项目，鼓励大学生创业实践。

# 人工智能学院

1．概况

学院开办计算机类专业始于1993年的计算机应用专科，2001年开办计算机科学与技术本科。2008年7月成立计算机学院，2012年1月更名为软件工程学院，2019年7月更名为人工智能学院。重庆服务外包学院是中国服务外包人才培养校企合作示范单位，于2009年3月经重庆市教委批准成立，隶属重庆文理学院，2012年1月与软件工程学院合并。学院秉承“德以诚信为本，技以实战为先”的院训和“回归工程实践”的教育理念，开办有人工智能、计算机科学与技术、网络工程和软件工程等四个专业，2015年开始与重庆理工大学联合培养硕士研究生。其中计算机科学与技术是重庆市特色学科群专业，软件工程是重庆市特色专业、重庆市一流专业立项建设项目和校级首批新工科示范专业，网络工程是华为十佳ICT合作院校专业。学院现有在校学生1300余人。

学院设有“两系两中心一空间”，即软件工程系、网络与信息工程系、多维感知与智能识别重庆市工程研究中心、重庆市计算机工程实验教学示范中心、重庆市科委与教委双授牌“e创星空”众创空间。现有专任教师53人，其中教授8人，外聘教授6人；博士12人，博士生导师1人，硕士生导师5人；海外研修经历教师17人；重庆英才计划人才1人，重庆市学术技术带头人后备人选1人，重庆市中青年骨干教师2人，重庆市高校“年度十大双创明星”称号1人。学院获重庆英才·创新创业示范团队1项，重庆市精品在线开放课程5门、重庆市教学成果奖2项、重庆市教育科研成果奖2项、吴文俊人工智能科学技术奖1项、中国产学研合作创新成果奖1项、省部级科技奖3项。

2．教学工作

学院与中软国际合作挂牌成立“中软智能工程学院”，企业项目资源和平台助力学院大数据、人工智能等人才培养。4月，学院加入CDIO工程教育联盟，成为联盟成员单位。软件工程专业作为重庆市级特色建设专业，7月，升级立项为重庆市一流建设专业。改造传统专业，借助华为ICT学院产教融合改造网络工程专业，开办华为试点班。借助永川软件园和帮考教育，持续开办政校企合作的计算机科学与技术专业。引入中软国际，落地新型二级学院改造软件工程专业。

拓展面向新工科的智能类专业，申报新人工智能专业。软件工程专业与重庆科创、重庆财经职业技术学院联合开展3+2贯通分段培养试点正式招生，共计88人。计算机科学与技术专业与重庆财经职业技术学院联合申报2020年重庆市普通本科高校与高职（专科）院校贯通分段培养试点。

2018级计算机科学与技术、软件工程、网络工程实施大平台+方向模块的计算机大类招生，学生完成一年级教学任务后，按照分流方案，完成2018级计算机大类分流工作，完成学校大类招生分流的探索和实践。

学院建设的“程序设计基础”“信息技术基础”被评为重庆精品在线开放课程。建设“数据库原理及应用”“数据结构”“Web前端开发”“多媒体课件制作”等四门MOOC资源，并在重庆市在线开放平台成功上线并投入使用。

立项重庆市教育教学改革重点研究项目1项（回归课堂原点的应用型本科院校教与学创新体系研究与实践），立项产学合作协同育人项目6项。“信息技术基础”“平面设计”两门课程立项为中国高校计算机教育MOOC联盟线上线下混合式教学改革项目。

学院依托“e创星空”，借助“导师制”+“俱乐部”，进一步孵化学生在导师制模式下完成的工程项目成果，组织学生参加各类专业学科竞赛、创新创业大赛和创业实践，获省部级及以上奖励67项，重庆市创新创业计划训练项目4项，并在重庆市计算机设计大赛和第十届蓝桥杯软件类比赛获优胜学校奖。承办重庆文理学院第五届程序设计大赛。李强老师指导的参赛作品《基于NB-IOT的智能停车机器人》在中国高校计算机大赛—网络技术挑战赛中获西南赛区第一名。在2019年重庆高校年度十大“双创”明星决赛路演暨颁奖典礼上，马新强获2019年重庆市高校“年度十大双创明星”称号。

3．科研工作

王先平、高峰赴菲律宾攻读博士研究生，殷娇继续在澳大利亚 La Trobe

大学攻读博士研究生，王瑞胡、齐逸赴新加坡南洋理工大学访学研修。胡贵强博士赴电子科技大学做博士后研究。副教授黄羿博士毕业回校工作。引进澳大利亚籍博士杜若（重庆邂智科技工作）和加拿大籍博士李花。引入日本长崎综合科学大学刘震教授参加重庆英才大会。

马新强教授主持负责的健康医疗大数据智能平台技术与服务创新创业团队获重庆英才创新创业示范团队。马新强联合重庆市中迪医疗信息科技有限公司、四川大学、西南大学申报的“基于中迪（远程）医疗影像综合系统的智慧医疗远程诊断平台研发及应用”项目获重庆市科学进步奖二等奖（排名第二）。马新强团队的“基于医疗健康大数据的智能诊断分析平台产学研研发及应用”获中国产学研合作创新成果奖优秀奖。

立项省部级及以上科研项目 8 项（重庆市科技局面上项目 2 项），项目经费达 175 万元。横向项目 16 项，经费达 585 万元，创历史新高。发表学术论文 13 篇（EI 检索 8 篇，核心期刊 3 篇），其中邓林华、李光远博士发表 JCR SCI 一区 2 篇，实现 JCR SCI 一区论文发表零的突破。编写专著 1 部，实用新型专利授权 4 项，软件著作权 6 项。

4．学生工作

加强素质拓展和职业素养提升，举办新生户外素质拓展训练，加强新生适应性教育和团队协作精神。加强第二课堂体育素质拓展和训练，运动会获全校团体第六名和男子第三名，并在羽毛球比赛中获得男双第一名、男单第三名与第四名、混双第四名、团体第三名的好成绩。通过举办团组织生活、团校、专题党课、周末思想政治教育、“两讲”等活动加强对大学生的思想政治教育和引领。通过 IT 文化艺术节系列活动的举办不断加强大学生工程素质能力的提升。

加强与企业、校友的联系，学院组织相关教师赴北京走访调研了 58 同城总部、阿里巴巴北京中心、新浪总部、百度总部等多家企业，并看望学院在京工作的毕业生。组织 2005 级计算机科学与技术职本和计算机科学与技术 2 班毕业十周年座谈会。

# 材料科学与工程学院/新材料技术研究院

1．概况

2009年11月，中国工程院院士涂铭旌教授领衔创建重庆文理学院材料交叉学科研究中心，2013年12月更名为重庆文理学院新材料技术研究院。2019年7月，学校在研究院的基础上，成立材料科学与工程学院。材料科学与工程学科为重庆市重点学科。学院现有材料科学与工程、高分子材料与工程、材料成型及控制工程、金属材料工程等4个本科专业，在校学生700余人。材料科学与工程、高分子材料与工程专业为国家“双万计划”省级一流专业，材料成型及控制工程、金属材料工程专业是校级特色专业。学院设有招商局业奖学金、协同创新奖学金、科研专项奖励计划等奖学金；与俄罗斯托木斯克理工大学、新西兰奥克兰大学、美国加州州立理工大学开展学生交流互换项目。

2．人才队伍建设

拥有国家“万人计划”科技创新领军人才领衔的高水平交叉学科师资团队，现有教职工67人，教授11人，副教授22人，具有博士学位教师43人，博士、硕士生导师12人，留学归国人员10人。其中，国家“万人计划”科技创新领军人才、新世纪百千万人才工程国家级人选、重庆“百人计划”学者、重庆市科技创新领军人才、重庆市杰青、重庆市巴渝学者青年学者、重庆市中青年骨干教师等19人次，重庆市新材料开发及应用研究高校创新团队1个，重庆市材料表界面研究生导师团队1个。

2019年，李璐教授获重庆市杰出青年科学基金资助，外聘专家京东方集团薛建设博士、托木斯克理工大学帕拉萨多娃（Polisadova）博士获重庆市高校巴渝学者讲座教授称号，郭朝中、阮海波、田亮亮、陈善勇获重庆市高等学校巴渝学者青年学者称号，韩涛、郭朝中、田亮亮等15名同志担任国内外学术兼职。新引进博士4人，其中3人具有海外留学经历。俄罗斯托木斯克理工大学 Tatiana Korzhneva 博士进入重庆文理学院新材料技术研究院博士后科研工作站研究学习。

3．科研工作

牵头申报成为重庆市第四个非军事院校获得军工保密资质的单位，学院成为学校首个获军工保密资质的单位；重庆市 2011 微纳米光电材料与器件协同创新中心综合绩效评估“优秀”，并获 1 000 万元经费持续支持，重庆市高校高水平科研创新平台——微纳米材料工程与技术重点实验室立项获 300 万元经费支持；材料表界面科学重庆市重点实验室学术委员会成立，中国工程院院士、重庆大学潘复生教授受聘担任学术委员会主任。申报微纳米光电材料与器件省部共建协同创新中心、重庆市光电材料创新创业服务平台。“材料科学与工程”市级重点学科中期检查获评“优秀”。

联合获批国家工业和信息化部公共服务平台建设项目，立项国家、重庆市等项目 52 项，项目经费共计 2 000 余万元。发表论文 81 篇，其中 SCI 收录论文 71 篇（一区 11 篇，二区 31 篇）。申请国家发明专利 34 项，授权专利 44 项。制定并提交《机床刀具用碳氮化钛基超硬金属陶瓷》行业标准，参与国家标准《陶瓷覆层结合强度试验方法》《陶瓷粘接界面弯曲强度测试方法》制定工作。

“高世代液晶面板产线关键技术及应用推广”“纳米超硬耐磨涂层应用研究及技术推广”等 2 项成果分获重庆市科技进步一等奖、二等奖，“ZnO 薄膜掺杂及光电磁特性研究”获重庆市自然科学二等奖，可见光响应光触媒污水处理技术研发及应用、强韧—润滑一体化涂层及关键技术创新与产业化、工模具表面超硬低摩擦涂层技术开发及应用、机械装备用高端金属陶瓷精密零部件材料的开发及应用等 4 项成果分获中国循环经济协会科学技术奖二等奖、中国产学研创新与促进奖二等奖、中国表面工程协会科学技术奖三等奖、中国机械工业科学进步奖三等奖。

通过科技部国际合作重大专项的支持，与俄罗斯托木斯克理工大学共同研发的银纳米线关键材料及其成套设备关键技术以 5 100 万元估值正在转化，实现重庆首款超大尺寸柔性触摸屏技术在京东方高世代液晶及柔性显示量产线上的应用，多个型号的产品批量出口到美国电话电报公司等单位。

石一非博士团队研发出无线充电技术，实现了在多场景下为新能源汽车、智能机器人等提供无人环境下的安全快速大功率无线充电；该项目获美的集团股份投资，并获欧盟市场准入证明，成为阿里巴巴集团一级供应商（阿里体系中唯一一家无线充电供货商）。

翟福强博士团队联合重庆再升科技有限公司开发出隔热降噪玻璃纤维复合材料，已通过中国民航总局测试，试航测试后将大规模应用于C919大飞机的机舱防护材料，成为全球第三家、中国第一家对该类材料实现自主可控的单位。“一种具有矩形外花键空心轴及其制造方法”等8项科技成果，其中包括5项国家发明专利、3件实用新型专利，成功转化于溧阳市大地新材料有限公司、重庆万世新机械制造有限公司、重庆古月机电有限公司等企业。

承办2019重庆材料大会，来自重庆高校、电子科技大学以及俄罗斯托木斯克理工大学、新西兰奥克兰大学等高校、科研院所的专家学者和产业界人士300余人，围绕材料领域的建设与发展展开研讨交流，中国工程院院士、学校聘任的省级重点实验室学术委员会主任潘复生教授、学校校长黄伟九教授作大会报告。中国香港城市大学于欣格教授、美国加州大学洛杉矶分校裴启兵教授等13位国内外专家教授到校为师生做学术报告。

4．教学工作

2019年，材料科学与工程、高分子材料与工程入选教育部“双万计划”省级一流本科专业。材料科学与工程专业进入一本批次招生，启动材料大类一本招生准备工作。与重庆渝丰电线电缆有限公司、重庆三友机器制造有限责任公司等联合建立材料类专业实践教学基地。

获教育部产学合作协同育人项目立项21项，重庆市高等学校教改项目立项1项，重庆文理学院一流本科课程建设项目立项4项，重庆文理学院“合格+”多元人才培养项目立项1项，重庆文理学院“课程思政”建设项目立项5项。在重庆文理学院课程建设与教学改革优秀论文评审中，获一等奖1项、优秀奖2项。“材料学概论”上线重庆市高校在线开放课程平台。

探索特色班创新人才培养模式，加强“2+2”留俄国际班建设，与美国加州州立理工大学波莫纳分校签订“3+1”合作办学谅解备忘录，持续推进和开展涂铭旌创新实验班相关工作。

5．学生工作

领导班子、辅导员等深入学生寝室 150 余次，深入课堂 100 余次，与学生谈话 200 余次。多渠道做好学生意识形态工作，辅导员批改周记 5 000 人次，更新博文 28 篇、说说 1 000 余条，访客总量达 50 000 余人次，弘扬社会主义核心价值观，对学生进行了思想理论教育和价值引领。

组建新的团学组织，进行干事选拔，确立团学组织主席团及部门负责人成员，明确分工，为学生工作开展奠定基础。组织了 2019 永川区材料微结构大赛，被永川电台等媒体宣传报道。

2017 级材料科学与工程（留俄国际班）16 名学生中 8 名学生获公派出国留学资格，每人获 20 万资助。学生获学科竞赛国家级奖 6 项，市级奖 11 项，获授权专利 11 项。

# 智能制造工程学院

1．概况

学院是学校2019年6月为了适应重庆市机器人及智能装备产业发展需要、在原机电工程学院/机器人工程学院基础上组建的智能类产业型新工科二级学院，是重庆市重点建设的本科高校17个新型二级学院之一。

学院举办机电类专业始于1976年的农业机械化、农业电气化班（与重庆大学合作举办），连续招生两届后因办学方向调整而暂停招生。2002年学校升本改制向综合性院校发展过程中，陆续恢复招收机电一体化（数控技术方向）、机械制造及其自动化专科专业、机械工程及自动化本科专业学生。2019年7月，获批智能制造工程本科专业并正式招生。

学院设有智能制造工程、机器人工程、机械工程、机械电子工程四个本科专业，同时招收机械工程（专升本）和校企合作机械电子工程（对口本科）。

学院设有“四系（两室）一院三中心”，即机械工程系（附设机械基础教研室）、机械电子工程系、机器人工程系、智能制造工程系、机器人与智能装备研究院和重庆市工业机器人集成应用工程技术研究中心、智能产线重庆市2011协同创新中心、机电工程实训中心（附设实验实训教研室）。

学院现有专任教师61人，其中新世纪百千万人才工程国家级人选和国家有突出贡献的中青年专家1人，重庆市学术技术带头人及重庆市首批企业科技特派员1人，博士研究生导师2人，硕士研究生导师6人，教授副教授20人，博士29人，其他专任教师均具有硕士学位，50%以上达到“双师型”教师要求。同时，还聘有专家、企业“双师型”兼职教师20多人。

2．教学工作

面向智能制造领域，开展专业建设工作，获批“智能制造工程”新工科专业，首届招生98人。重庆市智能类新型二级学院完成中期验收，机械工程专业获批重庆市一流建设专业。

开展教学改革研究，获批教育部产学合作协同育人项目8项，其中2018

年第二批和 2019 年第一批分别立项 6 项和 2 项。获批重庆市高等教育教学改革重大项目 1 项。教师踊跃参加各类型教改项目，立项校级教改研究项目 6 项，立项专业核心课程改革 2 门，发表教研教改类论文 6 篇。

出台鼓励措施激励教师打造优质网络在线开放课程，重庆文理学院 2019 年精品在线开放课程培育项目申报 6 门，立项 3 门；2018 年市级平台上线的 2 门网络课程完成了市级 2019 年精品在线课程申报。教材建设工作持续提升，教师自编出版教材 5 部，其中张根保教授主编的《现代质量工程》（第 4 版）由国家级出版社——机械工业出版社正式出版，张根保教授以重庆文理学院为第一完成单位的《自动化制造系统》（第四版）获中国机械工业联合会科技进步三等奖。结合专业建设和课程建设规划，推进学院智能制造类专业课程的公开出版发行工作和校本教材、教学辅导书的编写工作。

3．科研工作

以合作单位主持了国家自然科学重点基金、国家重点研发计划、科技部 04 专项等项目国家重大专项子课题，主持了国家自然科学基金项目、10 余个单项在 100 万以上企业横向课题。立项有科研经费的课题 70 项，包含 21 项纵向科研项目，49 项横向科研项目。其中，国家级项目 2 项，省部级科研项目 16 项。承接企业创新券逾百项，涉及经费 500 余万元。

拥有重庆市科技进步一等奖在内的 5 个省部级奖项和 3 项教学成果奖，科研水平显示度高。获省部级科研奖励 4 项，其中“高性能特种车桥关键技术研究及产业化”获重庆市人民政府颁发的科技进步一等奖。

2019 年教师公开发表学术论文 53 篇，其中关于教学类论文 15 篇，其中 SCI 中科院二区以上高水平论文 6 篇。主编、参编教材 6 部。其中吴光永以科教结合的方式为重庆廷博科技有限公司开展了教学用试验无人机研制的项目，涉及项目经费 11 万元。教师获省部级项目立项较上年增长超过 100%。科研到账经费逾 1 700 万，较上一年增长超过 600%。

4．学生工作

为帮助新生及早确立、适时调整个人成长目标，增强学习动力和对目标的自我认同感，强化学生成长过程的管理服务，自 3 月开始，针对此前 2017、

2018 级同学填写的大学生涯规划表，对照检查和总结，评选出“十佳学科竞赛标兵”“十佳学业标兵”“十佳大学生涯规划标兵”。

第三届机器人文化节自 3 月举办以来，举行了包括“先进成图技术暨产品信息建模创新大赛”“三维数字化创新设计大赛”“循迹小车大赛”等在内的五个子项目，参加比赛学生人数 400 多人次。学生参加国家级、省部级大赛获三等奖及以上奖项 102 项。

组织辅导员参加职业能力大赛，彭瑶老师获 2019 年辅导员职业技能大赛一等奖，李树明老师获二等奖。采用党政齐管，就业办主抓，年级辅导员负责的制度，引进就业单位，搭建毕业生就业平台，2019 届毕业生年底就业率 97.6%，稳居学校二级学院第一名。

# 药学院/创新靶向药物国际研究院

1．概况

创新靶向药物国际研究院成立于 2013 年 7 月，是一所由国内外生物、化学、药学界高级研究人员组建而成、共同致力于探索开发全新药物的研究机构，研究范围涵盖了癌症生物学、分子生物学和药物化学等高精领域。药学院于学校机构改革中 2019 年 7 月设立。现开设有药学和制药工程 2 个本科专业，现有学生 360 余人。

现有教学科研人员 40 余人，其中，美国科学院院士 1 人，具有高级职称的教学科研人员 18 人，具有博士学位的教师 29 人，具有国外留学或工作经历的教学科研人员 15 人，重庆市“百人计划”人选 2 人，重庆市百千万工程领军人才 1 人、重庆市英才·创新创业领军人才 1 人、重庆市“巴渝学者”特聘专家、青年学者及讲座专家各 1 人、重庆市学术技术带头人后备人选 2 人，重庆市先进工作者 1 人，重庆市创新团队 2 个和重庆市高校创新研究群体 1 个、重庆市侨联首批特聘专家 1 人。先后聘请美国阿肯色大学、美国维克森林大学、美国加州大学伯克利分校、美国加州大学旧金山分校、意大利那不勒斯费德里克二世大学和英国伦敦大学 8 位教授作为学院首席科学家。

学院建有 1 个国家级和 3 个省部级高水平科研平台，拥有重庆市博士后科研工作站，药学学科获批重庆市重点培育学科。学院现有教学科研实验室面积 5 000 余平方米，教学科研仪器价值 3 000 余万元，拥有国家级科研平台创新靶向药物国家地方联合工程研究中心，激酶类创新药物重庆市重点实验室、创新靶向药物重庆市工程实验室和靶向创新药物重庆市 2011 协同创新中心等 3 个省部级科研平台。

建有药物合成实验室、药物分析实验室、药理学实验室、生物实验室、体外活性筛选实验室、SPF 级转基因动物房等实验室，拥有 400M 核磁、高分辨质谱、高内涵细胞筛选分析系统、小动物活体成像系统、荧光倒置显微镜、实时荧光定量 PCR 仪、Biotage 微波合成仪、转基因模型显微操作仪等大型教学科研仪器。

药学学科获批重庆市重点培育学科，近三年来在 *Cell*、*Angew. Chem. Int. Edit.*、*Org. Lett.*、*Adv. Synth. Catal.*、*Chem. Eur. J.*等国际知名期刊发表 SCI 论文 100 余篇，获中国、美国、欧洲、日本和韩国等国内外发明专利授权 10 余项，获得国家自科基金面上项目、青年项目 6 项，教育部留学基金、重庆市科技局重点研发项目等省部级项目 30 余项，项目总经费 3 000 余万元。

2019 年，自主研发的“抗 ED 与肺动脉高压一类新药”已成功转化，以 3 000 万元价格将该新药转让给重庆迪康尔乐制药有限公司。

2019 年，学院党总支坚持“党的建设 · 新药研发 · 人才培养”三位一体的建设思路，将人才培养、新药研发与党的建设有机结合，取得丰硕成果。

2．教学工作

通过在校生调研、毕业生在线问卷调研、用人单位调研、行业企业调研，提出 2020 版制药工程专业人才培养 “1 标准、2 认证、3 要素、4 要点”的修订意见，按时、有序、扎实推进制药工程专业、药学专业的人才培养方案修订工作。新建校外实习就业基地 4 家，获批重庆市硕士研究生联合培养基地 1 个。

送培新进教师教学能力提升主题工作坊 1 人、学科教学育人与课程思政专题网络培训 3 人、重庆市首届本科高校课堂教学创新能力大赛一等奖优质课堂示范课 13 人，制作“有机化学”“微生物学”微课视频 2 项，培育“药物合成反应”精品在线开放课程 1 项。

组织完成校级教改项目结题 3 项，申报 2019 年第一批产学研协同育人合作项目 3 项，选送重庆市第五届高校微课教学比赛的 2 项，申报 2020 年虚拟仿真实验教学项目 1 项，申报课程思政项目 2 项，培育课程思政项目 1 项，申报重庆市第七届大学生创新创业大赛培育项目 7 项，申报重庆文理学院一流课程 2 项，组织申报重庆市精品在线开放课程 1 项，立项第六届非教师教育类学生专业技能大赛项目 1 项，推荐制药工程专业申报优秀基层教研室 1 项。

2019 年，获国家级学科竞赛奖项 2 项，省部级学科竞赛奖项 3 项。积极培育 2020 年全国大学生生命科学大赛项目 2 项、申报第六届“互联网+”大学生创新创业大赛培育项目 2 项，申报 2020 年“国药杯”等国家级竞赛培育项目 8 项。

3．科研工作

2 月，国家发展和改革委员会办公厅下发《关于 2018 年度国家地方联合工程研究中心的复函（发改委高技〔2019〕180 号）》，学校牵头申报的“创新靶向药物国家地方联合工程研究中心”正式获批。学校成为重庆市第三所获批国家地方联合工程研究中心的高校，实现国家级科研平台新突破。

2019 年新增第三批重庆市学术技术带头人后备人选 2 人（陈中祝研究员和唐典勇教授），重庆英才·创新创业领军人才 1 人（徐志刚研究员），新增“巴渝学者”讲座专家 1 人（许川教授），新增“巴渝学者”青年学者 1 人（方波副教授）。2019 年新引进冯莹柱和欧科鹏博士 2 人。2019 年，送培国外博士后科研人员 5 名：胡春生——美国维克森林大学；李勇、方波、谭洪波——美国阿肯色大学医学院；罗燕——南丹麦大学。新增科研项目 27 项，其中横向项目 2 项（含创新券）。

新增国家自然科学基金青年项目 5 项。新增重庆市高校创新研究群体 1 项，重庆市自然科学基金面上项目 5 项，重庆市教育委员会科学技术研究项目 6 项，重庆市科委博士后基金 1 项。新增校级科研项目塔基计划 3 项（人才引进项目 1 项，一般项目 2 项）、塔尖计划 4 项，共 7 项。新增科研经费 273 万（国家级科研项目经费 117 万、省部级科研项目经费 85 万、校级科研经费 49 万和横向项目经费 22 万）。

2019 年，发表 SCI 论文 19 篇，其中一区论文 2 篇，二区论文 3 篇，三区论文 5 篇以及四区论文 8 篇。徐志刚教授、陈中祝教授与美国维克森林大学林慧观教授团队合作在生物顶级期刊 *Cell* 上发表重要研究成果“*Lactate Is a Natural Suppressor of RLR Signaling by Targeting MAVS*”，首次揭示了糖代谢过程中的代谢物——乳酸在先天免疫 RLR 信号通路中的抑制作用（*Cell*，2019，178，189）。“新的 5 型磷酸二酯酶抑制剂及其应用”获中国发明专利授权（授权公告号：CN106279164B）和日本发明专利授权（2017-564549）。获得中国发明专利授权 4 项。

“抗 ED 与肺动脉高压一类新药”以 3 000 万元价格转让给重庆迪康尔乐制

药有限公司（成都迪康药业股份有限公司控股子公司）。该新药成果转化签约仪式在重庆雾都宾馆举行，重庆市人民政府副市长屈谦出席签约仪式。预期 5 年之内上市，上市三年内预估销售额会超过 5 亿元/年。

4．学生工作

在首钢京唐杯第十二届全国大学生节能减排社会实践与科技竞赛获二等奖 1 项；在第九届“国药工程-东富龙杯”全国大学生制药工程设计竞赛获二等奖 1 项、三等奖 1 项；在第十六届“挑战杯”全国大学生课外学术科技作品竞赛重庆赛区选拔赛获一等奖；在 2019 年重庆市高校第三届大学生化学实验竞赛获二等奖 1 项、三等奖 2 项。学生参与各类学科竞赛共计省部级以上奖项 22 人次。组织学生积极从事科学研究，2019 年学生累计在 *Advanced Synthesis and Catalysis*、*Journal of Molecular Structure* 等 SCI 期刊发表论文 9 人次。

辅导员王俊在学校第六届辅导员素质能力大赛中获理论宣讲三等奖、案例分析三等奖、谈心谈话二等奖、综合二等奖，并入选重庆市就业创业专家库成员，张益梅获国家自然科学基金立项、重庆市教委项目立项，张益梅、王俊获重庆市科技局项目立项。2019 级学生报到率 95%，2015 级学生就业率 95.38%，研究生录取 12 人。

# 土木工程学院

1．概况

学院历史追溯至学校经济管理学院2006年开设的工商管理专业工程造价方向，2007年，开设工程管理、土木工程专业，2014年4月，成立建筑工程学院，实行建筑工程学院、经济管理学院两个学院一套班子合署办公，2019年7月，建筑工程学院更名为土木工程学院并独立办公。

学院作为学校首批示范应用型学院，开设有土木工程、工程造价和工程管理三个本科专业，全日制在校本科生1 096人；现有教职工52人，其中博士23人，硕士24人，正、副高级职称18人，外聘兼职专家、教授6人；重庆市认定高层次人才1人，重庆市“十佳造价工程师”1人。

学院坚持“按照社会的需要培养人才，把人才送到社会需要的地方去”的办学理念，围绕“土实木华、应用为本、智能建造、内涵发展”的办学定位，着力培养适应建筑产业发展的高级工程技术人才。

2．教学工作

前往沈阳建筑大学管理学院和沈阳大学建筑工程学院实地调研。邀请教育部高等学校工程管理与工程造价专业教学指导委员会秘书长骆汉宾教授、住房和城乡建设部工程管理专业认证委员会副主任吴佐民教授莅临学院指导，开展2020版人才培养方案制定工作，指导工程管理专业认证教育工作。土木工程专业申报结构设计创新创业实验班，完成“合格+”结构设计多元人才培养一体化建设方案。

创新课堂教学，推动课堂革命，一流课堂建设已初显成效，在重庆市首届普通本科高校课堂教学创新大赛决赛中，魏燕老师的“建设法规”课程，新颖的“三阶段”和四个“1+1”教学模式，获二等奖。徐新瑞老师在重庆市第五届高校微课教学比赛中获三等奖。引导教师应用现代教育技术，有效利用现有优质教学课程资源，取得一流课堂教学向“以学为中心”的转变。

教育部“校企合作协同育人”项目立项10余项；新申报1项市级教改项

目，2 项市级微课项目，1 项市级“一流课程”建设项目，7 项校级“课程思政”建设项目，7 项校级“一流课程”建设项目；发表教研教改论文 10 余篇。

2020 届毕业生实习在全校范围内开展工科集中实习，新增 14 个实习基地，提升人才培养质量。为毕业生搭建了提高专业素质和实践技能的平台，创造更好的空间。优化实验室布局，提升了使用空间，解决了设备安装场地。2015 年已购工程结构实验室设备及 2016 年已购力学实验设备安装完成。2019 已购工程管理专业认证配套实验室项目设备到位。开展建筑技术白话实验室，工程训练馆、实验室文化墙、教学团队工作室等建设，极大满足了实践教学需要。

3．科研工作

申报国家自然科学基金 12 项，申报国家社会科学基金 9 项，申报教育部人文社科项目 8 项，立项国家社科项目 1 项、省部级项目 10 项目、校级项目 2 项。发表论文 32 篇，出版专著教材 5 部，申请专利 4 项。横向科研进账经费 1 000 万以上，横向课题累计合同金额 572.67 万，到账金额 347.67 万。

王明振博士协作中国地震局力学研究所、哈尔滨工程大学、天津市地震局、扬州大学、重庆交通大学获黑龙江省科技进步一等奖。结构设计竞赛团队在第二届重庆市结构设计大赛中获金奖，在全国比赛中获全国二等奖。

学院与中铁二十一局集团第五工程公司、中铁二十三局第六工程公司等 15 家企业开展学生实习、实验室共建、人才培养和科技开发方面的深度合作。

4．学生工作

强化辅导员队伍建设，选聘辅导员 6 名，其中博士 1 名，进一步强化辅导员队伍建设。

坚持辅导员深入课堂听课、深入寝室及与学生面对面谈话制度，认真开展大学生周末思想教育。其中“安全教育”“心理健康教育”“大学生成长目标导航”等专题开展到位，“学生谈心谈话记录簿”记录到位；早自习、晚自习出勤率≥99%；学工人员到场督察每周≥2 次。

做好困难学生精准帮扶与指导，建立“四困生”台账及帮扶机制。学院领导及辅导员定期关心慰问“四困生”，合理做好了贫困生认定，积极开展贫困生自强自立教育和感恩教育以及相关主题教育活动。

公平公正完成学生助学金、奖学金评定及其他评优评奖工作，严格按照规定程序和要求进行评选，两项工作都做到了零失误和零投诉。

重视学风建设，组建“土木学风督察小组”，明确奖惩措施；通过蓝墨云班课、学习通等 App，对学生学习情况进行实时督查，促使学生学业不放松；开展“树学风”系列活动，培养良好学习习惯，学风得到有效改善。

学院通过制定全新就业工作方案，将毕业生按论文导师分组，“一对一、一对多、多对一”进行学生就业回访和帮扶工作。邀请知名企业到学院进行专场招聘，在全院教师的共同努力下，年底就业率达到 85%以上，顺利完成就业任务。

强化意识形态监管，全面落实每日排查、每周汇报的监管制度，强化辅导员的意识形态管控作用；创建学院微信公众号“土木年华”，设置“学习天天见”“青年大学习”等特色栏目，通过媒体平台关注时事热点，及时发送国家时事政治政策信息，不断提高学生思想水平、政治觉悟和道德品质。

调动各方力量，开展党建带团建抓意识形态工作。运用各种资源，形成上下互通，横向互联，齐抓共管学生意识形态工作的新格局。开展“保护校园环境卫生”“回顾伟大历程，牢记初心使命”参观烈士旧居等师生党日活动，切实提高学生的爱国意识和民族责任感。

开展 2019 年暑期社会实践汇报大赛、新生篮球赛、新生辩论赛、寝室文化建设大赛以及“学生干部综合素质能力培训”，承办重庆文理学院 671 期“启航”周末文化广场活动，组织学生积极参与第十九届田径运动会，获学生团体总分第四名和体育道德风尚奖。

开展领导干部、党员教师深入基层联系学生工作，学院领导及党员教师们主动进课堂、进班级、进寝室、进食堂、进社团，并针对其所联系的班级、“四困生”、学生寝室、学生社团进行“面对面”或“键对键”谈心交流及帮扶工作，进一步解决了学生思想、心理、生活、就业等实际问题。发挥领导干部、党员教师在学生健康成长成才中的教育引导作用，充分完善全员、全程、全方位育人机制。

# 国际学院/文化遗产学院

1. 概况

国际学院成立于 2008 年，是承担来华留学生教育教学和开展国际交流合作的二级学院，主要开展外国留学生本科学历教育、短期进修、游学及交换生项目。承担出国留学、出国语言培训、国外汉语师资培训等项目。2019 年，新招留学生 19 人，在留学生 96 人。

重庆文化遗产学院组建于 2008 年，是为了服务国家文化遗产保护事业和文化产业发展的需要，在重庆市教育委员会支持下，经重庆市文化委员会批准，由重庆文理学院和重庆市文化艺术研究院共同建设的特色学院，是我国唯一的省级文化遗产学院。现有教师 35 人，其中专任教师 20 人，均为高水平专职科研人员，拥有博士学位的教师占 80%以上，教授 6 名（其中二级教授 1 名，学校特聘二级教授 1 名），副教授 9 名，硕士生导师 5 名。学院特聘教授 15 名，分别来自我国的北京大学、中国人民大学、四川大学、中山大学以及意大利佩鲁贾大学等国内外知名高校，均为国际知名的专家学者，每位学者均担任课程教学任务。学院获国家级教学成果奖一等奖 1 项，建成国家级精品课程 1 门，省级教学团队 1 个，省级精品资源共享课程 1 门，出版教材获重庆市社会科学奖二等奖。学院代表重庆市非物质文化遗产研究的最高水平，建有重庆市级人文社科重点研究基地“重庆市非物质文化遗产研究中心”，是重庆唯一的市级非物质文化遗产研究基地，社会学学科是重庆市“十三五”“双一流”重点学科。学院建设有重庆市级实验教学示范中心“非物质文化遗产教育传承实验中心”，有 18 个专业实验室，仪器设备总值 1 300 余万元。在市内外建设有 30 个实践教学基地。与意大利佩鲁贾大学建立长期合作关系，双方实现教师互访和学生交换，开设佩鲁贾大学教师亲自授课的意大利语培训班，拥有佩鲁贾大学公费硕士研究生推荐权（专业免试）。

2. 教学工作

注重探索特色专业建设，优化专业结构，6 月启动 2020 版本科专业人才培养方案制定工作。

国际学院注重青年教师培养，程丽州、吴冰磊两位青年教师获学校青年教师教改课一等奖，檀笑乾老师申报的校级教改课题获立项。推进外国留学生毕业论文改革，制定毕业论文替代方案，形成了科学系统的毕业论文设计/评价体系。

重视对来华留学生开展中国传统文化教育，组织外国留学生参观永川博物馆，参加重庆市川剧非遗传承人群培训。3 月 24 日，在永川区文化艺术中心举行的重庆市非遗传承人群川剧培训班结业汇报演出中，学院外国留学生的演出得到了重庆市文化委、永川区委、区府有关部门和学校领导的高度评价，也得到晚会现场师生的热烈欢迎。

文化遗产学院本科学生多次开展田野调查活动专业认知实习活动，参加全国传统村落调查大赛，为应用型人才培养搭建平台。文化遗产学院 2018 级学生赴四川大学开展两校协同教学实践项目“博物馆与文化遗产研习营”研习活动，进一步提高了文化遗产学院学生的专业认同度。在重庆市南华中学新增非物质文化遗产教育传承实践基地 1 个。

文化遗产学院学生庹琴、苗雅诗在 2019 年全国大学生挑战杯重庆赛区的比赛中获一等奖，在首届重庆市高校“一带一路”国际学生创新、创业、创意大赛中，学院中外学生组成的参赛团队获市级比赛三等奖，在重庆市 2019 年来华留学生书画摄影比赛中，学院留学生获一等奖 1 项、二等奖 2 项、三等奖 4 项。

突破文化遗产专业传统办学模式，利用国际丰富的高等教育办学资源，积极探索国际化办学的双向性，组建面向国际合作的文化遗产创新人才培养实验班，选派 7 名文化遗产专业本科学生前往意大利佩鲁贾大学交换学习。

3．科研工作

依托四川省级协同创新中心“中国多民族文化凝聚与国家认同协同创新中心”、中欧文化遗产研究中心积极拓展科研人才队伍建设途径，组织中心特聘教授中国人民大学赵旭东教授和佩鲁贾大学 Daniele Parbuono 教授申报“巴渝学者”，中心谭斯颖博士获批在四川大学文学与新闻学院从事博士后研究。

学院老师发表论文 17 篇，发表 SCI 论文 3 篇、B 刊 1 篇、核心期刊论文 1 篇，公开发表论文 11 篇，完成书稿写作及修改 8 部，中心特聘研究员杨永红提交研究报告 1 篇并得到省部级领导批示。朱小平研究成果被市文旅委 2019 年第 7 次主任办公会采纳并得到市主要领导批示。完成第八届教育部高校人文社科优秀成果奖申报 2 项、重庆市科学技术奖申报 1 项、国家民委优秀调研报告奖申报 1 项。邀请彭文斌等知名学者来校学术交流，举办高水平学术讲座 6 场，组织学科组内部学术交流 2 次。中心老师外出参会并做学术报告 13 人次，受邀外出讲座 4 次。

以中欧文化遗产研究中心为平台，学校与佩鲁贾大学的学术交流和合作办学工作在持续稳步推进。Daniele Parbuono 教授来校开展常规研究工作的同时，其专著汉译工作正在进行。10 月—12 月，文化遗产学院刘壮院长作为佩鲁贾大学哲学社会学教育学系高级访问教授赴佩进行教学和科研活动并分别参加“Cultural Heritage and Health in the Transnational Dimension”和“Paciano Trasimemo”国际会议。佩鲁贾大学继续派遣教师到学校进行意大利语教学。学校有 2 名学生赴意攻硕。学校 8 名学生与佩方 3 名学生分赴对方学校交换学习，2 名交换生在佩鲁贾大学学习优异，获佩鲁贾大学奖学金。

4．学生工作

学院为外国留学生提供优秀的师资和多种实践锻炼平台，鼓励他们参加各类比赛。在重庆市教委 6—12 月举办的首届重庆市高校“一带一路”国际学生创新、创业、创意大赛中，学院留学生谢慧思（Chia Hui Se）、陈嫱嫱（Faroah Tiajah Pinso）、尤梁山（Juni Stefanus Santoso）和文化遗产学院学生吴丽莎、陈旭等同学组成的“文理五大富翁”团队所设计“‘一带一路’科普型知识卡牌”以第十一名的成绩获大赛三等奖。

10 月，在重庆市高等教育学会外国留学生教育管理分会举办的“2019 年重庆市来华留学生书画摄影展”比赛中，印尼留学生杨俏仙（Mareta Fransisca Daisiu）的书法作品《东风春来》获书法组一等奖，尤梁山（Juni Stefanus Santoso）的作品《隶属对联》获书法组二等奖。俄罗斯留学生白琳娜（Kostina Polina）、安娜（Kursina Anna），哈萨克斯坦留学生阿莱（Duisenova Aray）分别获书法组三等奖及优秀奖。哈萨克斯坦留学生法瑞得（Nassirdinov Farid）绘画作品《春天里》获绘画组二等奖，蒙古留学生伊琳（Sergelen Yalguun）、印尼留学生伟灵珊（Ariska Widya Saputri）、俄罗斯留学生韦涅拉（Efimova Valentina）绘画作品分别获绘画组三等奖及优秀奖。印尼留学生王大财（Mauritz Zamdae Yawan）摄影作品《雪国》组图获摄影组三等奖。

留学生参加书画摄影展获一等奖 800 元、二等奖 600 元、三等奖 400 元的奖励。这是学校来华留学生第二次在重庆市高校同类比赛中获此类奖项。

文化遗产学院师生开展“田野调查”、暑期“三下乡”等专业认知和社会实践活动，举办“田野调查”实践汇报大赛、暑期“三下乡”实践汇报大赛，评选出多项优秀作品。

结合国际学院商务汉语专业和文化遗产学院文化遗产专业特色，学院于 10 —12 月开展国际学院/文化遗产学院“君意杯”创新创意创业挑战赛。学生作品精彩纷呈，包括产品创新、文化创意、市场调研等多个作品，得到学校主管部门和大赛合作方的大力肯定。

# 继续教育学院/培训学院

1．概况

学院成立于 2001 年，主管学校成人高等教育、培训和自考社考工作。下设办公室、学历教育科、社会培训部、教师培训部四个科室，现有教职工 25 人，具有研究生和硕士学历 12 人，教授 3 人，副教授 1 人，兼职硕士生导师 1 人。

学院是重庆市中小学校长、中职校长和幼儿园园长培训基地，是重庆市中小学教师、职教师资和幼儿教师培训基地；是重庆市专业技术人员继续教育基地、重庆市工程师创新能力培养训练基地；是重庆市环境保护管理干部培训基地；是全国计算机等级考试考点、全国公共英语考试考点、全国计算机技术与软件专业技术资格（水平）考试指定考点、成教学位外语考试考点；是重庆市高等教育自学考试主考学校。

2．成教考试

完成学生学籍清理与学籍注销工作，完成学生学籍信息勘误工作。严格遵守学籍管理制度，完成 2019 级新生信息核对、注册及信息更正工作。完成 2019 级专升本学籍资格复查工作。完成 2019 年在籍成教高基报表的统计工作。完成 2019 届毕业生学籍档案收集、整理和档案归档工作。

规范招生宣传和录取工作，学院负责人和工作人员分别走进各函授站点、永川区软件工业园区、凤凰湖工业园区，与政府主管部门、企业开展政校企合作办学新模式的试点招生宣传工作，新申报和新修订财务管理、行政管理、工商管理和学前教育等 6 个专业，累计报名人数 1 338 人，成教录取人数达到 1 125 人。

开展各类社会化考试工作 7 574 人/次，其中组织完成 4 次全国计算机等级考试共计 6 260 人次。组织完成 2 次全国计算机技术与软件专业技术资格（水平）考试 982 人次。组织完成重庆市学位外语考试 332 人次，很好履行了学校社会服务功能。

3．培训工作

多方面寻求合作单位，多渠道富集办学资源，2019 年办学收入 1 845 万元。完成 9 个国培项目工作，累计培训 340 人，总经费 282.36 万元。2019 年举办两届（36 届、37 届）中小学校长培训班，培训 140 多位中小学校长，培训经费 71.562 万元。完成湛江市、长寿区、合川区、永川区等地方委托项目 27 个，培训总人数 6 000 多人，培训总经费 677.8025 万元，在培训方案制定与实施过程中，充分满足地方和送培单位的需求，为学校创造了良好的经济效益和社会效益。

扩大办学规模，成人高等教育新建合作办学单位 8 个，拓展重庆市外 8 所学校。新增自考合作助学单位 5 所，新增自考生 1 000 余人，创造 300 余万元经济价值。学校首次获得重庆市政府采购网服务供应商资质，为今后通过政采网提供培训服务打下了良好基础。探索成教校企合作办学新模式，与重庆市茂笋人力资源有限公司、川亿电脑（重庆）有限公司、重庆重开电气有限公司等企业共建共办成人高等教育。

# 大事记

DASHIJI

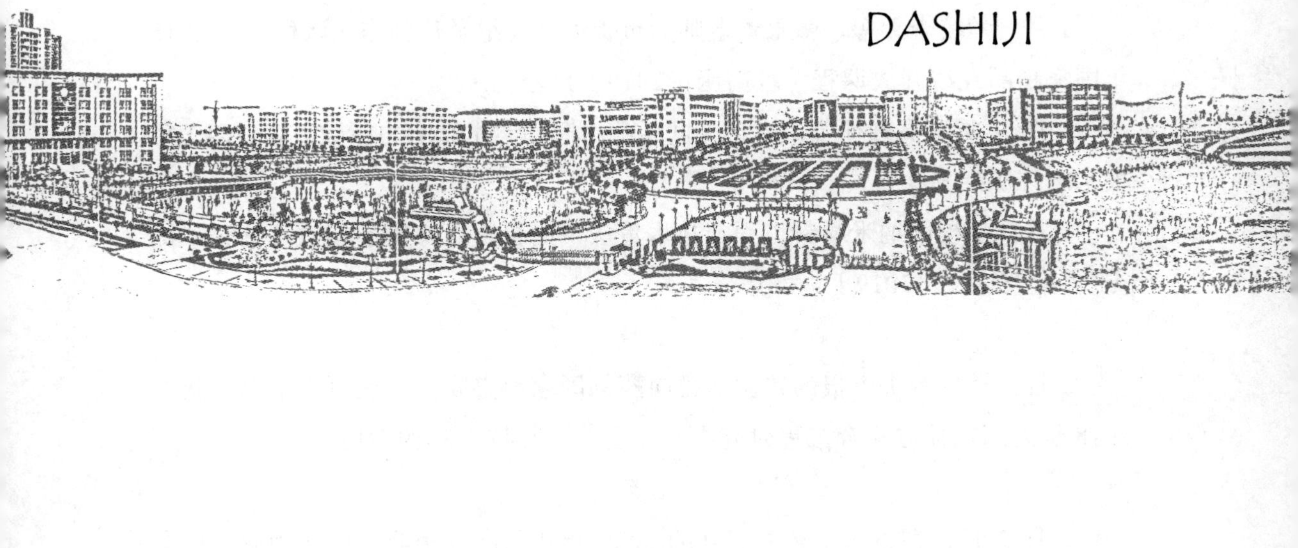

# 重庆文理学院2019年大事记

## 1月

1月1日1点50分，中国工程院院士、我国材料学家、重庆文理学院名誉校长涂铭旌去世，享年90岁。

1月4—6日，在北京首都体育学院举行的2018—2019中国大学生3×3篮球联赛全国总决赛上，学校代表队获男子高水平组比赛第4名。

1月8日，学校在恪勤楼304会议室召开2018年学科科研工作大会。

1月23—26日，学校男子篮球队在学校举行的第21届CUBA中国大学生篮球联赛区域对抗赛中获冠军。

1月28日，学校在恪勤楼422会议室为全校军属和退役军人举行了“光荣之家”荣誉牌授牌仪式。

1月，学校李天福、韩永青老师为负责人的《纪录片创作》课程入选2018年国家精品在线开放课程（教高函〔2019〕1号）。

1月，《重庆高教研究》入选《世界学术期刊学术影响力指数（WAJCI）年报》统计源期刊。

1月，学校微纳米材料工程与技术重庆市高校重点实验室绩效评估获“优秀”（渝教科发〔2019〕1号）。

## 2月

2月，学校牵头申报的“创新靶向药物国家地方联合工程研究中心”获批2018年度国家地方联合工程研究中心（发改委高技〔2019〕180号）。

## 3月

3月7日，在重庆市教委召开的2019年普通高校毕业生就业创业工作会议上，学校被评为2018年度就业创业工作先进集体。

3月11日，学校在恪勤楼422会议室召开第一书记行前动员会。代武春、张东、李兴春、邓德学等4名入选驻永川区贫困村第一书记，赴松溉镇、吉安镇、宝峰镇、来苏镇贫困村，开展为期两年的脱贫攻坚工作。

3月15日，学校2019年全面从严治党暨党风廉政建设工作会在恪勤楼304会议室举行。

3月20日，学校开展第六届教师“说课程·教改课”比赛优质课堂展示活动。

3月23日，由市委宣传部、市委教育工委、市教委、团市委、市学联联合主办的“移动5G”第38届重庆市大学生“校园之春”文化艺术体育活动开幕式暨“走下网络，走出宿舍，走向操场”多彩马拉松比赛在学校红河校区学海广场举行。

3月24日，学校承办的重庆市非遗传承人群培训班（川剧）结业汇报演出在永川区文化艺术中心举行。

3月，学校申报的备案专业智能电网信息工程、智能制造工程和审批专业运动训练获准设立，自2019年起开始招生。

## 4月

4月14日，人和居3号楼选房工作完成，共210户选房，其中引进人才95户。

4月17—18日，成渝经济区创新创业联盟“创新.协同.发展”校企协同系列活动在学校举行。

4月19日，学校与马来西亚斯特雅大学在恪勤楼504会议室举行“联合培养艺术设计与音乐学硕士的交流合作框架协议”签约仪式。

4月23日，渝西片区高校学生日常管理工作调研座谈会在学校恪勤楼422会议室召开，16所高校学生工作部门负责人参会。

4月26日，学校纪念五四运动100周年表彰大会暨重庆市2019年“戏曲进校园”活动在红河校区A区活动中心三楼举行。

4月，新材料技术研究院李璐教授团队在光电薄膜材料与器件研究领域的3项研究成果分别发表于国际顶尖期刊 *ACS Applied Materials & Interfaces*（影响因子8.097，JCR一区）、*Journal of Materials Chemistry C*（影响因子5.976，JCR一区）和 *Solar RRL*（即时影响因子6.724，*Advanced Materials* 姊妹刊），

其中 2 篇被编辑选用为封面/插图，受到同行广泛关注。

4 月，党委统战部获 “重庆市统战工作先进集体” 称号。

## 5 月

5 月 8 日，国家发展改革委社会发展司司长欧晓理一行到学校调研产教融合工作。

5 月 8 日，学校男篮在第 21 届 CUBA 中国大学生篮球联赛中，进军全国总决赛，这是继 2015 年、2016 年之后第三次进入全国总决赛。

5 月 11 日，中国著名材料学家，重庆文理学院发展战略顾问、名誉校长涂铭旌院士追思会暨安葬仪式在重庆市永川区白塔陵园举行，200 余人参加了追思会。

5 月 29 日，学校在雾都宾馆重庆厅举行学校拥有完全自主知识产权的 PDE5 抑制剂一类新药成果转化新闻发布会，同时，举行了学校与成都迪康药业股份有限公司、重庆迪康尔乐制药有限公司签约仪式。

5 月 29 日，档案馆和教学部共同开展学校“卓越教师教育实验班”学员走进档案馆活动，本次活动以“档案记录人生 卓越铸就辉煌”为主题，分为展览、参观和分享三个阶段进行。

5 月，在教育部有关企业支持的 2018 年第二批产学合作协同育人项目中，学校申报的“创新创业师资研修基地”获批教育部产学合作协同育人项目（教高司函〔2019〕12 号）。

5 月，学校创新靶向药物国际研究院陈中祝博士、徐志刚博士当选为国际期刊 *Molecular Diversity* 编委。

## 6 月

6 月 5 日，学校在恪勤楼 422 召开学习贯彻习近平总书记在纪念五四运动 100 周年大会上重要讲话精神青年师生座谈会。

6 月 12 日，学校与马来西亚林肯大学签订合作协议，双方将在本科生“2+2”“3+1”交流项目、本硕连读、硕博连读、成立高级管理者培训与发展中心（EDP）、教师研修、师资交流等方面开展合作。

6 月 12 日，学校第三届“金果源”学生最喜爱的教师奖评选会在恪勤楼

304 报告厅举行。

6 月 19 日，学校与东软集团股份有限公司共建“东软智能硬件学院”战略合作签约暨授牌仪式在格术楼 C301 会议室举行。

6 月 19 日，学校 2019 届学生毕业典礼暨学位授予仪式在红河校区 A 区活动中心三楼举行。

6 月 20 日，第四届“卓越教师教育实验班”结业典礼暨卓越教师培养报告会在恪勤楼 304 多功能厅举行。

6 月，学校新药团队成员徐志刚、陈中祝、徐嘉和美国维克森林大学林慧观教授团队合作在 *Cell* 上发表重要研究成果“*Lactate Is a Natural Suppressor of RLR Signaling by Targeting MAVS*”，首次揭示了糖代谢过程中的代谢物——乳酸在先天免疫 RLR 信号通路中的抑制作用。

6 月，学校获广东省第八批援藏工作队墨脱县工作组与西藏林芝市墨脱县受援工作领导小组办公室联合颁发的“援藏事业功勋单位”荣誉称号。

## 7 月

7 月 1 日，“学习强国”重庆学习平台以《排查问题“不掉号”不解决问题“不销号”》为题报道了学校驻村扶贫干部李兴春同志任永川区宝峰镇龙凤桥村第一书记开展“两不愁三保障”大走访大排查活动的事迹。

7 月 6 日，旅游学院、电子电气工程学院和材料化工学院“2019 年暑期‘三下乡’社会实践活动”在永川区松溉镇打鱼河村联合开展，得到重庆市委党建门户七一客户端、七一网、中国焦点资讯、今日头条、腾讯新闻、搜狐网、中国南方网等媒体的报道。

7 月 10 日，由学校和重庆市人力社保局主办，重庆市专家服务中心承办的“‘不忘初心 牢记使命’——涂铭旌院士‘弘扬爱国奋斗精神 建功立业新时代’先进事迹报告会”在重庆市国家级专家服务基地学术报告厅举行。

7 月 15 日，学校到南川区送出 2019 年第一份普通高考录取通知书，该通知书是南川中学高中毕业生王秋渝，录取为学校 2019 年小学教育（全科教师）专业。

## 8 月

8 月 24—25 日，2017 级法学专业 10 名优秀学生到烟台大学交流学习，开启鲁渝教育协作合作。

8 月 26—29 日，在重庆悦来国际会议中心举行的 2019 中国国际智能产业博览会上，学校展出了绿篱修剪机器人、多功能教学型五轴联动数控铣床、智慧旅游大数据汇聚服务平台及大屏可视化、高性能超级电容器电极及器件等 10 个项目。

8 月 29—31 日，在山东青岛举行的 2019 中国机器人大赛上，智能制造工程学院率学生团队参加“农业机器人”项目比赛。2017 级机械工程专业李林杰、陈小松、王灯团队获大赛农业机器人-采摘机器人项目冠军（一等奖）。

8 月，园林与生命科学学院/特色植物研究院研究员李洪雷于 2018 年 2 月以共同第一作者身份发表在 *Nature*（《自然》，IF=43.07，2018）的研究论文《中国被子植物演化历史》，进入多学科科学（Multidisciplinary Sciences）全球 ESI 1%行列。论文已被 *Nature* 杂志选为亮点文章（Research Highlights）在新闻网站推介，被《中国科学报》《中国绿色时报》《重庆日报》和《重庆科技报》等多家媒体报道，获评 2018 年度“中国生命科学十大进展”。

## 9 月

9 月 9 日，学校 2019 级新生开学典礼暨军训动员大会分别在红河、星湖两校区田径场举行。

9 月 11 日，学校召开“不忘初心、牢记使命”主题教育动员部署会，学校在校校领导、中层领导干部、党总支书记、党支部书记、专职组织员 300 余人参加会议。

9 月 16 日，校长黄伟九、副校长谭宏等一行赴永川区来苏镇关门山村调研脱贫攻坚工作，与关门山村签订“消费扶贫，定点帮扶”农副产品购销协议，现场收购贫困户和村合作社的南瓜、辣椒等农产品。

9 月 19 日，学校在恪勤楼 304 会议室召开第六次中层干部任职宣布大会，127 名中层干部全部正式到位，13 名同志被提拔到正处级岗位，33 名同志被提拔到副处级岗位。

9 月 21 日，在由重庆市教育发展基金会、重庆市高等教育学会联合举办的 2019 年重庆高校年度十大“双创”明星决赛路演暨颁奖典礼上，学校人工智能学院教师马新强博士获 2019 年重庆市高校 “年度十大双创明星”称号。

9 月 29 日，学校在学海广场隆重举行“壮丽 70 年·奋斗新时代”庆祝中华人民共和国成立 70 周年文艺晚会暨 2019 年迎新晚会。

9 月，学校党委结合工作实际，把提高质量务求实效摆在首要位置，立足“四种教育”，组织开展了“5+2”和“5+6”相结合的集中学习研讨，即 5 天集体学习、2 天个人自学，5 次专题报告、6 次集中学习研讨，通过多措并举，提升学习实效，切实打牢了思想根基，推动“不忘初心、牢记使命”主题教育扎实开展。

## 10 月

10 月 16 日，学校首次以服务供应商身份入驻重庆市政府采购云平台，面向重庆市各级政府、企事业单位开展培训服务、技术测试和分析、科技咨询等服务。

10 月 17 日，学校领导班子在恪勤楼 422 会议室召开对照党章党规找差距专题会议。

10 月 19 日，2019 重庆材料大会在学校恪勤楼 304 会议室开幕，大会以“开放、合作、共享、发展”为理念，来自新西兰奥克兰大学、俄罗斯托木斯克理工大学以及我国重庆大学、电子科技大学、西南大学、苏州科技大学等高校、科研院所的专家学者和产业界人士 300 余人到会，围绕材料领域的建设与发展展开研讨交流。

10 月 30 日，“不忘初心、牢记使命”主题教育之“脱贫攻坚进高校专题思政课”在学校恪勤楼 304 学术报告厅举行。

10 月 31 日，学校与北京中软国际教育科技股份有限公司签订校企合作协议。

10 月，教育部高等教育司发布《关于公布 2019 年国家级大学生创新创业训练计划项目名单的通知》，学校 7 个大学生创新创业训练计划项目获教育部立项。

10月，学校2018年度获重庆市科学技术奖励8项，其中自然科学奖二等奖1项、三等奖1项，科技进步奖一等奖3项、二等奖1项、三等奖2项。

## 11月

11月1—3日，在南京国际博览中心举办，由中国高等教育学会主办的“教师教学发展与创新人才培养论坛”上，发布“全国普通本科院校教师教学发展指数”，学校教师教学发展指数在新建本科院校排名第11位。

11月7日，学校教育发展基金会在线捐赠平台正式启用，教育发展基金会是2017年9月在重庆市民政局注册成立的慈善性质的非公募基金会。

11月16日，学校举办主题为“母校缘·校友情·蓉城风”的第二届校友文化节，活动由学校校友会主办，成都校友会承办。

11月20日，学校在红河A区学生活动中心举行2019年师德师风建设专题报告会暨涂铭旌院士“弘扬爱国奋斗精神，建功立业新时代”先进事迹宣讲会。

11月20日，以“同心同行·共创未来”为主题的重庆文理学院创业校友会成立大会在学校怀德楼路演大厅举行。

11月28日，“重庆市档案专业人才工作会”在重庆市委办公厅召开，会议宣读了重庆市档案局关于公布重庆市档案专业人才的文件，我校档案馆蔡华锋同志名列其中。

## 12月

12月6日，学校党委常委班子“不忘初心、牢记使命”主题教育专题民主生活会在恪勤楼422会议室召开。

12月10日，重庆市教育委员会公布2019年普通本科高校课堂教学创新大赛获奖情况，学校教师任晓霞和方京英获一等奖，王维勋和魏燕获二等奖。

12月16—19日，重庆市教育评估院组织专家组对学校汉语言文学（师范）专业开展现场查证并通过认证。

12月26日，由重庆大学、重庆市永川区人民政府和重庆文理学院等13家单位共同发起的重庆市大数据产业人才联盟在重庆雾都宾馆正式成立，学校当选为常务副理事长单位和西部职教城秘书长单位。

12 月 27 日，学校第五届教职工代表大会暨工会会员代表大会在恪勤楼 304 报告厅召开，学校全体校领导以及来自各二级单位的正式代表、列席代表、特邀代表共 150 余人参加会议。

12 月，以学校电子信息与电气工程学院欧汉文老师命名的“欧汉文电子设备装接工市级技能大师工作室”获中共重庆市委组织部、重庆市人力资源和社会保障局批准成立。

12 月，《重庆高教研究》编辑部被评为重庆市高校期刊研究会成立 20 周年先进集体。

12 月，学校材料科学与工程学院/新材料技术研究院 2017 级材料科学与工程（留俄国际班）8 名学生获公派出国留学资格，每人获 20 万资助。

# 附 录

FU LU

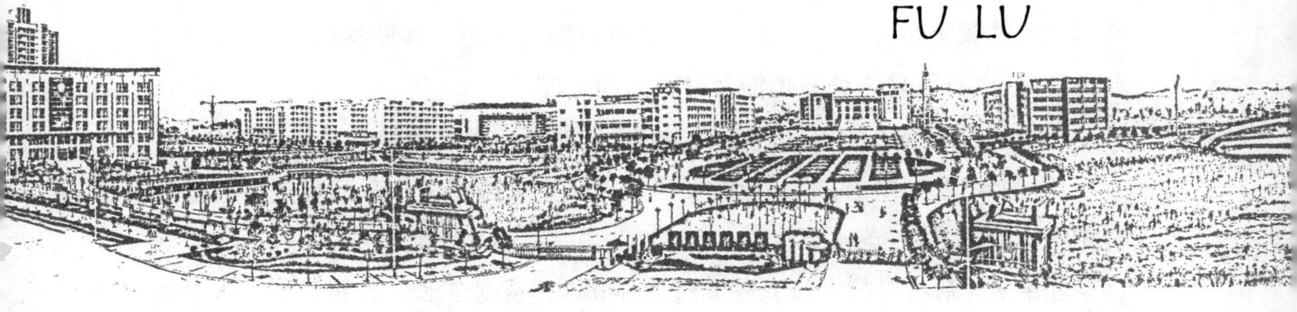

# 科研院所党建突围 路在何方

## ——重庆文理学院新材料技术研究院党总支第一支部的破题妙招

《当代党员》2019 年 10 期　　《人民网》2019 年 5 月 22 日

（重庆党刊全媒体记者 许幼飞）

“我有一个问题。”

2019 年 3 月 27 日，重庆文理学院新材料技术研究院会议室里，研究院副院长韩涛抬起了头。

“苏书记刚介绍了学院下一步工作重点，请问这几项工作是并列的，还是以某一项为重？”韩涛问。

这天，新材料技术研究院党总支第一支部正在举行主题党日活动。

“我们不仅会组织大家集体学习，还会围绕中心工作，传达重要工作部署，发挥党员的模范带头作用，大家有问题可以随时提出，共同探讨。”支部书记苏永要说，“有不妥之处，也能及时得到纠正。”

科研院所党建工作，是新时期党的建设新的伟大工程的重要组成部分。

“因为党建工作做好了，能激发科研人员更大的潜力，从而促进科技创新不断取得新进展。”苏永要称。

近年来，新材料技术研究院通过加强和改进党建工作，收获系列高水平科研硕果，使重庆文理学院的影响力越来越大，国际化程度越来越高。

2018 年，研究院党总支第一支部成功入选“全国党建工作样板支部”。

### 将支部建在实验室

“我们从很早开始，就在探索科研院所的党建工作要怎么做。”研究院党总支书记雷宇说，“这一切还得归功于涂铭旌院士。”

涂铭旌是中国著名的材料学专家，曾先后在西安交通大学、成都科技大学（后合并至四川大学）参与材料学科建设。

2008 年，步入耄耋之年的涂铭旌回到故乡重庆，宣布加盟重庆文理学院。

“涂院士非常重视党建工作，所以我们在 2011 年就建立了直属支部，2013 年建立了党总支。”雷宇回忆道。

尽管较早探索，但在雷宇眼中，科研院所的党建工作仍旧是困难重重——

比如重科研轻党建。科研院所是高级知识分子相对集中的地方，他们往往忙于自己的课题、项目，对党建工作重视不够；比如，党员参与度不高，活动形式单一、内容少、方法陈旧，仅满足于一般的政治学习、催缴党费等，致使科研院所在开展党的活动时，对广大党员吸引力不强。

如何破解这些难题？

“设置‘功能性’党支部，将支部建在实验室。”苏永要介绍，依托科研创新团队，成立了研究院党总支第一支部，支部现共有党员 28 人，其中博士占比 86.7%。

不仅如此，支部还根据发展规划、支部党员学科背景、研究方向，形成了五个科研研讨团队，有效地促进成员之间的学术交流。

除此之外，研究院还通过将科研成果纳入考核、丰富支部主题党日活动内容等方式，加强党建工作。

通过这些举措，研究院党总支第一支部逐渐完成了对自身人力、政策、项目等资源的优化配置。

由此，支部成员的最大化作用开始持续迸发。

**将榜样的力量深入人心**

2018 年 11 月，党员柏栋予成了研究院第一支部委员会班子的一员。

此时，柏栋予的眼神飘忽起来，思绪回到了之前的组织生活——

“研究院扩建时，正值永川最为炎热的暑假期间，酷暑难耐，没有空调，而且施工期间灰尘多、噪音大，办公环境很艰苦。但涂院士不仅要求科研人员继续工作，自己也坚守在岗位上。”讲台上，韩涛正在分享涂铭旌的事迹。

“涂院士曾经带着我跑企业，询问企业的发展规划、需要。”

“涂院士每天到了研究院，总会先到实验室转转，了解大家的实验进度，还经常找大家谈心。”

……

待韩涛结束分享后，不少支部党员纷纷上台，述说着自己眼中的涂铭旌，有人甚至红了眼眶。

彼时，涂铭旌因为身体的原因，已经住进了医院。

台下的柏栋予思绪万千，他 2018 年 7 月才到重庆文理学院，并未见过涂铭旌，“恨自己没能早点毕业，早点过来”。

除了深深的遗憾，柏栋予的内心涌起了一股力量，他想为支部出一份力，在支部安排的各项工作中积极作为。

“当时有几名党员都提出来，柏栋予在读书期间有当支部委员的经历，可以考虑作为候选人，最后经支部委员会研究，决定推选他为支部委员。”苏永要说。

2019 年 1 月 1 日，涂铭旌溘然长逝，享年 90 岁。

“大爱无疆，科教报国”——这是涂铭旌一生的追求。

“我们准备把涂院士的书、手稿等遗物运回学院，进行展示。”雷宇说，“让榜样的力量渗入每位党员的心底。”

**将关怀延伸至每一个角落**

2014 年 7 月，刚从吉林大学拿到博士学位的陈善勇来到重庆文理学院。

初到永川，陈善勇感到有些不适。

“虽然我是四川广安人，但在北方近十年的读书经历，已经让我不太适应南方的环境。”陈善勇称。

不仅是生活习惯上的差异，更让陈善勇沮丧的是，自己学习的是化学专业，相对于其他人，自己的专业和新材料似乎没有太大的关联。

在生活和心理的双重压力下，陈善勇表现得有些格格不入。

“以前陈善勇每年基本工作量都完不成。”研究院党总支委员、执行院长李璐回忆道。

很快，李璐开始找陈善勇谈话。

“在支部内部，由党员牵头，形成了帮扶团队。”李璐说，“但在帮扶前，我们要确定这个人是否愿意接受帮助？他成长后能发挥什么作用？是否愿意帮助他人？”

“李院长，我也想申报，但怕中了之后完不成。”陈善勇扶了扶眼镜，显得有些犹豫，“自己是个新人，能力不足，怕拖慢了整体进度。”

“这不是你一个人的事，研究院也会尽量给你提供帮助的。”李璐耐心解释道。

最终，在李璐等支部党员的关怀下，陈善勇逐渐鼓起了勇气。

接下来的几年里，研究院为陈善勇配置了实验资源，并将他送往其他高校进行相关培训。

“现在陈善勇不仅能够完成自己的工作量，还参与了国家重点项目。”李璐笑道，“这样的做法不仅能够影响和调动其他党员的工作积极性，还进一步彰显了党内关怀，增强了党组织的凝聚力。”

**将党员带动作用融入科研**

2018 年开春不久，一则好消息让新材料技术研究院所有人士气大振。

“我们申报的‘微纳米光电材料与器件国际科技合作基地’正式获批。”李璐眼里满是自豪。

这不仅是重庆文理学院在国家级科研平台建设上“零”的突破，也是重庆市 2017 年度唯一获批国家级国际科技合作基地。

一所位于中国西部、名不见经传的高校为什么能打开“国际合作”的大门？

“背后是党员的带头作用。”李璐感叹道。

“在我来学校之前，从未听说过重庆文理学院的名字。”李璐顿了顿，“可想而知要开展国际合作是很艰难的。”

但是为了打破西部的地域束缚，李璐等人主动请缨，从项目的策划到实施，都由党员同志负责。

“韩涛负责联系俄罗斯，我负责美国……”李璐思索道，“其实别人的拒绝主要来自不了解，我们本身也有一种自卑心理。”

为了这个项目，支部党员杨鑫专程前往北京挂职锻炼一年。

“那时老婆刚好怀孕，她生产、坐月子，我都几乎没有陪她。”杨鑫有些愧疚，“但看到项目进展顺利，还是觉得这样的牺牲值！”

在党员教师的通力合作下，项目逐渐打开局面，并且打破了国外对于某些材料技术的垄断。

不仅在国际合作领域，其他领域也在党员带动下，结出了科研硕果：

柔性触控创新团队，自主研发出银纳米线触摸屏技术。

银纳米线触摸屏技术的运用将至少降低手机生产成本100元，目前，该技术已在京东方柔性生产线上得到应用，并为江苏部分企业新增产值2.2亿元。

智慧涂层创新团队，在重庆范围内率先形成了高性能TiAlN（氮化铝钛）硬质涂层的研发和生产能力。

……

从曾经的一无所有，到现在拥有两个国家级科研平台，主持国家自然科学基金22项。

在党建的引领下，重庆文理学院新材料技术研究院正迸发出新的活力。

# “重庆造”一类新药在中美开展临床试验
## 这是我市第一个在中美同时进入临床试验的新药，主要治疗肺动脉高压等病症

《重庆日报》2019 年 5 月 30 日第 9 版

本报记者 李星婷

5 月 29 日，重庆文理学院和重庆迪康尔乐制药有限公司签订成果转化协议。双方将共同推进重庆文理学院自主研发的 PDE5（磷酸二酯酶）抑制剂一类新药在美国和中国的临床 I 期试验。这是我市第一个在中、美两国同时进入临床试验的新药。

据了解，PDE5 抑制剂一类新药由重庆文理学院创新靶向药物国际研究院历时 5 年研发而成。去年，这个具有完全自主知识产权的一类新药，在中、美两国同时取得临床批文，其研究水平处于国际领先地位。

“药物主要针对肺动脉高压、男性性功能障碍和前列腺肥大等病症。”重庆文理学院创新靶向药物国际研究院院长陈中祝介绍，这些病都是因为血液里 PDE5（磷酸二酯酶）含量过高，从而使血管不能有效扩张导致的。团队从 PDE5 的结构入手，改变原有化学药物的结构，研发出抑制 PDE5 活性的新药。

“先天性肺动脉高压是非常凶险的一种病，由肺动脉畸形导致。一些十几岁的孩子在查出患有这种病后，如果不积极治疗，生存时间只有 3—5 年。”陈中祝说，目前全球治疗肺动脉高压的药物不多，因此这种药也被称为“孤儿药”。而团队研发的这款新药可以有效扩张血管，从而达到比较良好的治疗效果，其使用剂量仅为同类药物的 30%左右，对心脏等副作用也比较小，因此具有广阔的市场前景。

重庆日报记者了解到，重庆文理学院研发的 PDE5 抑制剂一类新药是市政府今年 5 月出台《关于印发重庆市加快生物医药产业发展若干政策的通知》后，由重庆自主研发、重庆本土进行转化的第一个新药，也是我市第一个在中、美

两国同时进入临床试验的新药。

“目前团队还有一个与美国合作研发的抗癌新药正在进行临床前安全评价，预计今年年底可以进入中国和美国临床试验。”陈中祝表示，在未来 2—3 年内，团队会继续将治疗急性白血病、骨质疏松等靶向新药推向临床。

# 扶贫干部牵头 重庆找到贵州
# 25 年，何六妹终于回家了

《人民日报》2019 年 05 月 29 日　第 13 版

回到家乡，何六妹的眼泪就没停过。最近，离开家乡 25 年的瑶族妇女何六妹，在重庆市永川区扶贫干部的护送下，驱车近 10 个小时，行程 700 千米，回到了位于贵州省黔南州大山深处的荔波县瑶山瑶族乡菇类村懂蒙组。

亲人相认的一幕，让关门山村第一书记邓德学长舒一口气。重庆市永川区来苏镇关门山村，是市级贫困村。25 年前，何六妹认识了前夫，随他回到关门山村，当时的联系手段不多，六妹和家人失去联系。前夫去世后，何六妹改了嫁。何六妹没有户口，这是邓德学在走访贫困户时发现的。因此，她办不了身份证，也办不了结婚证，一直没能走出来苏镇。虽然是贫困户，可也享受不到任何政策。

给何六妹找到家、办户籍，成了邓德学的“心病”。为了她，关门山村专门成立了寻亲组。19 岁就离开家乡，何六妹能记住的信息不多，只有“贵州”“荔波县”“瑶族”等。

凭着这些碎片信息，寻亲组发动各方力量寻找。直到今年 3 月，在无数次的失败之后，终于找到何六妹的哥哥何老四。在 2016 年，因为“失踪”多年，何六妹的户口已被当地公安机关注销。要送何六妹回家，还要尽快恢复何六妹的户籍，永川的干部很快达成共识：帮她回乡认亲！

“望了一下午，我一眼就认出了六妹。”84 岁的老母亲一会儿笑，一会儿又要揩去眼角的泪滴。一手拉着女儿，一手拉着初次见面的外孙女，老人的手久久不愿松开。第二天，当地派出所专门办理了何六妹的户籍恢复事宜。邓德学说，下一步，是帮六妹把户口迁回去，再争取给她安排个公益性岗位。

（说明：文中邓德学系重庆文理学院教师）

# 涂铭旌院士先进事迹报告会选登
# 科教报国一生许，无边大爱满寰尘
## ——涂铭旌先生事迹报告

重庆文理学院党委书记　孙泽平

刚才大家看了 VCR 以后，一定会有很多疑问：

涂院士去世为什么会有这么多的中央领导关注？

涂院士为什么会来到重庆文理学院工作？

在广泛开展主题教育活动的今天，院士最值得我们学习的主要精神有哪些方面？

下面我就这三方面给大家做一个简要汇报。

一、涂院士去世为什么会有这么多的中央领导关注？

据参加告别仪式的四川大学领导讲，一个院士去世，能够惊动这么多的中央领导这还是第一次。

这主要是老人家三段人生、三次创业，感动了中国、感动了中央领导。

1 月 2 日《光明日报》等主流媒体率先报道了涂院士三段人生、三次创业，生命不息、奋斗不止，科教报国、大爱无疆的感人事迹，引起了中央高层的关注。

老人家三段人生，三次创业大致情况如下。

1958 年，30 岁响应国家号召“西迁”西安交大，开始了他人生“第一次创业”，干了 30 年。

30 岁的他被抽调到刚组建的原子能系，负责筹建反应堆材料专业，全称叫反应堆材料金属学及金属物理专业。当时，出于保密需要，原子能系被称为工程物理系，代号 821。他为发展中国核能工业培养了一批早期建设人才，为我国材料专业的学科建设做出了重要贡献。他与周惠久院士一道创立了金属材料强度理论并白手起家创建了“西安交通大学金属材料强度国家重点实验室”。

1988 年，60 岁回到成都，担任成都科大高新技术研究院院长，开始了他所说的“人生第二次创业”。建成四川省稀土材料及应用工程研究中心、四川省纳米科技应用工程技术研究中心，干了 20 年。

2008 年 11 月 19 日，刚过 80 岁生日的涂铭旌院士加盟我校，创建新材料技术研究院，并亲自担任研究院院长，开启了他的第三次创业。干了整整 10 年，直到他生命的最后。

涂铭旌院士在长达 68 年的岁月里，都在为国家的科技创新和国家的战略发展而奉献。他不光在金属材料强度与断裂、稀土钒钛功能材料及纳米材料、光电材料及器件等国家重大战略方面做出了重大贡献，而且在支持中小企业技术更新、转型升级方面也做了大量工作。

他来到重庆后有两件事情让我记忆深刻：

一是，帮助永川中小企业技术更新、转型升级；二是，组建光电材料与器件协同创新中心。

二、涂院士为什么要来重庆文理学院工作？

他之所以来到重庆文理学院，主要基于两个因素的结合。

一是，夔门立志、回报家乡的情感；二是，文理学院的转型发展。他看好这所年轻学校，他非常认可学校的办学理念和办学定位。

重庆文理学院的成功转型是和涂院士的帮助分不开的。

当时，我们通过学校一位老领导的弟弟、涂院士在川大的同事，邀请他来校讲学。我们希望他受聘为学校兼职教授。他说：“给我办一张工资卡，哪怕发一块钱，表明我是文理人！我要来，就来真的，不当挂名顾问！”就这样加盟了年轻的重庆文理学院。

在得知涂铭旌先生到重庆文理学院任职后，很多人表示不解：“涂老啊，您为什么以八旬高龄，却舍弃舒适的生活，到重庆文理学院重新创业？”

时任市教委副主任的舒立春同志当时在大会讲：他百思不得其解，三年前，他在重大任职时就想引进涂院士，没有成功，一个年轻的文理学院如何能够引进涂院士？

夔门立志——1946 年夏天，16 岁的涂铭旌怀揣知识报国的理想，只身乘船前往上海同济大学求学。当轮船驶离夔门峡口时，便立下夙愿“学成之后，定当回报家乡”。自此，学有所成回报家乡就如同一粒种子播进他的心田开始生根发芽，并随着岁月的流逝逐渐长大，无论他身在何处，也无论自身境遇如何，始终挥之不去。

他说：“这次创业，我要完成几个办学理念的探索：一是开展材料交叉学科研究的探索；二是对接重庆产业，开展应用研究的探索；三是对政府、产、学、研联合办学模式的探索；四是培养优秀材料工程师的探索。”

他回报家乡为什么一定要选择文理学院？

学校 2008 开始转型发展，顶层设计。

他夫人永川人，他早就关注文理学院。

他 2008 年来到学校，一切都是空白，学校没有材料学科，没有材料专业，没有实验室。招聘人才、实验室建设一切都是从零开始，一切都是他亲自干。第一年为了实验室建设，八十多岁的他，硬是冒着酷暑，整整一个暑假没有休息。如今，在他的主持下，5 000 平方米的实验楼、6 000 平方米的成果转化及产业孵化基地先后建成，新材料技术研究院已逐步发展成“光电材料与器件”“先进材料与成型技术”研发基地和成果孵化基地，开办了材料类专业，组建了材料学院。

在涂铭旌先生的感召下，新西兰奥克兰大学皇家科学院院士高唯、哈工大赵连城院士、南京大学都有为院士、北京科技大学何知礼院士等一批院士汇聚重庆，并与学校建立了长期稳定的联系。清华大学、牛津大学等一批国内外高校的青年博士汇集重庆文理学院，一支具有较强研究能力的科研团队已经形成。

三、涂院士最值得我们学习的主要精神有哪些方面？

概括涂铭旌院士 90 年人生历程，其精神有三点最为突出：

一是，不忘初心、回报家乡；

二是，科教报国、大爱无疆；

三是，生命不息、奋斗不止。

涂铭旌院士三段传奇人生，无不是“拼”字当头，一往无前。他从响应号召西迁报国，到六十岁创业、再创辉煌，再到八十岁再次创业、回报家乡，用一生的奋斗和奉献践行了老一辈科学家和共产党人的初心和使命。

有人不止一次地问涂铭旌先生：“您现在已经 80 多岁，也已经功成名就了，为什么还这么拼命，您前进的动力到底在哪里？”先生总是笑着说：“就因为我是重庆人，我骨子里有着重庆人吃苦耐劳、坚韧不拔的精神，无论做什么事都要拼命去干，都要坚持到底，这种‘拼命三郎’精神已经深入到我的骨髓，这就是我前进的动力”。

1993 年他做了直肠癌手术。本来为了他的身体健康，家人做过“三不规定”，不离开成都 80 千米，不开发新的项目，不接手新的工作。但他来到文理学院越干越欢，身体越干越好。

他的敬业精神深深地感动了整个校园，2010 年教师节他当之无愧地获得“感动校园奖”，2016 年在学校校庆 40 周年晚会上，我们授予他“终身奉献奖”。这凝聚了全校师生最高的爱戴、敬仰和感激之情！

最近几年，见他年事已高还这么拼命工作，全校师生都很心疼，我们都希望他好好休息，保重身体。按学校原党委书记钟志奇同志的话来讲，要他休而不退，但他说他停不下来，他一定会奋斗到生命的最后一刻。他说，自己就像一名战士一样，生命不息，战斗不止，上了战场，就停不下来。

他在病床上想得最多的是研究院的工作和发展，手术醒来第一件事是把李璐叫到身边安排工作。

在他生命的后期，他还专门交代他的两位院士学生（哈工大赵连成，中石油李鹤林），拜托他们一定要继续帮助文理学院，把文理学院带好。

2018 年 10 月 25 日，距离他逝世仅两个多月，他口授 1 300 多字的《对重庆文理学院新材料技术研究院发展的四点希望》，念念不忘的是国家强大、民族复兴、科技进步、后继有人！

这十年间，涂铭旌亲笔写下了《材料中心发展战略构想建议》《培养优秀材料工程师的设想和实践》《服务产业发展的构想和实践》《高素质创新型人才的软实力和巧实力》《运用先进智造技术助推中小型制造业转型升级》等 100 余篇关于学科建设、学校转型、地方产业发展的报告。这些报告立足实践，深人浅出，真实反映了这些年来在办学模式上的新探索，在学科建设上的新思想，在服务区域性经济社会发展上的新思路。

在他生病住院期间川大的党政领导亲自指示医院制定方案，重庆市相关单位领导多次去看望、慰问。

去年我先后和洪斌、伟九两位校长去成都看他，他一再表示：他“生是文理人，死是文理魂！”他去世后，他的积蓄除留下一部分给夫人唐老师安度晚年外，其余全部用作学生奖学金；死后骨灰安放在永川，“我要始终和你们在一起，我要亲眼看到你们把学校办好！”

今年 5 月 11 日，这位德高望重的老人魂归故里。市委组织部、市人才办、市人社局、市科技局、市教委、永川区、学校师生等为他举行了隆重的追思会。

他为科学和教育事业奋斗了近七十年，他把生命的最后十年，完全献给了家乡的重庆文理学院，仅仅是因为六十多年前，年轻的他在夔门立下的那个铮铮誓言！

他用漫长的一生践行了共产党人的初心和使命，将科学研究、人才培养与祖国发展、社会需要紧密地联系起来，为科教报国倾尽了全部的心血，直到生命的最后一刻。

# 弘扬爱国奋斗精神，建功立业新时代

## ——涂铭旌院士先进事迹报告

材料科学与工程学院/新材料技术研究院院长 李璐

尊敬的各位领导、各位嘉宾：

我是来自重庆文理学院的李璐，2014 年被涂院士从美国加州大学洛杉矶分校召唤回国，今天，我作为涂先生的学生，在这里跟大家分享涂先生科研上的几个点滴。

院士作为科研工作者的顶峰和保持的神秘感，大家不禁会问，他的时间都去哪儿了，涂先生来到重庆文理学院后建立起新材料技术研究院，并在大厅挂上了一幅字，出自《周易・系辞下》，“穷则变，变则通，通则久”，随后他几乎跑遍了渝西地区以及永川周围大大小小的企业，深入调查研究，了解并解决了很多企业的实际需求。印象最深的是涂院士带领团队在招商局铝业调研的时候，发生了铝轧碳突然断裂的事故，但是轧碳的供货商以使用不当的理由拒绝赔偿。涂先生立刻组织我们成立失效分析小组，通过理论计算，实验分析，撰写报告发现事故的主要原因是生产方的工艺和产品质量都不符合国家标准，检测报告还得到了国家仲裁机构的认可，为招商铝挽回了数百万元的经济损失。其实这只是涂院士众多科研工作的一件小事。

涂先生更是从国家和重庆市的重大需求出发，殚精竭虑。咱们重庆市为了发展电子信息产业，引进了京东方科技集团，投资了数百亿建立起高世代液晶面板生产线和柔性显示生产线，但是生产线上采用的原材料超过 90%依然依赖进口，涂院士首先带领团队从重庆京东方最新一代产品中 0.5 毫米厚玻璃基板的开发开始，产品厚度由 3 mm 降至 2 mm，重量由 246 g 降至 156 g，实现了全球首创轻薄高色域笔记本用背光模组，支撑京东方成为苹果和华为的一级供应商，使京东方在全球的显示面板市场占有率由 7%上升至 38%，跃居全球第一，累计为重庆京东方新增产值超 100 亿元。成果获 2018 年重庆市科技进步一等奖。另外就是在国防工业中，涂先生带领团队开发的先进涂层技术，从材料，设备都实现了自主可控，保障了大型舰船中服役的柴油机柱塞上，也就是核心动力系统的长时间稳定运行，另外保证了东北林场超过 10 万台拖拉机在零下 40 摄氏度的稳定运行和生产保障。

在考察企业的过程中，我们发现人才问题也是制约企业发展的一个重要问题。目前，在企业工作的大部分都是线上的普工，学历、技能都无法满足企业进一步发展。因此，涂先生做了两方面的工作，首先是从本科生以及学生的教育上，他坚持为本科生授课，给大家讲授创造发明的思维、科研的思维，开设卓越工程师培训班，尝试材料工程师的培养；第二就是涂先生承办国家级及省部级的高级研修班项目，坚持为学员授课，已经为重庆市 40 多家重点企业培养了 600 余名材料工程师。当吴刚副市长和陈元春局长希望让涂老继续坚持工程师培养的时候，涂先生激动地站起来说，我就怕没有事情做。最终重庆市首个工程师创新能力培训基地在重庆文理学院开始建设。

当我们支部拿下全国党建样板支部称号的时候，当代党员曾经问我，你对于“不忘初心、牢记使命”的主题活动有什么体会，作为一个工科背景的海归人员，理论知识不是我们的专长，但是我理解的不忘初心就是不被周围的碌碌无为，蝇营狗苟所影响，不被社会上的各种苟且和负面情绪所影响，始终不移地做好自己的事情，为国防事业，为城市的智能化发展，为满足人民对美好生活的向往，为民族的伟大复兴贡献自己的一份力量。

第二点，让我感触很深的是涂先生经常跟我们说的一句话，就是“我命在我，不在天”。87 岁高龄的涂先生，在工作中多次感到身体不适，家人多次劝他去检查，但他一直放不下手中的工作，总是想着再等等，直到一次工作中晕倒，才进了医院。即使在住院中，涂先生依然坚持用颤抖的双手亲手绘制 PPT，手写文稿，想把他 60 多年的经验以及对研究院的未来规划尽数传授给我们。88 岁的时候，涂先生进行了脑部淤血的引流手术，他很担心自己未竟的事业无法完成，无法从手术台上下来。他醒来的第一句话就是“李璐在哪儿？李璐在哪？”当我走到他床前的时候，他用微弱的声音叮嘱我们：“李璐啊，科研方向的选择和把握，一定要慎之又慎，我们所做的研究一定要能为国家的重大需求，市里的发展提供重要的支撑，你们年轻人一定要有承担国家重大需求、国家重大技术攻关的勇气和担当，以后带领团队要敢于走‘少人区’甚至‘无人区’，做事一定要讲求张弛有度，讲究知微知彰，知柔知刚。”涂先生虽然离开了我们，但他的话，他的事依然深深地影响着我们。在这里，我想说：“先生，请您放心，我们一定会继承您的遗志，担当起时代的使命和历史的重任，为中国的科教事业奋斗终生!”

谢谢各位领导和嘉宾!

# 我的爷爷
## ——涂铭旌院士先进事迹报告

涂铭旌院士孙女　涂毅佳

尊敬的各位领导、各位嘉宾：

大家好！我是重庆文理学院的涂毅佳，我是涂铭旌院士的孙女，或许在别人看来院士都很有钱，但在我眼里爷爷平时很抠门儿，却又很大方。

记得爷爷唯一一次跟保姆红脸，是因为阿姨把隔夜饭菜倒了，他很严肃地跟阿姨说："我们家不是大富大贵，没有倒饭菜的习惯。"阿姨很不理解，跟我说："院士工资那么高，家里也没有负担，老两口为什么还那么俭省，什么东西都舍不得倒，舍不得扔。"我解释说，爷爷是从苦日子过来的，饮食上不讲究，别说剩菜剩饭了，就连过期的食品都不舍得扔。家里鞋柜里最多的就是一次性拖鞋，每次出差，爷爷都会把在酒店里用过的拖鞋带回家继续使用。虽然爷爷平时吃穿用度比较抠门儿，但是，当学生和身边的同事有困难时都毫不犹豫地慷慨解囊。

2018 年 11 月 15 日是爷爷 90 岁生日，全家人在家里为爷爷祝寿，当时爷爷的身体十分虚弱，说话很吃力，但是思维非常清晰，在爷爷许愿时，他说："我有两个愿望，一是我患癌症生活、工作 25 年能活到 90 岁已是知足，我一辈子对工作问心无愧，但是亏欠最多的是我的夫人，她赡养公婆，料理家事，照顾儿女，无怨无悔，你们一定要善待她，孝顺她；第二，我有些许积蓄，留一部分够你们妈妈生活，剩下一部分原则上你们可以继承，但是我希望你们可以放弃，把这部分钱拿出来作为奖学金，帮助更多在科研创新中真正需要帮助的学生"。

爷爷之所以把积蓄拿来作为奖学金是源于他小时候艰苦求学的经历。1944 年 1 月，他初中毕业，参加江津县县立中学高中部的升学考试，考完后的第二天是发榜日，爷爷榜上有名，并名列前茅，他看到成绩十分高兴，因为自己的努力没有白费，但他也暗暗发愁，考上了又有什么用呢？县立中学是自费中学，清贫的家庭已再没有钱支撑自己求学。每每讲到这些，爷爷都会感慨说："有朝一日，我有钱了一定要拿来助学。"

张洪，一位本科毕业的小伙子，爷爷见他做事认真、踏实，就做一个研究所的临聘人员实在可惜，便建议他考研。前两年张洪还很犹豫，没想到三年过去了老爷子还惦记和"唠叨"这件事，面对爷爷的关心，张洪吐露了实情。原来，张洪是大山里的孩子，靠父母务农读完大学，他不想再给家里增加负担，所以，不得不放弃，爷爷了解张洪的情况后便鼓励他考研，还给他进行辅导，并且说："只要你考上了，学费问题我来帮你解决"。爷爷的话给了张洪很大的鼓舞，全力备考，顺利考上了研究生，之后，爷爷继续悉心指导他的学业。

说到这里，我一直在想，一直在问，爷爷为什么对自己抠门儿，对别人大方？是因为爷爷一辈子深沉地爱着家乡，爱着家人！深沉地爱着事业，爱着学生！爷爷请您放心，我们一定完成您的遗愿，祝您在天堂一切都好，来生我还做您孙女。

谢谢大家！